Anna Willi

Hilf dir selbst, dann hilft dir Gott

Anna Willi

Hilf dir selbst, dann hilft dir Gott

Mein Leben als Magd und Bäuerin

Mein Dank geht an Erwin Teufel,
der mir als Ministerpräsident die Verdienstmedaille
des Landes Baden-Württemberg verliehen
und der diese Buchausgabe angeregt hat.

3. Auflage 2008

© Copyright 2005/2008 by Silberburg-Verlag GmbH,
Schönbuchstraße 48, D-72074 Tübingen.
Alle Rechte vorbehalten.
Veränderte Neuausgabe des 1995 mit der ISBN 3-929409-36-4
im Jasmin Eichner Verlag, Offenburg, veröffentlichten Buches.
Umschlag: Anette Wenzel, Tübingen.
Das große Bild zeigt das alte, in der Zwischenzeit abgebrannte
Bauernhaus Anna Willis, das kleine zeigt sie selbst im Jahr 2004.
Beide Fotos sowie die Abbildungen im Buch
stammen aus dem Privatbesitz der Autorin.
Foto Seite 284: Sage-Press, Filderstadt.
Druck: Freiburger Graphische Betriebe, Freiburg im Breisgau.
Printed in Germany.

ISBN 978-3-87407-652-4

Besuchen Sie uns im Internet
und entdecken Sie die Vielfalt unseres Verlagsprogramms:
www.silberburg.de

Erster Teil

I

Mein Name ist Anna Willi. Geboren wurde ich als Anna Nägele am 18. April 1931. Mein Geburtsort ist das Dorf Mittelbiberach nahe der Stadt Biberach an der Riß. Mein Vater Hugo Nägele war Steinmetz und Landwirt. Meine Mutter Kreszentia stammte aus einer wohlhabenden Bauernfamilie bei Laupheim im Oberschwäbischen. Vater nannte sie immer Senzi. Bei meiner Geburt wog ich neun Pfund.

Ich war das erste Kind meiner Eltern – neun sollten es insgesamt werden –, und sie freuten sich, als ich auf die Welt kam, obwohl mein Vater lieber einen Buben gehabt hätte, dann hätte er in zehn Jahren doch schon eine Hilfe gehabt bei seinen Grabsteinen und auf dem Gütle.

Als ich noch nicht ganz zwei Jahre alt war, bekam ich zwei Geschwisterchen. Vater bestimmte, dass die eine nach der Gotte und die andere nach der Mutter heißen sollte, die ebenfalls Geschwister zueinander waren, also Franziska und Kreszentia. Franziska war die Erstgeborene, Kreszentia kam ein paar Minuten später, und sie war ganz blau. Die Hebamme und der Arzt tauften die Zwillinge, denn sie glaubten, dass Kreszentia gleich sterben würde. Sie klopften ihr auf den Hintern und schüttelten sie wieder und wieder. Vater war doppelt enttäuscht, beides Mädchen und eines davon würde seine Geburt nur kurze Zeit überleben! Aber die beiden wuchsen und wurden alle Tage lebendiger.

Viele Leute kamen zu uns ins Haus und brachten für uns drei Mädchen Geschenke, Sachen zum Anziehen, aber auch Stoff und Wolle. Meine Mutter konnte es gut auf der Nähmaschine, sie war eine gute Hausfrau und Bäuerin.

Zu den wichtigsten Ereignissen in der Gegend gehörte das jährliche Biberacher Schützenfest, »d' Schütza«, mit Rummelplatz und Umzug der unterschiedlichen Vereine und allem Drum und Dran. Es dauerte immer eine ganze Woche, vom Sonntag bis zum Sonntag der darauf folgenden Woche. Haupttag war der Dienstag, »d' Herraschütza«. An diesem Tag war auch stets der größte und schönste Umzug.

Ich war zwei Jahre alt, als meine Mutter mich auf dem Fahrrad zur Herraschütza mitnahm. Der Vater blieb daheim und machte die Kindsmagd für die Zwillinge. Das Fahrrad stellte Mutter bei Bekannten hinters Haus. Der Umzug dauerte zwei Stunden. Ich erinnere mich noch an die Mittelbiberacher Bürgerwache – das ist die Bürgerwache aus meinem Dorf – und an die kleine Bürgerwache, wie sie juchzten und uns zuwinkten.

Nach dem Umzug gingen die meisten der Zuschauer auf den Gigelberg, wo der Rummelplatz war. Wir gingen auch dorthin, denn Mutter hatte mir einen Wurstwecken versprochen. Auf dem Rummelplatz war jetzt, so kurz nach dem Umzug, einiges Gedränge. Wir liefen über den Platz und schauten uns um. Da entdeckte meine Mutter auf einer Bank eine alte Frau, die sie kannte. Sie begrüßten sich und hielten ein Schwätzle.

»So, sind Ihr auch hier oben?«

»Ach Senzi, tätst mir nicht eine Wurst und einen Wecken holen am Stand?«

»Ja, freilich!«

»Dann pass ich auf dein Annele auf, solang du fort bist.«

Die Senzi, meine Mutter, ging also an den Stand, um drei Würste und drei Wecken zu holen, und es dauerte, bis sie an der Reihe war. Und wie sie zurückkam, war die alte Frau vielleicht ein bisschen eingenickt gewesen oder hatte spazierengeguckt, jedenfalls war das Annele verschwunden, auch wenn die alte Frau beteuerte: »Ja, sie ist doch vor'm Weile no da g'wesa ...«

Meine Mutter legte die Würste und die Wecken auf die Bank und raste los wie wild, um mich zu suchen. Dabei betete sie leise vor sich hin, denn sie hatte große Angst, mich bei so vielen Leuten nicht mehr wiederzufinden. Und was der Hugo, ihr Mann, dazu sagen würde, wagte sie erst gar nicht zu denken. Sie schaute verzweifelt hin und her, nirgends war das Annele. Aber eine Menschenmenge sah sie, die rings um etwas stand. Da lief sie hin, um zu sehen, was da sei. Es war ihr Annele!

Mittendrin in der Menge stand nämlich ich und unterhielt die Leute. Meine Mutter kam natürlich sofort auf mich zugesprungen: »So, da bist! Jetzt ha'n ich dich g'sucht!«

Da kam ein vornehmes Ehepaar auf uns zu. »Sind Sie die Mutter von dem Annele?«

»Ja.«

»Wir sind kinderlos und haben das Mädchen hier vor einer halben Stunde weinend gefunden. Wir wollen das nette Mädchen gerne adoptieren.«

Meine Mutter sagte: »Nein. Was würde mein Mann machen, wenn ich mein Mädchen nicht mehr nach Haus bringen würde? Er tät mich totschlagen oder fortjagen!« Trotzdem taten ihr die Leute leid.

Danach ließ mich die Mutter noch beim Karussell einmal mit dem Gaul fahren, dann ging es mit langen Schritten den Gigelberg hinunter zum Fahrrad und heim.

Mein Vater saß in der Stube bei den Zwillingen. »So, sind ihr wieder da?«, sagte er, und zu mir: »So, hat's dir auf der Schütza g'falle?« Und meine Mutter, die noch ganz aufgeregt war, fragte er: »Was ist denn los?« Denn er merkte ihr an, dass etwas nicht in Ordnung war. Aber die Mutter sagte bloß: »Nix!« Erst später, als man im Stall fütterte und sie die Kühe gemolken hatte, erzählte sie ihrem Mann, was passiert war.

Mit drei kleinen Kindern hatte meine Mutter Arbeit über den Kopf hinaus. Sie musste auch aufs Feld, und mein Vater nahm sie auch noch mit seinen Grabsteinen in Anspruch. Sie half ihm, auf dem Friedhof die alten Steine zu drehen und zu säubern, und sie strich die alten, blassen Schriften mit Bims aus. Es kam schon manchmal vor, dass jemand den Grabstein seiner Angehörigen erneuern oder die Schrift darauf neu vergolden lassen wollte. Das gab dann meiner Mutter hin und wieder ein paar zusätzliche

Mark, die sie dringend für Hefe, Zucker und Waschmittel brauchte. Das Übrige brachte das Gütle. Vor allem Zucker war sehr teuer, deshalb gab es bei uns fast immer nur Süßstoff. Viele der ärmeren Leute konnten sich keinen Zucker leisten. Meine Eltern gehörten zwar nicht zu den Armen, aber man musste schon sehen, wie das Geld reichte, vor allem später, als die Kinderschar bei uns immer größer wurde. Unser Vater war ein großzügiger Mensch, dem es ums Geld, wenn er es für uns Kinder ausgab, nicht schad war. Wenn es vorkam, dass er nach Biberach hinein musste, brachte er uns stets eine Tüte Eisbonbons mit. Unsere Mutter stammte aus einer wohlhabenden Bauernfamilie und hatte von daher ihren Bauernstolz. Nach außen, anderen gegenüber, konnte sie sehr großzügig sein, manchmal mehr als nötig und auch nicht immer am rechten Platz, wenn sie zum Beispiel dem Pfarrer oder dem Lehrer vom Frischgeschlachteten schenkte, obwohl die es sich hätten leisten können, ihr Fleisch zu kaufen. Als Hausfrau war sie sehr wirtschaftlich und sparsam, und mit dem teuren Zucker geizte sie vielleicht mehr als nötig. Damals litten manche Kinder und auch Erwachsene manchmal an Schwäche- und Schwindelanfällen, weil sie »Unterzucker« hatten. Auch ich hatte manchmal solche Anfälle.

Einmal, wie ich in der Kirche war, merkte ich, dass es mir hundselend wurde. Ich war damals in der fünften oder sechsten Klasse. Mir war so schlecht, dass ich während des Gottesdienstes aufstand und die Kirche verließ. Ich trat zur Kirchentür hinaus, lief zur Treppe und von da an wusste ich nichts mehr. Auf einmal erwachte ich wieder. Es war eine Ordensschwester bei mir. In meinem ersten Eindruck meinte ich, sie wäre ein Engel und ich wäre im Himmel. Aber dann sagte sie etwas in der Richtung, wie blass ich wäre oder so ähnlich, da merkte ich, dass ich doch noch nicht im Himmel war und dass der vermeintliche Engel eine Ordensschwester war, die ich kannte.

Ein andermal, das war aber schon vor dem Vorfall auf der Kirchentreppe gewesen, fuhr ich mit den Kühen den leeren Mistwagen vom Ziegelhof heim. Auch da wurde ich plötzlich ohnmächtig und stürzte vom Wagen. Als ich erwachte, stand ein junger Mann aus dem Ort bei mir, der mich zufällig gefunden hatte. Die Kühe waren glücklicherweise einfach stehen geblieben, wie ich vom Wagen gefallen war, sonst wäre ich vielleicht überrollt worden.

Ich war als Kind ganz verrückt nach allem, was mit richtigem Zucker gesüßt war. Einmal, bei einer Freundin, stellte man mir ein Schälchen mit Gsälz, also Marmelade, hin, in das die Ameisen gekommen waren. Ich löffelte das Schälchen ganz gierig leer, während die anderen zuschauten und lachten. Ich war so gierig nach der süßen Marmelade, dass ich gar nicht merkte, was ich da aß. Als ich fertig war, sagten sie: »Weißt, was jetzt 'gessen hast? Ameisengsälz!«

Ich glaube, ich hätte das Schälchen Gsälz auch ausgelöffelt, wenn ich gewusst hätte, dass Ameisen drin waren.

In der Nacht, wenn die Zwillinge schrien, stand der Vater immer auf und ging im Hemd hinunter in die Küche. Er machte das Feuer im Herd an und stellte das weiße Müsle auf. Wenn es die richtige Wärme hatte, füllte er die beiden Buddele für die Kleinen. Oben bekamen sie dann ihren Schoppen. Die Gotte hatte ihnen die Namen »Fanny« und »Gretel« als Kosenamen gegeben. »Fränzi« und »Senzi«, fand sie, seien altmodisch.

Mein Vater klagte im Laufe der Zeit immer mehr über Gliederschmerzen. Er wisse gar nicht, was er in seinen Knien drin habe, sagte er. Und eines Abends, es war im März, sagte er gar, er halte die Schmerzen nicht mehr aus. So ging er doch zum Arzt. Da die selbständigen Bauern und kleinen Handwerker nirgends versichert waren, weder kranken- noch rentenversichert, mussten sie den Arzt selber zahlen. Man ging also nur im alleräußersten Notfall. Mein Vater aber war ein kluger Mann gewesen und hatte sich und seine Familie freiwillig zumindest insoweit versichert, dass die Kosten für den Arzt und die Medizin von der Kasse abgedeckt wurden. Rentenversichert hatte er sich allerdings nicht, denn er ging davon aus, dass ihm eines Tages sein ältester Sohn ein Leibgeding kaufen würde.

Der Arzt meinte, mein Vater hätte eine Gliederkrankheit, die von einer Erkältung kommen könne, es könne aber auch vererbt sein. Er schrieb gleich Tabletten auf und zwei Dosen Salbe. Mein Vater hielt sich streng an die Anweisungen des Arztes und nahm seine Tabletten pünktlich ein. Mutter schmierte ihm ganz exakt die Knie, bis sie von der Salbe rot und fast schon entzündet waren. Helfen tat es aber nicht. Vater lag vier Wochen im Bett und jammerte, weil er gerade jetzt, wo es die meiste Arbeit auf dem Feld gab, nicht laufen konnte. Zudem hatte er auf Ostern noch zwei Grabsteine zu richten und Schriften einzuhauen. Auch wenn es später immer wieder einmal etwas besser wurde mit den Knien, so richtig ging es nie mehr. Er humpelte oft mit Schmerzen am Stock oder an Krücken übers Feld und sah, was er tun konnte mit seinen kaputten Knien.

Mein Vater hatte auch Schuppenflechte. Um seine Leiden zu lindern, schmierte er sich mit Teersalbe ein, aber es half nicht sehr. Die Teersalbe roch sehr stark und war aus den Kleidern kaum wieder auszuwaschen. Manchmal musste ich mich auf das Sofa stellen und ihm mit einer Wurzelbürste den Rücken bürsten, bis das Blut kam. Dann sagte er: »Es ist gut!«, und zog sein Hemd wieder drüber. Heute weiß man, dass die Arthrose, die mein Vater hatte, mit der Schuppenflechte zusammenhängt. Obwohl es auch heute weder für das eine noch das andere eine allgemeine Heilmethode gibt, kann man es doch zumindest lindern. Damals war das leider noch anders.

Während der Zeit, da mein Vater bettlägerig war, kam eines Montagmorgens unser Nachbar Essig zu Mutter und bot sich an, für uns etwas auf dem Feld zu tun. Mutter war erstaunt, dass der Nachbar so viel Einsicht hatte und sich sogar anbot, zu helfen. Er war ein zugezogener, evangelischer Bauer. Die Dorfleute waren sonst alle katholisch. Er war beim Bau des Stuttgarter Flughafens enteignet worden und hatte sich von der Entschädigung einen schönen, großen Hof bei uns gekauft, zu dem auch eine Wirtschaft gehörte.

Mutter sagte: »Es ist mir recht, ich habe Arbeit über Kopf und Hals. Wenn Sie uns das ›Heilige Töll‹ ackern – es sind zwei Morgen –, dann bin ich Ihnen sehr dankbar.« Der Nachbar spannte zwei Gäule ein, und am anderen Abend war der Acker gepflügt. Wenn meine Eltern mit ihm sprachen, nannten sie ihn immer Herr Essig. Normalerweise ließ man im Gespräch – außer bei Respektspersonen – das »Herr« fort, oder man nannte sich gleich beim Vornamen.

Es kamen auch andere Bauern, die uns säten und eggten und für uns den »Grobben« und den »Ziegelacker« herrichteten. Meine Eltern vergaßen diese Hilfe nie.

Die Heuernte kam und Vater ging es nun etwas besser. Er hinkte herum und kam den Kühen und der Mähmaschine kaum hinterher. Am Abend, wenn die Mutter uns Kinder im Bett hatte und der Vater gemistet und gefüttert hatte, half immer ein Nachbar beim Abladen.

Wie gesagt, Vater brachte seine Arthrose nicht mehr los. Im Sommer ging es, aber im Winter wurde es wieder so schlimm, dass er die Schmerzen kaum aushalten konnte. Abend für Abend saß er im Sessel hinter dem Ofen und wärmte seine Glieder.

Es gab Leute, die sagten: »Der Nägele ist ein Faulenzer, der will bloß nit schaffen.« Einige sagten auch: »Bei dem lass ich kein Grabstein machen, ich verhalt dem sein Haufen Kinder nit!«

Meine Eltern waren trotzdem auch zu solchen Leuten höflich und ließen sich nichts anmerken. Man hatte halt immer die Hoffnung, dass sie vielleicht doch einen Grabstein bei uns kaufen würden, wenn jemand stirbt. Vater hatte reichlich Konkurrenz. In Biberach, nur drei Kilometer entfernt, gab es zwei Steinmetzgeschäfte. Auch in Uttenweiler, das 15 Kilometer entfernt war, kauften welche ihre Grabsteine. Manche Bauern kamen und sagten: »Wenn du mir den Stein nicht um diesen oder jenen Preis verkaufst, geh ich in die Stadt!« Dann gab mein Vater den Grabstein um einen Preis weg, an dem er keine Mark verdiente, nur um den Kunden nicht zu verlieren.

Es gab auch recht arme Leute im Dorf. Die meisten von ihnen arbeiteten im Sägewerk oder in der Ziegelei, wo sie wenig verdienten. Mehr Industrie gab es bei uns nicht, nur noch einen Maurermeister, der manchmal Leute als Hilfsarbeiter anstellte. Aber wie es oft ist: Die reichen Leute wollten alles billiger haben und feilschten oft eine halbe oder ganze Stunde am Preis herum. Die Armen fragten, was es kosten solle und bezahlten das Geforderte. Aber eines wusste jeder, dass der Steinhauer Nägele ehrlich war und keinen übers Ohr hauen würde. Viele Leute schätzten meine Eltern.

Meine Eltern wiederum schätzten ihre Äcker und Wiesen. Was man da erwirtschaftete, das konnte man gut verkaufen. War es ein gutes Jahr, gab es im Herbst Kartoffeln und Getreide in Hülle und Fülle, sodass im Laufe des folgenden Jahres manche Mark herausgeholt werden konnte. Die Grabsteine verschafften vor allem Arbeit, wenn es auf Allerheiligen zuging, und dann noch im Frühjahr, auf Ostern, vielleicht noch zu einem kleinen Teil auf Pfingsten zu.

Mein Vater war nicht sehr stolz auf seinen Beruf. Sein Vater hatte sich seinerzeit hier im Dorf niedergelassen, das Grundstück und das Haus, in dem wir jetzt wohnten, gekauft und sich als Steinmetz selbständig gemacht. Er hatte von seinem Sohn verlangt, dass er, wenn er nicht studieren wolle, die Tradition fortführen und ebenfalls Steinmetz werden müsse. Mein Großvater hieß Anton, und diesen Namen bekam auch mein nächstes Geschwisterchen. Mein Vater war überglücklich über seinen ersten Sohn und darüber, dass der Bub wuchs und kräftig und gesund war.

Der damalige Bürgermeister, ein sehr freundlicher, einsichtiger und hilfsbereiter Mann, zu dem jeder mit seinen Sorgen kommen konnte, schickte uns ein Kindermädchen ins Haus, das Mutter bei der Arbeit unterstützen sollte. Meine Eltern hätten sich nie im Leben ein Kindermädchen leisten können, aber der Bürgermeister übernahm selber den Lohn. Meine Mutter konnte die Entlastung gut gebrauchen nach der schweren Geburt.

Bloß ich, die vierjährige Anne, war nicht damit einverstanden, dass eine fremde Person mir ins Handwerk griff. »Ich kann das selber. Du brauchst morgen nimmer kommen«, sagte ich zu ihr.

Ich war sehr stolz auf meine kinderpflegerischen Fähigkeiten. Zum Beispiel konnte ich meinem kleinen Brüderchen mit der linken Hand die Füßchen hochheben, mit der rechten Hand die Windeln drunter schieben und ihn dann ganz alleine wickeln. Und einen Schoppen geben oder den Kinderwagen schieben, konnte ich genauso gut wie die Großen. Und ich mochte es nicht leiden, wenn jemand meinte, ich könne noch nicht Kindsmagd sein.

Im Kindergarten war ich gut dran. Da ich ein gutes Gedächtnis hatte und mir gut etwas merken konnte, schickten mich die Schwestern manchmal in den Laden zum Einkaufen, was ich sehr gerne tat. Meine andere Lieblingsbeschäftigung im Kindergarten war das Schaukeln. Zu Hause hatten wir natürlich keine Schaukel, niemand hatte eine, und so nützte ich es im Kindergarten ganz aus. Im Sommer, zur Heuernte, waren die kleinen Kinder, die noch nicht helfen konnten, meistens den ganzen Tag im Kindergarten. Die Eltern gaben Brot und Kakao oder anderes zum Essen mit, und die Ordensschwestern machten mittags die Speisen warm. Die Kinder der Bauersleute wurden im Sommer oft erst abends um sieben Uhr abgeholt, wenn die Feldarbeit vorbei war.

Eines Tages kam Vaters Mutter und besuchte uns. Sie erzählte, dass es meinem Großvater nicht gut gehe. Er sei sehr abgemagert. Zu meinem Vater sagte sie: »Er lässt dich schön grüßen. Du sollst einmal kommen! Er möcht mit dir sprechen!« Vater war mit seinen Eltern und seinen drei Schwestern vor Jahren in Streit geraten und darüber hatten sie sich auseinander gelebt.

Meine Mutter drängte Vater, dass er bald ginge, also fuhr Vater mit dem Fahrrad seine Eltern besuchen, die sich ganz oben im Dorf vor zwei Jahren ein Haus gekauft hatten. Ich durfte mit.

Als mein Vater geheiratet hatte, hatte sein Vater ihm Haus, Hof und das Geschäft überschrieben und sich aufs Altenteil zurückgezogen. Er handelte mit seinem Sohn ein Leibgeding – ein Haus, in dem er mit seiner Frau wohnen konnte – aus. Das Leibgeding meines Großvaters hatte ein winziges Gärtchen für Schnittlauch und Salat und er bekam eine Leibrente von 42 Mark, die ihm mein Vater jeden Monat pünktlich zum Ersten brachte. Es war aber so, dass eine Schwester meines Vaters und deren Mann schlecht standen und Schulden hatten. Mein Großvater verkaufte daraufhin sein Leibgeding und zog mit seiner Frau zu Tochter und Schwiegersohn, nachdem er vom Verkaufserlös deren Schulden bezahlt hatte.

Es ging aber nicht lange gut, denn dem Mann gefiel nicht alles, was sein Schwiegervater tat. Eines Tages sagte er zu ihm: »Das Haus ist mir, und du kannst ratzen!« (abhauen). Meine Großeltern waren empört. Bald darauf war oben im Dorf ein Haus feil nebst Scheune und Garten. Sie kauften es und zogen um.

Das alles hätte meinem Vater egal sein können. Aber er hatte sich selber strecken müssen, um seinem Vater das Leibgeding zu kaufen, und so viel warf das Steinmetzgeschäft nicht ab. Dann fühlte er sich benachteiligt, weil seine Eltern ihm in den ganzen Jahren nie etwas geholfen hatten, weder im Hauswesen, noch bei den Grabsteinen. Alles war der Schwester und dem Schwager zugeflossen. Als es dort zum Streit gekommen war, ging sein eigener Vater mit ihm vor Gericht, weil er das Haus und das Gütle wieder zurückhaben wollte, das er ihm auf den Hochzeitstag verschrieben hatte. Vater war darüber sehr enttäuscht, auch wenn er vor dem Richter und dem Bürgermeister Recht bekommen hatte. Damit aber nicht genug.

Für den Hauskauf musste mein Großvater Geld aufnehmen, und damit er es zurückzahlen konnte, begann er, wieder Steinmetzarbeiten zu machen und Vater die Kunden abzuwerben, was das Verhältnis der beiden nicht verbesserte.

Das kleine Mädchen, das ich damals war, hatte von all diesen Streitigkeiten kaum eine Ahnung. Ich ging gern zu meinen Großeltern. Wir hatten immer eine Mordskomödie zusammen. Manchmal bekam ich aufgetragen, ihnen die Leibrente vorbeizubringen. Wie ich zwei oder drei Jahre alt war, bin ich an Fasnet einmal in meinem Fasnethäs, das die Mutter für mich genäht hatte, zu ihnen gegangen. Ich lernte mein Sprüchlein auswendig und zog damit ins Oberdorf hinauf von Haus zu Haus bis zu den Großeltern. Ich klingelte und sie öffneten mir. Dann sagte ich meinen Spruch auf. Ich war davon überzeugt, dass sie mich nicht erkennen würden in meiner Verkleidung. Den Spruch weiß ich noch heute:

»*I bin a glois Mäschkerle, nag a'm e Boa,
ge'nd mr au a Kreizerle, dann gang i wieder hoa!*«

(Ich bin eine kleine Maskierte, nage an einem Knochen, gebt mir doch einen Kreuzer, dann geh ich wieder heim.)

Sie lachten beide und hatten eine große Freude an meinem Sprüchlein und an meinem Anblick.

Für meinen Vater war es bestimmt ein sehr bewegender Augenblick, denn er hatte seine Eltern in ihrem neuen Haus noch nie besucht. Ich war gespannt auf den Großvater. Er lag im Bett und war tatsächlich ganz mager. Als sein Sohn auf ihn zutrat und ihm die Hand reichte, kamen ihm die Tränen. »Bua«, sagte er, »ich will dir manches sagen, was ich viele Jahr mit mir herumtragen hab. Wenn die Mutter nach mir stirbt, dann erbst nochmal, hier von diesem Haus. Ich will dir alles wieder gutmachen.«

Der Großvater hatte über seinem Bett von der Decke herunter einen Galgen hängen, damit er sich mit der Hand aufrichten konnte zum Sitzen.

Auch die Schwestern von Vater kamen von da an wieder mit uns zusammen, und die Familie versöhnte sich. Aber meinem Großvater ging es zusehends schlechter, und eine richtige Diagnose wusste man nicht. Er hatte einen furchtbaren Durst, und meine Großmutter sagte alle Tage zu ihm: »Warum säufst du so viel?«

»Weil ich Durst hab«, antwortete er stets.

Heute weiß ich, dass der Großvater höchstwahrscheinlich stark zuckerkrank war. Er starb innerhalb kurzer Zeit, es war im Juli. Ich durfte auch mit zur Beerdigung.

Von diesem Tag an kam meine Großmutter wieder zu uns. Da noch immer Schulden vom Hauskauf her da waren, ging sie zu den Bauern der Umgebung und arbeitete zum Taglohn. Sie half auch bei uns auf dem Feld und manchmal schliff sie die Sandsteine. Das konnte sie besonders gut. Sie aß auch bei uns, aber über Nacht blieb sie nie. Abends nach der Brotzeit ging sie heim. Es waren knappe zwei Kilometer, ungefähr eine halbe Stunde zu Fuß. Der Vater schickte ihr an jedem Monatsersten ihre Leibrente, für sie allein waren das 21 Mark, oder er brachte das Geld selber.

Am Samstag bekam die Großmutter von meiner Mutter immer einen kleinen Hefezopf mit, für den Sonntag zum Kaffee. Auch meine Tanten kamen manchmal zu uns und brachten Kleider oder Spielzeug mit von ihren Töchtern, die waren sechs, sieben Jahre älter als ich. Ich durfte nicht nur für die Mutter, sondern auch für die Großmutter einkaufen gehen »zur Adelheid« oder manchmal auch zu »'s Boppes«, das war eine ältere Frau, die einen kleinen Laden hatte. Dort bekam ich immer ein oder zwei Zuckerle, und bei meinem ewigen Heißhunger auf Zucker kann man sich vorstellen, wie gern ich einkaufen ging.

Im Frühjahr 1937 – ich war schon fast sechs Jahre alt – kam die Hebamme wieder ins Haus. Ich kannte sie gut, vor allem, weil sie nicht weit weg von uns wohnte. Der Vater und ich warteten mit meinen Geschwistern in der Küche. Nach einer Weile kam sie aus der Stube. »So, jetzt ha'n ihr wieder ein kleiner Bua«, verkündete sie. Dann wandte sie sich zu mir: »Jetzt musst du wieder Kindsmagd bleiben.«

Wir Kinder durften dann mit in die Stube und unseren kleinen Bruder sehen. Vater war sehr stolz. »Jetzt kommet die Bube wie die Mädle«, sagte er und lachte.

»Wie täuft ma dea?«, fragte ich.

Vater entschied, dass er Josef heißen müsse, weil am folgenden Sonntag Josefstag war und weil mein anderer Großvater Josef geheißen hatte.

Mein Vater sagte immer: »Wo ein Kind ist, kann man auch mehr Kinder ernähren.« Aber es gab wieder mehr Arbeit, und die täglichen Kosten stiegen auch. Mutter arbeitete tagsüber auf dem Feld. Abends hieß es melken, misten, Schweine, Kälber, Schafe und Hühner füttern, kochen, putzen, waschen und Kinder versorgen. Aber sie schaffte alles. Manchmal samstags, an unserem Badetag, wurde es Mitternacht oder gar eins in der Frühe, ehe sie ins Bett kam. Sie verzichtete auf vieles. Man hatte Pflichten, und die musste man halten!

Durch seine Arthrose konnte Vater viele Arbeiten nicht oder nicht alleine machen. Bis ich alt genug zum Helfen war, blieb viel davon an meiner Mutter hängen. Aber eines konnte er gut und machte es auch sehr gern: Kindsmagd sein, wenn meine Mutter zu ihren Leuten auf Besuch ging oder auch am Sonntagmorgen in die Kirche.

Einmal im Monat ging Vater in die Wirtschaft, weil da die Milch gezahlt wurde. Jeweils am Zehnten, und zwar jeden Monat in einer anderen Wirtschaft. Da wurde dann das Milchgeld vom Rechner bar ausbezahlt. Im Sommer, wenn die Kühe gutes Gras zu fressen bekamen, gab es mehr Geld als im Winter. Ab und zu gab es eine Nachzahlung von einem Pfennig pro Liter, dann bekamen die Bauern ein Käsevesper, üblicherweise Backsteinkäse und eine Halbe Bier, von der Darlehenskasse bezahlt. Der gehörte schließlich die Molkerei und die dazugehörige Käserei. Der Backsteinkäse wurde bei uns im Dorf hergestellt. Bei der Milchzahlung kam es manchmal vor, dass der eine oder andere ein bisschen zu tief ins Glas schaute und mit Vater Streit suchte. Der ärgerte sich dann, trank sein Bier aus und ging heim.

Einige Nachbarn von uns suchten gern Streit mit Vater, einerseits, weil er wegen seiner Arthrose oft nicht in der Lage war, so wie die anderen Bauern auf dem Feld zu arbeiten.

Ein anderer Angriffspunkt war die ständig wachsende Kinderschar bei uns. Elf Monate nach Josef kam schon das nächste Kind. Es war wieder ein Bub, und er wurde Hugo getauft, nach meinem Vater. »Nix schaffen, aber jeds Jahr ein Kind!« und ähnliche Sprüche gehörten noch zu den harmlosen Angriffen.

Ich habe auch erlebt, wie er weinend vom Wirtshaus nach Hause kam und erzählte, dass er sein Käsevesper und das Bier einfach habe stehen lassen, um den bösen Anfeindungen zu entfliehen und um einem Streit auszuweichen. Ich half damals schon viel in der Küche mit, an jenem Abend war ich beim Nudelmachen, und ich hörte immer aufmerksam zu, was meine Eltern miteinander sprachen. Sie ermahnten mich, nichts von dem, was ich daheim hörte, weiterzusagen. »Was man daheim bei Tische spricht, erzählt man keinem Menschen nicht!«

Mein Vater schluckte all die Beleidigungen und Vorwürfe aus Rücksicht auf das Geschäft. Die Anfeindungen dieser Nachbarn hatten schon ihre Ursache. Nicht jeder Bauer mit fünfzig Morgen Land hatte Felder oder Wiesen mit vier und fünf Morgen an einem Stück, und da wird man gern neidisch und hält es für ungerecht, dass der Nachbar etwas hat, was man selber auch gern hätte.

2

Mit einem halben Dutzend Kinder war die Stube nicht mehr allzu groß. Mittlerweile mussten Fanny und Gretel das Kindsmagdsein übernehmen. Ich war schon recht groß und kräftig und half bei anderen Arbeiten mit, beim Gras holen zum Beispiel.

Am 1. April 1938, kurz vor meinem siebten Geburtstag, kam ich in die Schule. Wir waren 21 Schüler in der Klasse, zehn Mädchen und elf Buben. Ich begriff im Unterricht recht gut. Meine Mutter hatte einen großen Stolz und trieb mich zum Lernen. Ich musste die Buchstaben solange auf die Tafel schreiben, bis sie ihr gefielen. Manchmal weinte ich, denn wenn ich nicht schnell genug schrieb oder beim Rechnen die Antwort nicht schnell genug wusste, tat sie mich verohrfeigen.

Vielleicht lag es daran, dass meine Mutter einen Bruder hatte, der Lehrer war. Oder sie wollte mich möglichst bald mit aufs Feld nehmen, damit ich die Kühe führen sollte, denn die liefen beim Pflügen oder Eggen nicht von alleine so geradeaus, wie man es gern gehabt hätte. Meine Eltern nahmen es damit sehr genau. Die Furchen mussten kerzengerade sein, wenn man den Acker hinaufschaute.

Schlimm war es mit dem Arbeiten während meiner Schulzeit. Vater konnte selbst mit dem Stock nur schwerlich gehen, und so musste ich als die Älteste hinten und vorne sein.

Im Sommer fuhr Vater früh um fünf Uhr mit dem Fahrrad, die Sense auf dem Buckel, auf die Wiese und mähte. Ich musste mit dem Kuhgespann hinterher und das Gras aufladen und heimbringen. Mähte der Vater auf dem »Schügele«, konnte ich mir ein wenig Zeit nehmen, mähte er aber auf dem »Galgen«, war die Zeit zu kurz – musste ich doch um halb acht in der Schule sein! War das Gras aufgeladen, warf der Vater die Sense obendrauf und fuhr mit dem Rad heim, ich fuhr das Kuhgespann. Bergabwärts musste man zusehen, dass man die Bremse angezogen hielt. Daheim wusch ich mich geschwind und zog mir noch schnell die Schülerschürze an. Als ich in die Oberklasse ging, durfte ich meistens Vaters Rad nehmen, damit ich noch halbwegs rechtzeitig ankam. Die Oberklasse war droben im Dorf, es waren mindestens eineinhalb Kilometer. Zu Fuß hätte ich mich fürchterlich verspätet. Der Lehrer hatte immer Verständnis für mein Zuspätkommen. Er winkte mich an meinen Platz, noch ehe ich mich entschuldigen konnte. Der Pfarrer aber kam von seinem Pult herunter und schrie mich an: »Steh bälder auf!« Er schlug mich mit dem Handrücken ins Gesicht. Das machte er immer so.

Einmal hatte ich mit dem Fahrrad einen Unfall, es war auf dem Heimweg von der Schule. Das Dorf hinunter bekam man ein ordentliches Tempo drauf. Kurz bevor ich zu

Hause anlangte, bei der Käserei, trat eine Frau mit einem Kindersportwagen auf die Straße. Ich konnte nicht mehr bremsen und krachte mit dem Kinderwagen zusammen. Gott sei Dank ist nichts passiert, außer dass ich ein paar Prellungen abbekam. Ein andermal schickte mich Mutter mit dem Fahrrad zur Schneiderin. Ich sollte einen Rock und eine Bluse für das kommende Schützenfest anprobieren. Als ich auf die Hauptstraße einbog, passte ich nicht auf: Normalerweise war bei uns kaum Kraftverkehr, aber diesmal kam gleich von links und von rechts ein Auto. Ich wollte mittendurch. Es reichte nicht, und ich stieß mit dem einen Auto zusammen. Schlimmer als die Prellungen war der Schock. Ich war ganz verstört. Das Fahrrad war kaputt. Der Fahrer des Wagens war sehr freundlich und nett. Er stieg aus und tröstete mich. Dann brachte er mich mitsamt dem kaputten Rad zu Vater.

Im November 1940 lag Mutter wieder im Wochenbett. Maria hieß das neue Geschwisterchen. Wir nannten es Mariele.

Wir hatten in dem Jahr einen Morgen Kohlraben und einen Morgen Rüben. Ich musste also die Kohlraben aufladen, und zwar zwei Wagen voll und nur die größten. Die kleinen kamen zu den Rüben in den Keller. Dann mussten die Kohlraben auf die Bahn gebracht werden. Vater spannte zwei Kühe vor den großen Leiterwagen und fuhr voraus. Ich kam mit dem kleineren Wagen, der ebenfalls von zwei Kühen gezogen wurde, hinterher. Es war eine eisige Kälte an jenem Tag. Am Bahnhof zeigte man uns, auf welchen Bahnwagen wir die Kohlraben verladen sollten. Wir fuhren längs und warfen sie dann von Hand auf den Waggon. Vater hatte starke Arme und traf jedes Mal. Aber ich war doch noch ein kleines Schulmädchen. Und ab und zu fiel so eine mordsmäßige Kohlrabe unter den Eisenbahnwagon, wenn sie zu dick und zu schwer war und ich nicht die Kraft hatte, sie so hoch zu werfen. Vater schimpfte deswegen. »Pass besser auf. Du wirfst ja alle unter die Wägen!« Ich hätte am liebsten geweint. Meine Finger waren steif vor Kälte. Zweihundert Zentner Kohlraben verluden und verkauften wir. Die Eltern brauchten diese Einnahmen, um die Schulden zu bezahlen, die Vater gemacht hatte für das Leibgeding von meinem Großvater.

Wir konnten aber nicht alle Kohlraben verkaufen, die wir geerntet hatten. Wir mussten wie alle anderen unsere Abgabepflicht erfüllen und Gemüse und Getreide an die Nazis abgeben. Vater erfüllte seine Abgaben immer äußerst pünktlich und genau. Er hatte nämlich große Angst vor einem NS-Mann aus dem Dorf. Vater war wegen seinen Knien nämlich nicht wehrtauglich, und dieser NS-Mann sagte gelegentlich zu ihm: »Nägele, dich kriegen mir auch noch!« Oder: »Brauchst keine Angst ha'n, Nägele, mir kucken dir auf die Finger!« und ähnliche Sachen. Später drohte er meinem Vater auch mit dem Arbeitsdienst. Als 1944 Stuttgart zerbombt worden war, sagte er zum Beispiel, er werde dafür sorgen, dass mein Vater nach Stuttgart müsse, die Fliegerschäden beseitigen. Vater war deshalb immer sehr darauf bedacht, sich nichts zuschulden kommen zu lassen. Wenn zum Beispiel in Biberach auf dem Adolf-Hitler-Platz eine Veranstaltung der HJ oder BDM war, triezte mich Vater immer, dass ich ja hinginge.

Eine Woche nach den Kohlraben ging es nach Biberach zum Kohlenhändler. Vater fuhr wieder den großen und ich den kleinen Wagen. Bis wir dort ankamen, waren mir schier die Hände abgefroren. Die Sekretärin holte mich ins Büro und tauchte meine Hände in ein Becken mit eiskaltem Wasser. Ich heulte vor Schmerzen. Aber meine Hände waren dadurch wieder warm geworden. Vater hatte derweil die Wagen an den Kohlenhaufen gestellt. Er drückte mir eine Schaufel in die Hand und sagte: »So, Mädle, jetzt wirfst die Eierkohlen auf den kleinen Wagen.« Er selber belud den großen. Der Kohlenhändler kam herüber und sah uns einen Augenblick zu.

»Aber Herr Nägele«, sagte er zu meinem Vater, »die Kleine arbeitet schon wie eine Alte.«

Vater lachte verlegen, denn normalerweise, ob ich ihm auf dem Feld half oder auf dem Friedhof, schimpfte er immer nur mit mir. Aber bei den Leuten oder bei der Mutter, jedenfalls wenn wir Kinder es nicht hören konnten, lobte er mich über alles.

Während des Krieges holte ich immer die Lebensmittel- und Kleiderkarten für unsere Familie auf dem Rathaus. Auch das Kleiderkaufen gehörte zu meinen Aufgaben. Ich fuhr mit den Zwillingen nach Biberach und kaufte mit den Kleiderkarten Schuhe oder Jäckchen oder Strümpfe. Mutter schickte mich fast immer in die gleichen Kleidergeschäfte. Eines war am Marktplatz, ein anderes war beim

Ulmer Tor. Die Mutter hatte ein Bäsle, die war dort Verkäuferin. Die wusste, was Mutter für Vorstellungen hatte, und gab uns immer das Rechte mit. Sie war eine schlanke, schöne, hellblonde Dame mit einer Bubikopffrisur. Diese Frisur gefiel mir sehr gut. Wir mussten dem Bäsle von Mutter immer einen schönen Gruß bestellen und bekamen dann einen schönen Gruß zurück aufgetragen.

Im Winter, wenn es gegen Weihnachten ging, musste ich jede Woche in die Stadt zur Gewerbebank. Die Bauern zahlten die Rechnungen an die Firmen, von denen sie Waren bezogen hatten, meistens auf den Herbst, wenn sie ihre Schweine und Rinder verkauft hatten. Der Vater richtete mir die Überweisungen und gab mir das Geld mit. Manchmal waren es tausend oder gar zweitausend Mark, die ich mit mir trug. Zuerst musste ich das Geld bei der Kasse einzahlen. Dort bekam ich eine Quittung. Dann ging ich an den Schalter für die Überweisungen. Ich gab die Überweisungen ab und zeigte die Kassenquittung vor. Auch auf der Gewerbebank hatten meine Eltern Bekannte, die mich immer gleich kannten, wenn ich zu ihnen an den Schalter ging. In der Weihnachtszeit besuchte ich mit den Geschwistern auch oft die Biberacher Stadtkirche. Dort war eine wunderbare Krippe aufgebaut, so schön, wie man sie sonst nirgends sah. Ich ging überhaupt gern in die Stadt. Es gab kaum einen Winkel oder eine Straße, die mir nicht vertraut war. Am Anfang, als ich mich noch nicht auskannte, fragte ich den Vater, wenn er mich schickte, wo dieses oder jenes Geschäft sei. Aber er gab mir zur Antwort: »Dann fragst eben jemand, 's ist doch alles Deutsch!« Er traute mir viel zu. »Du kannst das schon. Du bist meine Geschickteste.«

Einmal, das war noch zu Anfang des Krieges, brachte ich mit dem Handwagen einen Elektromotor zu einem Elektromonteur, um ihn neu wickeln zu lassen. Ich trat ganz mutig auf.

»Wann kann ich den Motor wieder abholen?«, fragte ich. Die Monteure kannten mich und lachten.

»Das ist eine Kuraschierte!«, sagte einer. Sie versprachen mir, dass ich den Motor bis übermorgen holen könne.

Auf dem Heimweg kam ich immer an einer Konditorei vorbei, die hatte im Sommer ein Fähnchen aushängen, zum Zeichen, dass es hier Eis gab. Eines Tages war ich für die Mutter einkaufen. Wie ich an dieser Konditorei vorbeikam, wurde meine Lust auf Süßes so unbändig groß, dass ich dachte: »Jetzt geh ich hin und kaufe mir ein Eis!«

Es gab Eis um 10, 15 oder 20 Pfennig. Ich nahm um 15 Pfennig und hoffte, die Mutter würde es nicht merken. Sie zählte immer das Geld nach, wenn ich vom Einkaufen oder Rechnungen bezahlen heimkam. Natürlich merkte sie, dass 15 Pfennige fehlten, und sie schimpfte mich wegen dem Eis gehörig aus.

Am Sonntag, nachdem Vater und ich die Kohlen geholt hatten, fuhr er mit der Bahn nach Schussenried. Wir hatten unsere Schafe dort bei einem Schäfer auf der Sommerweide. Die musste er abholen. Der Schäfer konnte den Winter über keine fremden Schafe gebrauchen, denn Heu, Öhmd und Stroh waren knapp. Vater nahm die Mutterschafe an die Kette, die jungen liefen hinterher. Er nahm mit seiner kleinen Herde den kürzesten Weg von Schussenried heim nach Mittelbiberach, es waren trotzdem 15 Kilometer zu Fuß, und er kam erst in der Nacht heim, als alles Vieh schon gefüttert und gemolken war und Mutter gerade mit dem Milchwagen von der Molkerei kam. Vater war froh, alles wieder unter einem Dach zu haben.

Es war bald darauf an einem Morgen. Die Zwillinge und ich machten uns fertig für die Schule, und Mutter holte die Buben aus den Betten. Der Sepp, so nannten wir den Josef, und das Hugole schlüpften schnell unter der Decke hervor, nur der Done, also der Anton, der älteste von den drei Buben, wollte nicht. Er klagte, er sei so müde. Mutter nahm ihn mit beiden Händen und stellte ihn auf den Boden. Da sackte der Done zusammen. Mutter schrie auf. »Hugo! Du musst kommen! Der Bua kann nit nastoh!«

Die Eltern waren fassungslos. Man beschloss, den Done für heut im Bett zu lassen, und hoffte, dass es morgen besser ginge. Aber am nächsten Tag war es noch schlimmer. Am Nachmittag kam eine Schwägerin von Mutter zu Besuch, wir nannten sie die Rese-Tante. Sie und Mutter nahmen den Done aus dem Bett und versuchten nochmals, ihn auf die Füße zu stellen, aber er sackte wieder zusammen. Die Rese-Tante erzählte von Kinderlähmung, sie hätte dieser Tage etwas davon gehört. Die Eltern erschraken: »Das wird es doch nicht sein!«

Vater ging daraufhin zur Poststelle und telefonierte der Nothelferin – so hieß die Ärztin, die damals die bestbekannte Doktorin in der Stadt war. Sie kam auch bald und riss nicht gerade fein an dem Bub herum. Jetzt waren auch seine Hände lahm, die Mutter musste ihm das Essen in den Mund schieben. Nachdem die Doktorin den Done gemustert hatte, packte sie ihre Sachen wieder in die Tasche und ging mit Mutter hinunter in die Stube. Dort sagte sie ihr, sie glaube nicht, dass es Kinderlähmung sei.

Gut, man wartete noch eine Woche, und der Done lag lahm wie ein Lumpen, den man hin und her werfen kann, im Bett – lumpalahm, sagt man bei uns. Man gab der Doktorin wieder Bescheid. Sie kam und untersuchte den Done nochmals. Dann ging sie wieder mit Mutter in die Stube. Diesmal war sie der Meinung, dass es doch Kinderlähmung sei. Sie sagte, dass sie noch einen Fall habe und die Krankheit ansteckend sei. Sie könne sich auch auf andere Kinder übertragen – ja, sogar bis zu vierzig Jahre alte Erwachsene könnten sich anstecken.

Die Doktorin verfügte, dass der Bub sofort nach Ulm ins Krankenhaus müsse. Die Eltern nahmen das Leiterwägele, also den kleinen Milchwagen, polsterten ihn mit Teppichen und Kissen, und Vater und ich karrten den Done darin nach Biberach zum Bahnhof. Am Bahnhof nahm der Vater ihn auf seine Arme und trug ihn gleich zum Bahnsteig, da der Zug jeden Augenblick erwartet wurde. Vater begleitete den Done ins Krankenhaus, ich fuhr mit dem Leiterwägele wieder heim.

Der Sepp und das Hugole wussten nicht, was mit dem Done war. Aber Fanny und Gretel und ich, wir hatten gesehen, wie er zusammengesackt war und lahm im Bett gelegen hatte. Die Eltern telefonierten jede Woche nach Ulm und fragten, wie es ihm ginge. Es ist schlimm, wenn man außer Hoffen und Beten nichts anderes tun kann.

In einem Haus halb droben im Dorf, wo die Mütterberatung immer abgehalten wurde, wurden auch die Pockenschutzimpfungen durchgeführt. Dazu kamen die Doktorin und zwei Schwestern aus der Stadt. Auch meine Mutter ging mit unserer Jüngsten, dem Mariele, hin. Mariele hatte zwar ein bisschen Schnupfen, wie es schien, war aber ansonsten quicklebendig. Bei der Untersuchung wollte sie der Doktorin immer die Brille von der Nase ziehen.

Es waren viele andere Mütter da, und nicht alle waren meiner Mutter freundlich gesinnt. Eine machte eine bissige Bemerkung, weil wir so viele Kinder wären, sie selber hatte nur zwei, dass da nicht alles recht sei bei uns. Aber die Doktorin fuhr ihr über den Mund, sodass sie rot wurde und ging.

Es wurde auch darüber gesprochen, wie es dem Done ging, und alle waren neugierig. Außerdem wurde erzählt, dass ein zwanzigjähriger Mann aus Schussenried ebenfalls mit Kinderlähmung nach Ulm ins Krankenhaus gekommen sei.

Niemand konnte sich erklären, wieso der Done so plötzlich Kinderlähmung bekommen hatte, und Vater machte sich Vorwürfe, weil er meinte, er hätte die Krankheit vielleicht heimgebracht, als er von Schussenried die Schafe geholt hatte. Vor allem Mutter hatte große Angst, dass auch wir anderen Kinder angesteckt sein könnten.

Für mich war schlimm, dass meine Schulkameraden und -kameradinnen mich von nun an immer wegschickten.

»Dein Bruder hat die spinale Kinderlähmung, komm nit so nah hierher. Wir wollen uns nit anstecken.«

Auch wenn ich Besorgungen machen ging, merkte ich, dass die Leute immer möglichst viel Abstand zu mir haben wollten. Es war für mich ganz schlimm. Ich erzählte es daheim der Mutter, und sie ging hin und schimpfte die anderen Kinder aus.

»Wenn ihr die Anne nit in Ruh lasst, dann geh ich zu euren Vätern und Müttern und werd ihnen sagen, wie ihr un'zogen seid. Seid doch froh, dass ihr alle bei euch z'Haus gesund seid!«

Danach wurde es etwas besser. Aber mit Mariele stand es dafür umso schlimmer. Sie hatte Hirnhautentzündung. Der Arzt kam, aber machte meinen Eltern wenig Hoffnung. Er sagte, falls das Mariele wieder gesund würde, dann wäre sie geistig nicht mehr recht, dass aber die meisten Kinder sterben würden. Mutter war tief erschrocken. »Es ist furchtbar«, stammelte sie, »dass alles auf uns hereinkommt.« Anderntags starb das Mariele. Bei der Beerdigung, wie er am Gräble stand, liefen meinem Vater die Tränen herunter. Auch alle anderen fingen an zu weinen. »Weißt, die arg braven Kinder werden Engel, die bleiben nit auf dieser Erde«, sagte jemand meiner Mutter zum Trost, und sie sprach diesen Satz in den Wochen danach oft vor sich hin. Sie hatte nun noch größere Angst als zuvor, dass einem von uns Kindern etwas zustoßen könnte, dass wieder eines krank werden könnte.

Am Samstag beim Baden entdeckte sie, dass der Sepp ein Geschwulst am Geschlechtsteil hatte. Sie ging mit ihm zum Doktor, und der überwies den Bub sofort ins Krankenhaus. Das müsse operiert werden. Er wurde sogar noch am selben Tag operiert. Obwohl meine Mutter eine fürchterliche Angst ausstand, ging alles sehr gut. Sepp wurde nach ein paar Tagen nach Hause entlassen. Ich holte ihn mit dem Kinderwagen im Krankenhaus ab und kutschierte ihn heim.

Bald darauf kam ein Brief aus Ulm. Dem Done ginge es besser, erzählte die Mutter. Die Hände gingen so gut, dass er wieder selber essen könne. Die rechte Seite, also der rechte Arm und der rechte Fuß, seien wesentlich besser als die linke. Die Ärzte würden ihn gerne in die Paulinenhilfe verlegen, das sei ebenfalls ein Krankenhaus, aber in Stuttgart.

Vater und Mutter fuhren daraufhin nach Ulm und sprachen mit den Doktoren. Dort hieß es, dass der Done Schienen bekäme, ein Eisengestell für die Beine, dass er so das Laufen wieder lernen müsse und dass es lange Jahre dauern könne. In der Paulinenhilfe ginge das besser als in Ulm.

Nun war Stuttgart aber hundert Kilometer weit weg und es würde viel mehr Zeit kosten, den Bub dort zu besuchen als in Ulm, wo die Eltern doch wenigstens ab und zu einmal hatten hinkommen können, wenn es die Arbeit zugelassen hatte. Aber Vater wusste Rat. Eine seiner drei Schwestern wohnte in Neuhausen auf den Fildern, von dort aus war es nicht so weit nach Stuttgart. Er schrieb ihr, wie die Sache stand und schlug vor, die Großmutter solle für eine Weile bei ihr Besuch machen, so könne sie auch gleich nach dem Done schauen.

Vater und Mutter gaben der Großmutter Lebensmittel mit, denn mitten im Krieg war alles recht knapp. Die Großmutter blieb viele Wochen bei ihrer Tochter im Unterland und besuchte ihren Enkel in der Paulinenhilfe jede Woche einmal.

Mittlerweile war unsere Familie wieder größer geworden. Es war ein Mädchen, und es wurde auf den Namen Maria Theresia getauft. Weil das Mariele doch gestorben war, sollte es Maria heißen, aber es sollte auch den Namen von der Rese-Tante tragen. Wir nannten unser Schwesterchen immer Resl.

Ich musste in der Schule anfragen, ob ich daheim bleiben dürfe und die Mutter pflegen, denn es war sonst kein Weibsbild im Haus. Natürlich durfte ich eine Woche daheim bleiben. Es war Kriegszeit, und man schaute nicht so auf die Noten. Für mich war es hinterher schlimm, denn ich musste mich einige Zeit arg anstrengen, bis ich alles Versäumte wieder aufgeholt hatte. Es war so, dass wir kaum Bücher hatten, kein Erdkundebuch, kein Naturkundebuch. Wir hatten lediglich ein Geschichtsbuch, ein Lesebuch, ein Rechen-, ein Sprachbuch und einen Atlas.

3

Mein Lehrer hielt mich für begabt. »Man braucht dich zu viel zu Hause«, sagte er zu mir. »Das wirst du einmal bereuen, denn du kommst im Unterricht einfach zu kurz. Du solltest einen Beruf erlernen. Sonst geht es dir schlecht im späteren Leben.«

Ich erzählte meiner Mutter, was der Lehrer zu mir gesagt hatte. Ich hatte auch schon das ein oder andere Mal gehört, wie Nachbarn zu meinen Eltern gesagt hatten: »Das Mädle muss z'viel schaffen!« Aber die Eltern wollten das nicht hören, und auch nicht die Meinung des Lehrers, dass ich einen Beruf erlernen sollte. Sie hatten eine andere Ansicht vom Leben. »Die Mädle brauchen keinen Beruf. Sie sollen schaffen können, kochen, waschen und nähen. Und sie sollen auf dem Feld arbeiten können. Alles andere wird im Leben nit g'fragt. Die Mädle heiraten sowieso mit zwanzig. Nur die Buben müssen einen Beruf ha'n, weil sie später eine Familie ernähren müssen.«

So war es auf dem Lande fast überall. Zudem mussten im Krieg sowieso alle Frauen, die daheim eine Landwirtschaft hatten, schwere Feld- und Stallarbeit leisten. Maschinen, die die Arbeit erleichterten, gab es keine. Selbst Ackergäule waren selten. Man brachte Mist und Gülle mit den Kühen aufs Feld. Es ging eben langsam. Man dachte auch an nichts anderes, als wie die Arbeit zu schaffen sei. Fast allen Leuten ging es gleich schlecht und jeder musste ums Überleben kämpfen. Wobei es während des Krieges mit den Lebensmitteln noch einigermaßen ging. 1945 beim Umsturz, als die Franzosen einmarschierten und alles Vieh, das sie haben wollten, auch Schafe, nach Frankreich nahmen, wurde alles viel schlimmer.

Ende 1944 kam der Done wieder heim. Die Flieger hatten Stuttgart angegriffen und zusammengebombt. Nun waren wir acht Kinder. Ein Jahr darauf, im November 1945, bekam Mutter noch einmal einen Bub. Er starb gleich nach der Geburt. Mutter war gesundheitlich angegriffen, hatte Herzasthma und geschwollene, dicke Füße, sodass die Leute sich immer nach ihr umdrehten. Auch meinem Vater ging es in jenem Winter arg schlecht mit seinen Knien.

Ich war nun fast fünfzehn Jahre alt. Ich war hoch gewachsen und sah bleich aus. Die Leute fragten mich immerzu, ob mir schlecht sei, weil ich so bleich war. Grabsteine machten wir zu der Zeit keine mehr, worüber ich sogar froh war. Das Einzige, was lief, war der Schwarzhandel. Wenn man außerhalb des Schwarzmarktes etwas kaufen wollte, brauchte man Bezugsscheine.

Ich hatte schon während des Krieges stets die Bezugsscheine auf dem Rathaus geholt. Auch jetzt gehörte das zu meinen Aufgaben. Eines Tages, ich war schon siebzehn, bat ich den Bürgermeister um zwei Bezugsscheine, der eine für ein Arbeitskleid, der andere für einen Hüfthalter. Er schaute mich ganz komisch an. Dann machte er seine

Schublade auf, kramte darin herum und gab mir schließlich drei Scheine. Der dritte war für einen Büstenhalter! Ich bedankte mich höflichst bei ihm, denn er und mein Vater standen nicht gut miteinander. Sie waren Jahrgänger und Klassenkameraden und später waren sie auch Jugendfreunde gewesen. Aber als dem Bürgermeister die Eltern starben, kauften er und seine Geschwister den Grabstein in der Stadt bei der Konkurrenz. Vater war davon überzeugt, dass er sich in seinem Freund getäuscht hatte, dass dieser ihm und seinen Kindern keine Mark gönnen wollte. Er grüßte ihn von da an nicht mehr. Wenn sie sich zufällig begegneten, tat er, als ob er ihn nicht sähe.

Ich freute mich auf meinen neuen Büstenhalter. Mutter hatte aus ihrer Jugendzeit zwar noch weiße Büstenhalter aus Baumwolle, aber die waren nicht so in Form wie die in der Stadt im Schaufenster.

In der Nähe der Krankenkasse gab es ein kleines Lädele, dort kaufte die Mutter zu jener Zeit immer Reststoffe und überhaupt rundum alles, was wir Kinder brauchten. Der Laden wurde von einer achtzigjährigen Frau geführt, die noch eine fünfzigjährige Angestellte hatte. Manchmal hoben die beiden Frauen einen schönen Stoff, von dem sie wussten, dass er uns gefallen würde, auf. Als ich dort hinging, hatte ich einen Liter Milch und ein halbes Pfund Butter dabei. Für den Arbeitskleidschein bekam ich einen wunderschönen, weißgrundigen und glänzenden Kleiderstoff, der blau und rosa geblümt war. Den Hüfthalter bekam ich dort ebenfalls, und einen modischen, rosafarbenen Büstenhalter.

Mit dem Kleiderstoff schickte mich die Mutter zu einer Näherin im Dorf.

»Da hast aber einen schönen Stoff! Wo bringst den her?«, wollte sie wissen.

Ich sagte aber nur: »Ich hab einen Bezugsschein g'holt auf dem Rathaus.«

Ich bestellte das Kleid auf den Herrgottstag, auf Fronleichnam. An Fronleichnam bei der Prozession sollten zehn Jungfrauen der Rosenkranzbruderschaft, bei der ich Mitglied war, die Muttergottes tragen helfen, und ich gehörte dazu. Einige waren ganz junge Mädchen, aber auch ältere Jungfrauen waren dabei. Dazu konnte ich aber das neue Kleid nicht anziehen. Mutter hatte einmal von einer Bekannten ein schönes, schwarzes Kleid geschenkt bekommen, das ließ sie von einer anderen Schneiderin für mich ändern. Die Schneiderin nähte das Kleid wunderbar, mit weißen Schlingen am Oberteil und am unteren Rocksaum. Dazu bekam ich schwarze Lackschuhe, Pumps, mit einem Mäschchen.

Ich hatte strohblonde Haare, die sich gut und schön frisieren ließen. Ich hatte Lockenwickler daheim, und fast jeden Abend drehte ich mir die Haare ein. Ich hätte nach der Schule gern Friseuse gelernt, aber Mutter hatte dafür natürlich nichts übrig.

Ich zeigte mich daheim vor der Familie in meinem weißgeblümten Kleid und musste mich immerzu umdrehen und begutachten lassen, ob auch alles stimmte. Vater war ein besonders kritischer Beobachter. Er meinte, zu diesem Kleid gehöre unbedingt ein weißer Hut!

»Ohne Hut sieht ein Mädle auch mit noch so schönem Kleid nix gleich! Zum Dreifaltigkeitssonntag kaufst dir einen schönen Hut!« Der Dreifaltigkeitssonntag war der Jugendsonntag.

Also ging ich wieder in die Stadt, in das Geschäft am Marktplatz. Mutter kam auch noch mit dem Fahrrad hintendrein. Leider waren viele Hüte, die mir gefielen, zu klein, weil ich so einen großen und runden Kopf hatte. Schließlich entdeckte die Mutter einen schönen, der auch passte. Er war allerdings ein bisschen teuer, dreißig Mark sollte er kosten. Damals waren die Hüte größer, als man das heute kennt, und hatten einen großen Rand.

Mutter sagte: »Du kannst ihn glei auf dem Kopf droben lassen.«

Aber ich wollte eine Tüte: »Die Leut brauchet vorm Sonntag nit mein Hut sehen!«

Ich war ziemlich stolz auf meinen Hut. Fanny und Gretel waren bloß zwei Jahre jünger als ich, aber sie waren für ihr Alter noch klein. Sie trugen noch Zöpfe und wollten keinen Hut.

Am Sonntag früh musste ich vor der Kirche erst noch Futter holen. Um acht Uhr war ich endlich wieder daheim. Ich gab noch reichlich Gras in die Krippe, dann musste ich mich richten zur Kirche, denn es ging schon auf halb neun zu! Ich kam ein bisschen zu spät. Die Ministranten klingelten schon zum Messbeginn, als ich die Kirchentreppe hinaufsprang. Mutter und Gretel waren in der Frühmesse gewesen und kochten, während wir anderen Kinder in der

Kirche waren, damit um elf Uhr das Essen auf dem Tisch stand.

Nach dem Gottesdienst sagte eine Nachbarin auf der Kirchentreppe zu mir: »So, du kommst nochmal z'spät in den Himmel!«

Ich antwortete nichts, aber ich hatte den Spruch lange in den Ohren. Warum musste sie ausgerechnet mir das sagen? Andere kamen auch einmal zu spät! Diese Frau hatte keine Kinder, und meine Schwestern, die Fanny und die Gretel, brachten jahraus, jahrein für sie die Milch in die Molkerei. Manchmal im Sommer, wenn die Kühe gut Milch gaben, verlupften die Zwillinge schier die Kannen nicht, und jemand musste helfen. Dafür gab die Frau dann in der Woche eine Mark! Ich war der Meinung, dass die Frau uns nur ausnutzen wollte, aber ich durfte so etwas daheim nicht sagen, sonst hätte meine Mutter saftige Schläge ausgeteilt.

Auch andere Leute, darunter auch ältere Mädchen, sagten mir ins Gesicht: »Ihr habt gut neue Kleider kaufen. Ihr dürft's bloß auf die Rechnungen schreiben lassen.« Solche Worte verletzten mich. Meine Geschwister und ich mussten mehr arbeiten als alle anderen gleichaltrigen Kinder. Fanny musste das ganze Jahr über Schafe hüten, im Sommer auf der eigenen und im Winter auf der Winterweide. Dazu musste man weit ins Feld hinaus, auf die Raine und Hügel, wo man mit den Maschinen oder Arbeitsgeräten nicht gut hinkam. Wir hatten sechzig bis achtzig Schafe. Die Wolle war seinerzeit sehr gefragt, und Vater konnte die Jährlinge, die jungen Hammel, an den Metzger verkaufen.

Vater sah immer danach, dass alles eine Arbeit hatte. Im ersten Winter nach dem Umsturz lernte ich in der Stadt spinnen. Ein Bekannter baute Spinnräder und brachte auf alten Nähmaschinengestellen Spinnvorrichtungen an. Von da an musste ich im Herbst und Winter, wenn das Getreide ausgedroschen war, abends nach der Stallarbeit Schafwolle spinnen. Von unseren alten Wollsachen, von einem alten Pullover zum Beispiel, schnitt Mutter das Kaputte weg und riss die Maschen auf. Ich musste dann die Wolle melieren, das hieß, einen Faden Schafwolle und einen Faden von dem alten Pullover zusammenfassen. Daraus gab es dann wieder einen neuen Pullover oder Strümpfe oder Socken, je nach dem.

Viele Leute, Bauern und andere, kamen zu uns und wollten einen »Schepper«, das ist von einem ganzen Schaf die Wolle. Bezahlt wurde meistens nicht mit Geld, sondern mit Tauschwaren, zum Beispiel mit Hühnerfutter oder mit einer Kiste Äpfel.

Natürlich hatte Vater seine Ablieferungspflichten, aber die Mutterschafe hatten oft drei oder gar vier Junge, und er gab dann einfach ein oder zwei weniger an. Die überzähligen Schafe wurden im Schafstall versteckt. Wir mussten ihnen natürlich Salz und Hafer bringen. Wir machten das mit dem Milchwagen, damit es niemandem auffiel. Manchmal im Sommer ging uns das Fleisch aus und das Rauchfleisch auch. Dann befahl Vater uns: »Ihr kommet mit'm Zuber im Leiterwägele und mit einem alten Kittel von mir in den Stadel nunter, dann ha'n ihr das Fleisch!«

Wir Kinder wussten, dass niemand davon erfahren durfte. Schwarzschlachten war streng verboten. Daheim wurde das geschlachtete Schaf dann versteckt, bis es Nacht war und niemand mehr ins Haus kam. Dann holte Vater es in die Küche und zerlegte es. Mutter machte Feuer im Herd und füllte mit der einen Hälfte vom Fleisch die Eindünstgläser. Die andere Hälfte wurde angebraten und dann zusammen mit der Soße in Gläser gefüllt. Es dauerte zwei bis zweieinhalb Stunden, bis alles steril gekocht war. Alles wurde dann gleich auf die Seite getan. Am andern Morgen war nichts mehr davon zu sehen. Eine Nachbarin allerdings hatte eine Spürnase. Sie kam einmal am anderen Morgen und sagte: »Bei euch schmeckt's gut! Ha'n ihr ebbes gemetzget?«

Die Mutter gab ihr ein Stück Fleisch. Die Frau verriet uns nicht. Sie und meine Mutter kamen gut miteinander aus. Normalerweise schlachtete man im Winter, da waren die Tiere am besten genährt. Außerdem gab es dann kein frisches Futter mehr, und da es kalt war, gab es auch keine Mücken. Man musste nicht Angst haben, dass das Fleisch schnell schlecht wurde. Wenn wir eine Sau schlachteten, bekamen alle unsere Nachbarn eine Metzgersuppe, dazu einen Knochen und einen Braten oder auch eine Leberwurst. Auch der Pfarrer und die Lehrer bekamen jedes Mal etwas geschickt, ebenso unsere Schneiderinnen und noch andere Leute. Man musste fast sehen, dass die Mutter noch genug übrig ließ für die Familie.

Auch den Leuten, die bei uns ihre Milch holten, gab unsere Mutter gut drein. Die armen Leute aus dem Dorf holten immer nur samstags Milch für den Sonntag. Es gab damals bei uns im Dorf das »Judenhaus«, das waren eigentlich vier Häuser, die aneinander gebaut waren, darin wohnten nur arme Leute. Sie holten auch immer am Samstag Milch bei uns, und Mutter maß immer sehr großzügig ab, weil ihr die Leute und vor allem auch die Kinder dort Leid taten. Sie hat diesen Leuten auch »schwarz« ausgegeben, also ohne es bei den Behörden anzugeben. Wenn wir gemetzget hatten, bekamen auch die Leute vom Judenhaus etwas. Mutter gab manches umsonst weg. Es kamen aber auch Leute zu meinen Eltern, die mit ihnen etwas besprechen wollten, die Sorgen hatten oder um einen Rat fragten. Meine Eltern hatten den Ruf, dass sie alles für sich behielten und niemanden hinterher verleumdeten. Bei solchen Gesprächen durften wir Kinder nie mithören. Wir wurden nach draußen geschickt.

4

Im Winter vor meinem 18. Geburtstag bekam ich noch einmal ein Brüderchen. Er wurde Johannes getauft, Hans sagt man in Oberschwaben kurz. Dieses Mal hatte Mutter zur Entbindung ins Krankenhaus gemusst. Die Hebamme und der Arzt hatten darauf bestanden, denn sie hatten Angst um sie.

Vater besuchte Mutter jeden Tag, und er brachte ihr immer etwas mit, Schneckennudeln oder Brezeln oder Butterwecken. Die anderen Frauen auf der Station waren ein bisschen traurig, weil sie selber nicht alle Tage Besuch und Geschenke bekamen. »So einen guten Mann möchte ich auch einen haben!«, sagten sie immer. Vater sparte das Geld dadurch wieder ein, dass er nie in eine Wirtschaft ging. Natürlich gab es bei uns daheim auch Krach, auch zwischen Vater und Mutter, das gehört dazu. Aber dass die beiden ernsthaften Streit gehabt hätten, davon weiß ich nichts.

Wir saßen nie am Tisch ohne Tischgebet und ein Vaterunser, und Vater nahm jeden Morgen, wenn er in die Stube trat, sein Weihwasser und machte das Kreuz. Wenn der Weihwasserkessel leer war, musste eins von uns Kindern sofort wieder nachfüllen.

Im folgenden Herbst wurde ich nach dem Ausdreschen des Korns ins Schwesternhaus geschickt und musste nähen lernen. Eine Ordensschwester vom Mutterhaus Untermarchtal gab einen Nähkurs. Sie schnitt den Bauerntöchtern ihre Aussteuer zu, aber auch Herrenhemden, Kleider, Schürzen und anderes für die Angehörigen der Kursteilnehmerinnen. Es nahmen nicht nur junge Mädchen, sondern auch verheiratete Frauen teil. Wir mussten die zugeschnittenen Teile zuerst mit Stecknadeln zusammenheften, dann nähten wir sie auf der Nähmaschine. Die Schwester war sehr akkurat. Wenn ihr etwas nicht gefiel, weil es nicht gut genug gearbeitet war, hieß sie einen, die Nähte aufzutrennen und alles nochmals zu nähen. Im folgenden Winter spann ich nicht nur Schafwolle, sondern ich nähte abends auch noch. Vater schenkte mir zum Christkindle zwei wunderschöne Paradekissen mit Lochstickerei. So brachte ich auch noch mit Sticken meine Zeit zu. Der Winter ist bei den Bauersfrauen immer die Zeit gewesen, wo man sich solchen Handarbeiten widmete. Auch Fanny und Gretel lernten im Schwesternhaus nähen. Es war überaus wichtig, dass eine Bäuerin oder eine Hausfrau außer kochen und backen auch nähen und flicken konnte.

Auch meine beiden Schwestern durften keinen Beruf erlernen, obwohl sie gerne gewollt hätten. Fanny ging in die Molkerei arbeiten. Sie musste Milch ausgeben und das Geschirr spülen. Für Gretel besorgte die Mutter eine Stelle in der Stadt bei einer Frau, die im Büro arbeitete. Gretel betreute das Kind dieser Frau und versorgte den Haushalt. Ich dagegen machte daheim immer noch Feld- und Stall-

Meine Schwester Gretel und ich

arbeit. Ich sagte, dass ich auch gern einmal irgendwo anders arbeiten würde, in einem Haushalt oder auf einem Hof. Ich wollte auch einmal Geld verdienen. Aber Vater wollte mich nirgends hinlassen.

»Du hast Arbeit g'nug daheim«, sagte er immer. Er wusste, dass der Sepp noch zu schwach und klein war, um mit dem Stall und dem Vieh fertig zu werden.

Sepp und Hugo versorgten mittlerweile die Schafe. Morgens gingen sie zur Schule, dann, nach dem Mittagessen, mussten sie den Pferch nachschlagen und die Schafe hüten.

Vater kam zweimal am Tag mit dem Rad vorbei und kontrollierte, ob bei den Schafen alles recht war. Falls nicht, dann schimpfte er – zum Beispiel wenn ein Schaf hinkte. Es gehörte auch zu den Aufgaben von Sepp und Hugo, den Schafen die Klauen zu schneiden. Wenn die Weide abgefressen war, mussten sie den Schäferkarren nachstellen.

Sepp hatte einen schwachen linken Fuß. Bei einer Operation hatte man bei ihm versehentlich eine Sehne durchgeschnitten, wie sich später herausgestellt hatte. Sein linkes Bein entwickelte sich langsamer und wurde nicht so kräftig wie das rechte.

Done ging immer noch an Krücken. Wenn ich aufs Feld ging, war er meistens dabei und half, so gut er konnte. Done war ein gescheiter Bub und immer neugierig. Er hatte einen großen, schwarzen Hund namens Leggi, der zog ihn Tag für Tag mit einem Wägele in die Schule. Ein Mann, der neben der Schule wohnte, hatte einen Viehstall und eine

Scheune, die leer waren. Er bot Done an, seinen Hund samt Karren dort für die Dauer der Schulstunden abzustellen. Wenn große Pause war, ging der Done dann über den Schulhof und über die Straße zu seinem Leggi und teilte mit ihm sein Vesperbrot.

Einmal, es war im Sommer, rasten sie mit einem Mordstempo den Bäckenberg hinunter. Da kam ihnen ein Omnibus entgegen. Done zog seinem Leggi die Zügel an, dass die Deichsel in die Höhe stand. Nur einen Moment noch, so wären beide unter den Bus gekommen. Mutter, die sowieso stets große Furcht hatte, dass einem von uns Kindern etwas zustoßen könnte, besprengte Done und seinen Hund jeden Morgen mit Weihwasser, ehe sie losfuhren. »Damit euch nichts passiert.«

Mittlerweile war ich 19 Jahre alt, und mein Wunsch, auch einmal Geld zu verdienen, war so groß, dass Mutter sich endlich auch dafür einsetzte. Die meisten Bauerntöchter in meinem Alter gingen in die Fabrik und verdienten. Aber es war schwer, irgendwo hineinzukommen, wenn man keine Beziehungen hatte. Mutter fragte für mich in der Posamentenfabrik, aber es hieß, sie bräuchten niemanden. Danach versuchten wir es in der Arzneimittelfabrik. Dort war es sogar noch schwerer, eine Anstellung zu finden. Der Pförtner machte uns wenig Hoffnung. Jeden Tag kommen sie haufenweise und fragen nach Arbeit, so sagte er, und wir sollten es halt später einmal wieder probieren.

Fanny hatte eine Freundin in der Posamentenfabrik, die verschaffte ihr dort eine Stelle. Sie arbeitete an einem

Webstuhl und verdiente in der Woche 15 Mark. Ich musste weiterhin mit den Kühen das Gütle umtreiben. Natürlich wurde ich immer ungeduldiger, aber was wollte ich machen? Ich wurde daheim dringend gebraucht.

Unser Nachbar hatte einen neuen Knecht bekommen, der auch viel draußen auf dem Feld arbeiten musste, mit den Ochsen eggen und Gülle und Mist führen. Wir trafen uns bei der Arbeit draußen und kamen ins Gespräch. Er erzählte, dass er vom Schwarzwald sei, aus Rastatt. Sein Vater sei gefallen. Daheim habe er noch seine Mutter und eine Schwester. Wir sahen uns jeden Tag ein paar Mal, und er sagte mir, ich täte ihm gut gefallen.

Ich fragte ihn, ob er einen Beruf habe. »Ja«, sagte er, »Zimmermann!«

Da war ich ziemlich übermütig und spottete: »Ich nehm keinen Zimmermann! Lieber einen Maurergsell', die ha'n den Dreck mitsamt der Kell'!«

Er schaute ein bisschen verdutzt, war mir aber nicht böse. Bei der Schütza lud er mich zum Schiffschaukeln ein und holte mich zum Tanzen. Beim nächsten Schwätzle fragte ich ihn dann: »Bist du katholisch?«

»Nein, evangelisch.«

Da ist es also doch nix für mich, dachte ich bei mir. Dass ich einen Evangelischen heirate, würden Vater und Mutter nicht zulassen. Ich dachte auch an die Rosenkranzbruderschaft. Und der Pfarrer schrie in bald jeder Predigt von der Kanzel herab und ebenso bei der Christenlehre: »Mischehe ist Mistehe!«

Das würde einen Aufruhr geben! Und die Leute würden das Maul nicht mehr zu bringen!

»Nein, Fritz«, sagte ich zu ihm, »es hat kein Wert mit uns. Du wirst schon eine Evangelische finden!«

Nun, im Herbst zog er wieder nach Rastatt in seine Heimat. Es hieß, er habe dort einen Arbeitsplatz gefunden. So blieb alles wieder beim Alten.

Ich hatte noch einen anderen Verehrer, einen Nachbarn von uns, den vor allem meine Mutter sehr gern für mich gehabt hätte. »Nimm doch den Herbert!«, sagte sie immerzu. »Der meint's gut mit dir! Der ist allein und braucht niemand auszahlen. Und zudem wärst im Dorf. Wenn mal in Not bist, dann kannst immer heimkommen!«

Aber ich wollte vom Herbert nichts wissen. Er konnte nicht tanzen, und Freunde hatte er auch keine, außer ein paar Schulbuben. Das konnte ich nicht vertragen. So, auf dem Feld, wenn wir uns begegneten, war er immer freundlich.

Wenn Mutter mit ihm anfing, hatte ich immer alle Ausreden. »Er ist kein Mann zum Heiraten!« Oder ich sagte: »Ich möcht ein, der ebbes auf sich hält, einer, wo am Sonntag ein Anzug und ein schön's Hemd mit Krawatte trägt. Das ist beim Herbert alles fehl am Platz!« Oder ich sagte: »Nein, der ist z'lausig und z'klein für mich!« Dem Vater war Mutters Werben auch zu viel. Ich hörte, wie er zu ihr sagte: »Lass sie machen! Sie will ihn halt nit!«

Im Hochsommer kamen um die Mittagszeit ein paar Zigeuner durchs Dorf. Mutter entdeckte sie durchs Fenster.

Ich musste die Türe aufmachen und eine Zigeunerin, etwa vierzig Jahre alt, nahm mich an der Hand und kam mit mir herein. Die Stubentüre stand offen, Vater und Mutter standen am Stubentisch.

Die Zigeunerin nahm meine linke Hand und studierte sie ein paar Minuten. Dann sagte sie zu mir: »Du heiratest bald, aber weit fort. Du hast zwei zum Wählen. Den einen, den kannst du um den Finger wickeln. Aber nimmst du den andern, dann geht es dir schlecht, und niemand wird dir helfen. Es dauert viele Jahre. Du musst arbeiten, Tag und Nacht, wie ein Aschenputtel. Du bekommst viele Kinder, mindestens sechs bis acht, alles Mädchen. Aber du schaffst es, mit deiner Kraft. Du wirst reich werden, und die Leute, die dich verspotten und auslachen, sind dir alle neidisch.«

Sie las auch den Eltern aus der Hand. Dem Vater sagte sie: »Du bist schwer krank. Mit deinen Gliedern geht es schlecht.« Und zur Mutter sagte sie: »Mutter, du hast einen guten Mann. So bekommst du deiner Lebtag keinen mehr.«

Sie gab uns verschiedene Tees, die Vaters Krankheit lindern sollten. Vater hielt nicht viel von Zigeunern. Als die Zigeunerin aus seiner Hand las, schaute er zu Boden und hatte Angst, ihm könnte dieses Weibsbild womöglich etwas antun. Mutter gab der Frau ein großes Stück vom Brotlaib. Die Zigeunerin bedankte sich, wünschte alles Gute und ging wieder zu ihren Leuten. Ich dachte lange über das nach, was mir die Frau so Schlechtes prophezeit hatte. Aber mit der Zeit vergaß ich es doch.

Im Juli, zwischen Heuernte und Augsten – »Augsten« sagt man bei uns zur Getreideernte im August –, mussten wir das Holz auf die Bühne ziehen. Die Holzkörbe wurden von Mutter gefüllt und die Geschwister mussten sie zum Haus tragen. Ich war oben auf der Bühne und ließ ein Seil mit einem Haken herunter. Fanny oder Gretel befestigten den Haken am Korb und schrien: »Aufziehen!«

Ich zog die Körbe unters Dach und musste das Holz so weit wie möglich nach hinten werfen, sodass möglichst viel Platz hatte. Draußen auf dem Hof war es ordentlich heiß – und erst unterm Dach!

Vater saß in der Werkstatt beim Schriftenhauen. Wenn wir bei unserer Arbeit einmal so laut stöhnten, dass er uns hörte, kam er heraus und schimpfte. »Euch bring ich noch eine Räson bei! Schämt ihr euch denn nit? Ihr g'hört zu fremden Leut', da werdet ihr sehen, wie's euch geht!« Dann waren wir alle wieder mäuschenstill.

Es dauerte Tage, bis alles Holz – Reisholzbüschele zum Anfeuern, Backholz, Ofen- und Herdholz – auf der Bühne war. Als Nächstes kam die Ernte und dann das Öhmd.

Wir hatten eine Wiese von zweieinhalb Morgen, sie lag zwischen zwei Wäldern, die gab immer fünf große Wagen Heu und dann noch drei Wagen Öhmd. Wir hatten alles daheim bis auf das Öhmd von jener Wiese. Auf dem Weg dorthin mit dem Heuwagen, als wir nur noch ein kurzes Stück hatten, kamen wir in ein furchtbares Wetter mit Blitz und Hagel. Die Kühe weigerten sich weiterzugehen. So warteten wir im Wald. Es dauerte eine halbe Stunde, bis das Unwetter vorbei war. Wir kehrten um und fuhren nach Hause. Das Öhmd ließen wir liegen, es war nass.

Das Wetter hatte großen Schaden angerichtet. Es hatte Hagelsteine so groß wie Taubeneier gegeben. Äpfel, Birnen und Zwetschgen lagen zuhauf unter den Bäumen. Die reifen Äpfel, die »Jakob Fischer« und die »Transparent«, waren in der Mitte gespalten. Die anderen hatten große Löcher.

Am Sonntag darauf fand ein Ausflug von der Molkerei statt, eine Busfahrt nach Füssen. Zu diesem Ausflug hatte die Molkerei alle ihre Mitglieder eingeladen, unentgeltlich mitzufahren, nebst einer Begleitperson. Vater und Mutter hatten sich angemeldet, aber als es so weit war, machte Vater keine Anstalten, sich zu richten.

»Hugo, willst nit mit?«, fragte Mutter.

»Nimm die Anne mit!«, brummte er. »Der Busfahrer könnt am Steuer einschlafen und an ein Baum fahren, dann wär ich womöglich noch tot!«

Früh um fünf fuhren die Busse bei uns vor dem Haus weg. Es ging über Biberach, Ochsenhausen, Memmingen nach Ottobeuren. Dort war der erste Halt und wir gingen hier um neun Uhr zum Gottesdienst in die schöne Kirche. Beim Aussteigen merkte ich, dass mein Rock kaputtgegangen war. Es war ein weiter Glockenrock. Er hatte sich zwischen zwei Sitzen eingeklemmt gehabt, die beim Fahren hin- und hergeschaukelt waren und an einer Stelle den Stoff durchgescheuert hatten. Mutter hatte für alle Fälle zwei Sicherheitsnadeln mitgenommen, und wir konnten den Rock wieder »z'sammariestera«. Nach dem Gottesdienst besichtigten wir gemeinsam die schöne Klosterkirche, dann fuhren wir weiter über Kempten nach Füssen und zu den bayerischen Königsschlössern. Es war wunderschönes Wetter, und niemand jammerte mehr über das Hagelwetter von der vorigen Woche. Nach Neuschwanstein konnte man mit einer Kutsche hinauffahren, aber die meisten von uns gingen zu Fuß. Ein Schlossführer führte uns herum und erzählte vom Leben und vom Schicksal Ludwigs II. Ich war sehr beeindruckt und staunte darüber, dass es möglich gewesen war, ein solches Schloss zu bauen. Auf der Rückfahrt ins Schwäbische sangen wir in unserem Bus. Zuerst sangen wir kirchliche Lieder, dann auch andere. Es wurde recht ausgelassen und fröhlich. Um elf Uhr nachts kamen wir daheim an. Es war für mich ein unvergesslicher Ausflug gewesen.

Tags darauf ging es in aller Herrgottsfrühe wieder in den Stall. Danach hieß es Mist auf die Äcker führen, am Morgen zwei Mistwägen voll, am Nachmittag drei. Der schwere Mist wurde mit einer Gabel auf den Wagen geworfen, allein brauchte ich eine gute halbe Stunde, bis er geladen war. Danach musste ich mit der Mistpritsche den geladenen Mist auf allen Seiten schön glatt hauen, damit auf dem holprigen Weg nichts verloren ging. Das ging die ganze Woche so, dreißig Mistwägen insgesamt, damit unser Acker, der zwei Morgen maß, gut gedüngt war.

War ich auf dem Acker angekommen, zog ich mit dem Misthaken kleine Häufchen vom Wagen, dann führte ich die Kühe weiter und zog wieder ein Häufchen Mist vom Wagen, bis er leer war. Das Abladen dauerte so etwas länger, aber ich hatte den Vorteil, dass ich mich nachher beim Mistausbreiten nicht so abschinden musste.

Am Wochenende war dann in der Stadt das traditionelle Biberacher Trachtenfest. Es war das erste Mal seit dem Krieg, dass es wieder stattfand. Am Sonntagnachmittag gab es einen riesigen Umzug. Er dauerte zwei Stunden. Trachtenträger aus der ganzen Welt waren angereist, aus dem Schwarzwald, aus Bayern, aus Österreich, der Schweiz, Holland, Luxemburg, sogar aus Amerika. Das Fest dauerte drei Tage, vom Samstag bis zum Montagabend. Es war für mich ein schönes und unvergessliches Erlebnis. Jedes von uns Kindern bekam von Mutter zwei Mark. Eine Mark war das Geld für den Festbändel, dann hatte man noch eine Mark übrig für eine Banane oder für ein paar Schaukeltouren auf dem Gigelberg. Wie Fanny und ich so über den Rummelplatz spazierten, kamen zwei junge Männer auf uns zu. Sie fragten uns, ob wir nicht Lust hätten, mit ihnen eine Autofahrt zu machen. Fanny und ich lachten und schauten einander an. Die beiden jungen Männer führten uns – zum Autokarussell! Wir fuhren ein paar Runden mit ihnen und sie bezahlten. Danach ging es zum Kettenkarussell. Fanny und ich achteten darauf, dass wir außen zu sitzen kamen, so konnten wir sehen, dass der Sessel nicht zu weit hinausflog. Der ältere der beiden machte sich an Fanny heran. Er bestürmte sie und wollte sie wiedersehen: »Wann kann ich dich wieder treffen? Am Sonntag?«

Schließlich willigte Fanny ein. »Wenn du willst!«
Ich hatte keinen so stürmischen Verehrer gefunden. Er sagte lediglich, er würde mir schreiben, aber er meldete sich nie mehr. Er hat einen schönen Namen gehabt.

Am andern Tag kam ein Radfahrer zu unserem Haus und fragte nach einem Mädchen namens Paula, sie sei im Schloss beim Grafen im Dienst. Er habe sie beim Trachtenfest kennen gelernt. Ich kannte sie und erklärte ihm, wo sie wohnte. Er fragte, ob er hereinkommen dürfe. Fanny und Gretel erlaubten es. Er sagte, dass er Horst heiße, von Beruf Bierbrauer sei und später Dreher gelernt habe. Er sei aus Magdeburg in der Ostzone und illegal nach Süddeutschland gereist. Jetzt arbeite er als Knecht auf einem großen Hof bei Stafflangen. Vater hörte bei diesen Gesprächen zu, sagte aber kein Wort.

Dann erklärte Horst meiner Mutter, dass er nicht mehr zu dem Mädchen vom Trachtenfest gehen wolle. Ich würde ihm besser gefallen. Mutter lachte nur und erwiderte nichts. Mittlerweile waren wir alle mit der Ernte beschäftigt und mussten die Kartoffeln und Rüben in den Keller schaffen. Der junge Mann besuchte uns immer noch, zwei- bis dreimal die Woche kam er abends angeradelt. Der Mutter gefiel er nicht schlecht, aber Vater mochte ihn überhaupt nicht. Er kannte die meisten Bauern im Umkreis und zog Erkundigungen über Horst ein. Es wurden keine guten Geschichten über ihn erzählt. Es hieß, er habe ein Kind in der Ostzone, für das sollte er bezahlen, und da sei er abgehauen! Derzeit spreche er davon, dass er ein Mädchen kennen gelernt habe, das er heiraten werde.

Vater war davon überzeugt, dass der Horst ein Gauner sei. Er berichtete Mutter, was er in Erfahrung gebracht hatte. Horsts Brotherr habe zu ihm gesagt, dass es schade sei um mich. Denn eines Tages könnte er wieder abhauen und zu seiner früheren Braut zurückgehen. Er müsse jeden Monat dreißig Mark für das Kind bezahlen. Ohnehin sei es eine schwere Belastung für eine Familie, noch ein anderes Kind ernähren zu müssen.

»Der Kerle soll daheim bleiben«, verlangte Vater, »die Anna kommt sonst in ein schlechten Ruf!«

Als Horst das nächste Mal kam, brachte Vater gegen ihn vor, was er über ihn gehört hatte. Horst konnte es nicht leugnen und wurde von Vater weggeschickt. Trotzdem ließ er nicht los von mir. Die Stimmung im Haus war ziemlich schlecht, und Vater schimpfte viel. Es ging auf den Frühling zu, und man musste wieder aufs Feld. Wenn Vater mich nur zu sehen bekam, schimpfte er mit mir. Es war oft nicht zum Aushalten. So konnte es nicht weitergehen. Ich beschloss, mir irgendwo eine Stellung als Zimmermädchen oder Küchenhilfe zu suchen. Ich hatte ja schon lange von daheim weggehen und Geld verdienen wollen.

Am Palmsonntag las ich in der Zeitung, dass ein Landwirt mit einer Gastwirtschaft ab Ostermontag ein Mädchen und einen Knecht suche, also ab dem 1. April. Ich packte Pakete mit meinen Kleidern und was ich sonst brauchte zusammen. Vater war so wütend, er sprach kein Wort mehr mit mir.

5

Der Weiler Langentrog bestand nur aus ein paar Höfen und dem Gasthof Adler. Um dorthin zu gelangen, fuhren Horst und ich mit dem Zug nach Tettnang. Von dort aus mussten wir noch sieben Kilometer zu Fuß gehen.

Ich gefiel dem Wirt gut, und er bot mir sechzig Mark im Monat. Von Horst war er nicht so begeistert. Ich erzählte dem Wirt, dass mein Vater die Bekanntschaft nicht dulde. Er wollte es mit dem Horst dann einmal probieren. Ich befürchtete, dass Vater uns die Polizei hinterherschicken könnte, behielt das aber lieber für mich. Ich sollte Recht behalten. Anderntags sah ich von der Scheuer aus, dass ein Polizist den Adler betrat. Beim Mittagessen verkündete der Bauer dann, dass Horst von Amts wegen nach Trier müsse, und zwar gleich nächste Woche. Dann muss es eben so sein, dachte ich bei mir. Eigentlich war ich gar nicht so verliebt in ihn gewesen, wie die Leute meinten.

Ich arbeitete wie ein Pferd. Früh um fünf war Tagwache. Der Bauer war schwer krank und erst vor ein paar Wochen von der Lungenheilanstalt heimgekommen. Er gab mir die Arbeit an und schaute nach, ob alles so getan war, wie er es hatte haben wollen. Ich vermisste den Horst und heulte oft vor mich hin, wenn ich allein bei der Arbeit war. Aber es war mehr die Einsamkeit. Die war ich nicht gewohnt.

Die Eltern des Bauern halfen auch noch mit auf dem Hof. Ich nannte sie immer »Großvater« und »Großmutter«. Zur Frau des Bauern sagte ich Wirtin. Sie war von Beruf Schneiderin und konnte nicht so gut mit Rechen und Gabel umgehen und auch nicht melken oder Mist laden. Die Leute waren recht froh, dass sie so eine fleißige Magd gefunden hatten. Und am ersten Mai, als die ersten vier Wochen um waren, gab mir der Bauer siebzig Mark Lohn – zehn Mark mehr, als ausgemacht gewesen waren.

»Das hast gut verdient!«, sagte der Bauer dazu.

Ich freute mich, war es doch eine Anerkennung meiner Arbeit. Mein Brotherr hatte aber auch Grund, mit mir zufrieden zu sein. Ich machte alle Arbeiten selbständig, schließlich hatte ich alles daheim gelernt. Vater hatte mir alles beigebracht, was auf einem Hof an Arbeit anfiel.

»An keiner Arbeit trägt man schwer«, oder: »Man muss die gute Stelle mitbringen«. Das waren die Sprüche, die er mir oft gesagt hatte.

Sonntagmorgens musste ich als Erstes mit dem Fahrrad nach Meckenbeuren hinunter und dort in einer Metzgerei Schinken und Leberkäse holen. Um neun Uhr musste ich wieder zurück sein. Anschließend ging ich in die Kirche nach Untereschach. Danach machte ich Nudelteig für Spaghetti oder für breite Nudeln. Am Sonntag gab es dazu meistens einen Braten. Die Nudeln wurden natürlich mit der Nudelmaschine geschnitten, so wie ich es von zu Hause gewohnt war. Wenn alle zu Mittag gegessen hatten und ich gespült und die Küche fertig hatte, nahm ich mir das

Fahrrad und fuhr den einen Sonntag nach Ravensburg oder den andern nach Tettnang und schaute mir die Schaufenster an. Einmal fuhr ich nach Friedrichshafen an den See und machte sogar eine kleine Seefahrt. Um vier Uhr musste ich wieder zurück nach Langentrog, weil ich noch arbeiten musste: Kühe melken, Vieh und Schweine füttern und die Eier aus den Hühnernestern sammeln. Um sieben Uhr war Feierabend, ob Sonntag oder Werktag.

Einmal ging ich an einem Sonntagabend mit einer Freundin, die auf einem Nachbarhof arbeitete, nach Meckenbeuren hinunter. In einer Wirtschaft war Tanz. Wir suchten uns einen Platz und bestellten jede ein Achtel Muskateller und aßen auch einen Mohrenkopf. Zum nächsten Tanz holte mich ein junger Mann. Beim Drehen auf der Tanzfläche sah ich, wie die Freundin in meiner Tasche herumkramte, aber ich dachte mir nichts dabei und vergaß es auch gleich wieder. Um halb zwölf gingen wir dann zusammen heim auf den Langentrog. Am anderen Morgen entdeckte ich, dass mir Geld fehlte. Der Bauer hatte mir zum Zahltag zwei Zehnmarkscheine und einen Fünfziger gegeben. Der Fünfziger fehlte, die Zehnmarkscheine waren noch da. Sofort fiel mir wieder ein, was ich am Abend vorher beobachtet hatte. Ich sagte alles der Wirtin, die Polizei kam und die Freundin gab auch gleich zu, dass sie den Fünfzigmarkschein gestohlen hatte, aber sie hatte das Geld nicht mehr. Ihre Bäuerin musste es vorschießen, und sie arbeitete es ab.

Im Sommer setzte ich mich nach Feierabend gern hinters Haus und strickte, bis die Sonne unterging. Im Winter blieb ich im Stübchen neben der Küche und stickte, zum Beispiel ein Sofakissen. Manchmal hatte ich abends noch Hunger. Unter der Woche gab es Käse und Wurst und am Freitag einen winzigen Hering. Ich aß oft vier Stück Brot, weil Wurst, Käse und Butter so knapp waren. Abends um zehn, wenn der Bauer und die Wirtin bei ihren Gästen in der Gaststube saßen, schlich ich mich heimlich in die Küche zum Küchenschrank, schnitt ein großes Stück Brot vom Laib und strich ein bisschen Gsälz drauf. Damit ging ich dann schnell in meine Kammer, damit niemand etwas merkte. Ich war zwanzig Jahre alt, und ich hatte stets Hunger wie ein Wolf. Ich arbeitete auch sehr viel und war immer schneller als die Großeltern. Wenn wir morgens zum Beispiel für das Vieh Gras mähten, sagten sie immer: »Mädle, mach langsam, du kriegst noch g'nug g'schafft, bis alt bist!« Ich lachte laut aus, »ein Scholterer nauslachen« sagt man bei uns. Oder sie schimpften beim Kartoffelhacken: »Musst immer so schnell vornaus? Bekommst nit g'nug g'schafft?« Meistens ging ich dann zurück und half ihnen, die Reihen zu hacken.

Bei der Heuernte teilte der Bauer Most aus und bot mir auch davon an. »Trink, dass Kraft hast!« Dann fragte er mich, ob ich seinem Vater das Heu auf den Wagen hinaufgabeln könnte. Natürlich konnte ich das. Ich hatte es daheim oft genug gemacht. Für diese Arbeit braucht man Kraft und Geschick. Der Großvater lachte vom Wagen herunter und freute sich, wie ich mit meinen zwanzig Jahren und als Weibsbild das Heu gabeln konnte. Der Bauer animierte mich immer wieder zum Mosttrinken, und ich trank auch, weil ich so einen Durst hatte. Es war eine Sauhitze. Aber auf einmal fühlte ich mich komisch. Ich wollte dem Großvater eine volle Gabel Heu auf den Wagen geben, da fiel ich mitsamt der Gabel der Länge nach um. Alle lachten. Sie wussten, dass der Most schuld war.

Als ich nahezu ein Jahr in Langentrog war, wollte ich gerne die Stelle wechseln. Eine Freundin, mit der ich darüber gesprochen hatte, erzählte mir, dass sie bald als Nachtwache in Weißenau in der Nervenheilanstalt anfangen würde. Man würde dort 160 Mark im Monat verdienen. Ich erschrak. Das war mehr als doppelt so viel, als ich jetzt hatte. Die Freundin fragte mich, ob ich nicht mit ihr zusammen nach Weißenau gehen wollte.

Ich antwortete, dass ich es mir überlegen müsse. Aber ich ließ mir zu viel Zeit mit dem Überlegen, und an einem schönen Tag war die Freundin fort. Aber ich bereute es nicht. Bei meiner Arbeit sah ich fast jeden Tag die Leute von Liebenau auf der Straße vorbeilaufen, das war auch eine Nervenheilanstalt ganz hier in der Nähe, und ich fürchtete mich vor ihnen. Ich hätte schon gern 160 Mark verdient, aber ich dachte, wenn die Geisteskranken ihren Rappel kriegen, könnten sie mich womöglich in der Nacht totschlagen.

Mit mir und Vater war es mit der Zeit wieder in Ordnung gekommen, und ich ging ab und zu heim auf Besuch.

Die Mutter und die Geschwister sprachen mich dabei wegen meinem Kropf an.

»Geh und lass ihn nausoperieren«, meinten sie, »das sieht nit schön aus da vorn, wie ein Hühnerei.« Also meldete ich mich beim Arzt zur Kropfoperation an.

Ich kündigte in Langentrog, und am 1. April kam ich ins Krankenhaus. Drei Tage später wurde ich operiert. Ich fühlte mich bald gesund genug, um den Krankenschwestern beim Geschirrspülen zu helfen, und ich half ihnen auch, die großen Säle zu blocken und zu moppen. Eine frühere Bekannte von mir, eine junge Frau, arbeitete auf meiner Station. Sie putzte. Die Schwestern und die Ordensschwestern wollten mich am liebsten behalten. Sie hätten mich gerne eingestellt, aber mir passte die Putzerei den ganzen Tag nicht, und die Ordensschwestern redeten immer vom Kloster. Wenn sie herausbekommen hatten, dass man viele Geschwister daheim war, dann wollten sie immer, dass die Mädchen ins Kloster gehen sollten. Aber ich wusste Bescheid!

Als ich nach drei Wochen entlassen wurde, hatte Vater schon eine andere Stelle für mich ausgemacht, in einem Dörflein nahe Biberach auf einem großen Hof. Es war der größte Bauer dort herum. Der Ort hatte nur ein paar Höfe und eine Wirtschaft, ähnlich wie Langentrog. Der Bauer kam an einem Sonntag zu uns. Er machte keinen schlechten Eindruck auf mich und er versprach mir hundert Mark im Monat. Trotzdem ging ich nicht gern dorthin.

Der Bauer war über sechzig, der Sohn war 26. Die Bäuerin war ganz abgeschunden. Es war ein wunderschöner Hof. Ich erinnere mich gut, wie sehr mich das Haus beeindruckt hat. Die Küche war von unten bis zur Decke mit weißen Platten bedeckt, der Boden war gelb und dunkelblau geplättet. Die Stube war eine wunderbare Bauernstube mit Parkettboden, auch die oberen Schlafzimmer – alles Parkettböden. An meinem ersten Tag dort kamen die Handwerker. Der Bauer ließ die Wände vom großen Flur mit Platten verschönern. Das gab es sonst nirgends in einem Bauernhaus. Mir war klar, dass der Bauer Geld haben musste wie kein anderer. Die Bauersleute waren übrigens Onkel und Tante zu meinem Verehrer Herbert, die Bäuerin war eine Schwester von Herberts Vater.

Es war eine furchtbare Stelle. Die Bäuerin kochte gut, aber die Bauersleute aßen schrecklich schnell. Bei den ersten Mahlzeiten ging ich deshalb immer hungrig vom Tisch. Bauer, Bäuerin und Sohn schlangen in einem Mordstempo ihr Mittagessen hinunter. Wenn die Bäuerin fertig war, stand sie sofort auf und fing an, den »Engel des Herrn« und drei »Vaterunser« zu beten. Ich musste aufstehen und mitbeten, obwohl ich meinen Teller noch halb voll hatte, dann wurde abgeräumt. Mit der Zeit lernte ich, mit den anderen mitzuhalten. Ich schielte beim Essen immer den Tisch hinunter, wie viel der Bauer oder der Sohn noch im Teller hatten, und mit der Zeit aß ich schneller als sie.

Am frühen Morgen, um vier Uhr, war Tagwache. Die Bäuerin molk vier oder fünf Kühe, ich molk fünf oder sechs, damals, so kurz nach dem Krieg, natürlich noch von

Hand. Der Bauer mistete derweil den Kuhstall und fütterte das Vieh, zwölf Kühe, zwölf Ochsen und Bullen und ungefähr ebenso viele Kälber und Rindle, im Ganzen ungefähr 45 Stück Vieh. Der Sohn machte den Pferdeknecht. Er hatte fünf Pferde zu füttern, zu misten, zu striegeln und zu bürsten. Um sechs Uhr gab's Frühstück: Bratkartoffeln. Sie kamen in der Pfanne auf den Tisch, und jeder langte mit dem Löffel zu, bis nichts mehr übrig war. Wer sich da nicht sputete, blieb hungrig. Danach gab es Kaffee, Lindes Kaffee-Ersatz, so wie es damals überall üblich war, dazu ein Stück Hefezopf. Das Frühstück dauerte ebenfalls nur ein paar Minuten, dann wurden zwei Vaterunser gebetet, und die Bäuerin gab die Arbeit an. Ich war es gewöhnt, viel arbeiten zu müssen. Aber auf diesem Hof war der ganze Tag eine einzige Hetze. Wenn ich mit der Bäuerin auf dem Feld Mist breitete, trieb sie mich dauernd an, als würde ich faulenzen.

»Fix! Fix! Bei uns geht's immer fix!«

Wenn eine Gabel zu viel Mist auf dem Acker lag, zankte und stritt sie mit dem Bauern, dass ich Angst bekam. So etwas habe ich bis heute nicht mehr erlebt!

Der Hof hatte 120 Morgen, 60 Morgen Wiesen und 60 Morgen Ackerland, alles an der Riss entlang und topfeben. Man brauchte keine Bremse am Wagen. Es waren gute, saftige Wiesen. Die Äcker hatten viel Steine, aber sie trugen trotzdem sehr gut. Bei der Heuernte ging der Sohn um sechs Uhr morgens raus auf die Wiesen und mähte mit dem Schlepper und der Mähmaschine. Der Bauer, die Bäuerin und ich machten derweil den Stall, dann schulterte der Bauer die Sense, ging seinem Sohn hinterher und suchte nach ein paar Wisch Gras, die vielleicht stehen geblieben waren. Ich musste mit der Gabel das Gras verteilen. Dabei durfte ich nicht aufschauen. Man durfte bei der Arbeit auch nicht miteinander sprechen. »Vom Schwätzen wird man bloß müd! Immer fix, fix!«, keifte die Bäuerin sonst.

Nach zwei Tagen war das Heu schön dürr. Es wurde zu langen Reihen zusammengerecht. Die Bäuerin bestimmte, dass die Magd, also ich, laden sollte. Die Pferde zogen den Wagen allein. Man brauchte nur »hü« schreien. Der Bauer und sein Sohn, der eine links, der andere rechts, warfen mit voller Wucht das Heu auf den Wagen. Ich kam kaum noch nach. Aber ich strengte mich an und setzte die Gelege, wie sie kamen. Ich wollte mich vor diesen Leuten auf keinen Fall blamieren. Als der Wagen übervoll war, bat ich darum, dass man mir die Gabel stecken sollte, damit ich herabsteigen könne. Die Bäuerin rief hoch: »Nimm deine Kleiderröck z'sammen, dann kannst rabrutschen!«

Das ließ ich mir nicht zweimal sagen. Ich gewöhnte mich daran, vom Heuwagen und später bei der Roggen-, Weizen- und Gerstenernte von den Wägen mit Garben mit gerafften Kleiderröcken hinunterzurutschen. An so einem Heu- oder Getreideerntetag wurde geladen von mittags elf bis abends acht Uhr.

Am 1. Mai hatte ich angefangen. Am 1. Juni, nach dem Mittagessen, zog der Bauer den Geldbeutel aus der Tasche. Hundert Mark hatte er mir versprochen gehabt. »Neunzig

Mark tun's auch«, brummte er und zählte mir sorgfältig den Lohn auf den Tisch.

Nach dem Geschirrspülen setzte ich mich aufs Fahrrad und radelte heim. Vater hatte in den Kalender geschaut und wartete schon auf mich. Er hatte heute wieder arge Schmerzen, das sah ich ihm sofort an.

»Hast schon Zahltag gehabt?«, wollte er wissen.

»Ja«, sagte ich.

»Was hat er dir geben?«

»Neunzig Mark!«

Vater war empört und fing an zu schimpfen. »Saubaura! Schau da her! Da gehst gleich wieder!«

Aber Mutter, wie sie es eben hatte, fing an: »Nein! Du bleibst! Ein Jahr hält man es überall aus! Und wenn z'wenig z'essen kriegst, dann kaufst dir halt ein paar Wecken!«

Mich machte dieses Geschwätz wütend. »Nein, ich kauf mir keine Wecken! Dann geh ich eben irgendwo anders hin!«

Vater gab mir Recht, aber Mutter ließ nicht nach. Schließlich war es vier Uhr vorbei. Ich musste sehen, dass ich wieder zurück kam zum Füttern und Melken. Wenn ich nicht auf die Minute zurück gewesen wäre, hätte die Bäuerin gleich wieder eine Sauwut gehabt.

Am zweiten oder dritten Sonntag war ich nachmittags nach dem Geschirrspülen mit dem Rad in einen Nachbarort gefahren. Ich besuchte dort eine Frau, die ich im Krankenhaus kennen gelernt hatte. Es war nur eine Viertelstunde Weg. Der Sonntagnachmittag war meine freie Zeit, so sagte ich der Bäuerin nicht, dass ich wegfuhr. Als ich am

Auf dem Heimweg vom Feld durfte ich hinten auf dem Wagen sitzen.

Abend wieder zurückkam, passte sie mich im Hof ab und wollte wissen, wo ich gewesen sei. Ich sagte es ihr. Da schrie und tobte sie herum wie eine Irre.

Die Frau, die ich besucht hatte, kannte meinen Brotherrn. Sie bedauerte mich. »Dass so ein hübsches junges Mädle bei denen Leut als Magd dienen muss!«, sagte sie. Es sei hier überall bekannt, wie es auf dem Hof zuginge. Wenn ich allein auf dem Feld war und jemanden von einem anderen Hof traf, hieß es gleich: »Da hast die schlechtest Stell abbekommen, wo's nur irgendwo gibt! Hast keine bessere g'funden?«

Ich gab keine Antwort auf solche Reden, aber ich wusste, dass die Leute Recht hatten, und etwas anderes wusste ich auch noch: Dass ich bei denen nicht ein Jahr lang bleiben würde. Da konnte die Mutter sagen, was sie wollte!

An einem Sonntagmittag fuhr ein Auto auf den Hof. Es war meine Mutter mit einem Herrn, den ich nicht kannte. Ich staunte nicht schlecht und war gespannt, was sie von mir wollten. Mutter erklärte mir, dass ich jetzt mit ihnen nach Ravensburg fahren würde und dass wir dort ein Schlafzimmer für mich kaufen würden. Der Herr mit dem Auto war ein Möbelhändler, der ein Geschäft in Ravensburg hatte.

Ein Schlafzimmer hätte ich zwar gerne gekauft, aber ich hatte kein Geld. Für das, was ich das Jahr zuvor in Langentrog verdient hatte, hatte ich Aussteuer und Wäsche gekauft. Mutter meinte, dass man das regeln könne. »Ich leih dir 's Geld. Der Herbert will dich heiraten, vielleicht noch dies Jahr.«

Ich sagte nichts dazu, denn ich dachte, wenn die Mutter mir das Schlafzimmer kauft, dann hab ich eines, ob ich den Herbert nehme oder nicht. Die Möbelhalle war groß, und es standen lauter wunderschöne Schlafzimmer darin. Ich entschied mich für ein Eichenschlafzimmer, das mit Matratzen 1200 Mark kostete. Es wurde heim zu meinen Eltern gebracht, und ein Schreiner aus der Nachbarschaft stellte es in der großen Kammer auf, in der die Mädchen schliefen. Es war wirklich etwas Schönes und Stabiles.

Wie ich am Abend auf den Hof zurückkam, war die Bäuerin neugierig. »Ja, willst bald heiraten? Ich hab g'hört, du kommst in die Verwandtschaft! Der Herbert will dich heiraten!«

Der Bauer lachte und meinte: »Der passt nit zu dir! Wenn den Herbert nimmst, dann musst du's Geld in d'Hand nehmen. Er will immer groß tun! Ich hab ihm 4000 Mark g'liehn für den Bulldog, den er kauft hat, wo er kein Geld g'habt hat!«

Ich hatte vom Herbert eh die ganze Zeit nichts wissen wollen, aber jetzt wusste ich bestimmt, dass ich ihn nicht heiraten würde. Es war halt, weil die Mutter immer davon redete und drängte. Die Mutter war jeden Tag auf dem Hof von Herberts Eltern und molk die Kühe. Herberts Mutter war an die sechzig, sie sagte, sie hätte es im Rücken und sie könne nicht mehr unter die Kühe sitzen und melken. Und so kam mit der Zeit der Herbert fast jeden Tag zu Mutter und wollte etwas von ihr.

Es war bald darauf beim Kartoffelnlesen, da sagte die Bäuerin zu mir: »Den Winter machst mit mei'm Sohn im

Stall Binder, für's nächst Jahr zum Garbenbinden.« Da verschlug es mir doch die Sprache. Ich konnte mir schon denken, woher die Idee kam und worauf das hinauslaufen sollte. Früher, noch vor dem Krieg, hatte die Mutter daheim aus Roggenstroh Garbenbinder gemacht, aber schon seit vielen Jahren hatte man dafür Maschinen. Ich hatte nicht die geringste Lust, mit dem Sohn einen halben Monat allein im Stall zuzubringen, zumal er seine Finger nicht im Zaum halten konnte, wenn er meinte, dass es eine günstige Gelegenheit sei, und zumal mir die Bäuerin vor nicht langem erzählt hatte, dass sie die letzte Magd zum Teufel hätte jagen müssen, weil die ihren Sohn zur Lumperei verführt habe und ihn habe zum Vater machen wollen. Dann hatte ich auch noch die Stimme meiner Mutter im Ohr: »Wenn mir ein ledigs Kind bringst, kannst dich aufhängen!«

Da ich mir nicht anders zu helfen wusste, dachte ich mir eine Lüge aus. Am 1. Oktober, nachdem ich wieder meine neunzig Mark bekommen hatte, erzählte ich der Bäuerin, dass ich noch den Winter aufhören würde, weil ich ins Krankenhaus käme zum Kochen-Lernen.

Von da an hatte ich noch weniger zu lachen als vorher. Die Bauersleute wussten schon nicht mehr, wie sie mich noch mehr schikanieren könnten, bis ich mir sagte: »Jetzt langt's!«

Am 15. November stellte ich meine Koffer vor die Tür. Ich nahm mein Fahrrad und sagte allen ein »B'hüatena Gott«, aber niemand gab Antwort.

6

Vater freute sich, wie ich am Abend mit meinen Koffern heimkam und von meinem Abschied erzählte, besonders freute ihn, dass niemand von der Bagasch mein »B'hüat Gott« erwidert hatte.

»Sei froh, dass weg bist«, sagte er.

Mutter drängte: »Jetzt gehst glei' zum Herbert 'nauf und sagst grüß Gott zu ihm!«

Ich antwortete nichts, packte aus und trödelte herum. Sie merkte wohl, dass ich den Herbert nicht wollte, aber sie machte fort in einem Drum: »Jetzt gehst! Das g'hört sich!«

Schließlich mischte sich auch noch Vater ein: »Sag ihm, ich geb dir den Rauhenstock mit.«

»Ich will den Herbert nit. Ich hab g'nug schon von der Verwandtschaft. Am End geht's mir bei dem genauso«, gab ich zur Antwort. Vater wollte mir also die Rauhenstockwiese zur Hochzeit geben. Dass eine Braut von den Eltern eine Wiese oder einen Acker mit in die Ehe bekam, war damals üblich, aber nur bei den besser gestellten Leuten, und zu denen gehörten wir weiß Gott nicht. Vater hatte mir mit dem Angebot eine Freude machen wollen, aber mir war es nicht recht.

»Geh doch noch, dann wirst schon sehn, was er sagt!«, drängte er. Es war nämlich schon halb neun.

Also gut, ich ging die paar Häuser das Dorf hinauf bis zum Herbert. Er machte selbst auf und hatte eine Freude, als er mich sah.

»Nun komm in die Küche! Schau hier hab ich den Spültisch grün g'strichen, damit mir eine schöne Küch' ha'n.«

Es sah furchtbar aus.

»Wieso streichst den Spültisch grün?«

»Ja, weißt, damit's absticht.«

Wir redeten ein bisschen so hin und her. Dann sagte er: »Schwätz einmal mit dei'm Vater. Er soll den Rauhenstock b'halten. Ich brauch Geld. Ihr ha'n doch viel Grabstein verkauft! Ich sollt vier- oder fünftausend Mark ha'n. Er soll mir ge'n, so viel er hat, und den Rauhenstock b'halten.«

Ich war ziemlich bestürzt darüber, ließ ihn aber ausreden.

»Ich sag's dem Vater.«

Dann sah ich zu, dass ich heimkam. Es war vielleicht grad neun Uhr vorbei, die Haustür war noch offen. Mutter war schon im Bett, aber Vater saß noch in der Stube. Wenn er Schmerzen hatte, blieb er oft auf, weil er nicht gut schlafen konnte. Ich setzte mich auf meinen alten Platz auf der Ofenbank und sagte nichts. Er war bestimmt erstaunt gewesen, dass ich so bald wieder zurück war.

»Jetzt, was hat der Herbert g'sagt?«, fing er an.

»Was er g'sagt hat? Du sollst die Rauhenstockwies b'halten und ihm Geld geben, so viel du hast. Du hättst viel Grabstein verkauft. Er bräucht das Geld, zum sein Bulldog zahlen. Das Geld dafür hat er sich nämlich g'lehnt g'habt von seinem Onkel.«

Vater war ziemlich niedergeschlagen. Das Gesicht, das er da machte, vergaß ich lange nicht.

»Nun, Mädle«, meinte er, »guck! Ich hab neun Kinder, ich kann dir doch nit alles geben! Die anderen wollen auch ihren Teil.«

»Weißt was?«, sagte ich zu ihm. »Du b'hältst den Rauhenstock, und ich geh fort, irgendwohin an eine fremde Stell. Ich bin dann aus dem Weg, und das Geschwätz der Leut hör ich auch nit. Und das mit dem Herbert und mir wird dann hoffentlich ein End ha'n. Ich seh nit ein, dass ich mich um vier- oder fünftausend Mark verkauf. Eine andere Mutter hat auch ein lieb's Kind!«

Vater war einverstanden und freute sich, dass er so eine einsichtige und gescheite Tochter hatte.

Es waren einige Annoncen in der Zeitung auf den 1. Dezember. Ich überlegte, wohin ich wollte. Vater war zu der Zeit zufällig auf einen großen Hof gekommen. Der Bauer war kinderlos gestorben und hatte den Hof seiner Nichte vererbt. Es war eine nette Frau. Ihr Mann war Landwirtschaftsmeister. Der Hof hatte etwa 20 Stück Vieh. Es waren riesige Wirtschaftsgebäude, und eine Gaststätte gehörte auch dazu. Die Bäuerin sagte, es käme noch ein Knecht aus Berlin. Ich arbeitete nicht gerne mit Knechten, und nach meiner schlechten Erfahrung letzthin schon gar nicht.

Nach ein paar Tagen kam dann ein junger Kerl an, gerade 18 Jahre alt. Er hatte noch nie in der Landwirtschaft gearbeitet. Ich musste ihm wortwörtlich zeigen, wie man die Mistgabel in die Hand nahm.

Der Bauer kam kerzengerade daher. Er schaute nach allem, was ich tat, ob es auch recht gemacht sei. Aber das Arbeiten hatte er nicht erfunden. Außerdem war ich mir nicht sicher, wie viel er tatsächlich von der Landwirtschaft verstand.

Eine junge Kuh hatte gerade ihr erstes Kalb bekommen und wollte es nicht saugen lassen. Das gab es oft. Ich konnte das Kalb nicht an den Euter bringen, weil sie nicht stehen blieb. Schließlich schlug sie sogar mit dem Fuß aus, sodass ich mitsamt dem Kälbchen rückwärts gegen die Stallwand fiel. In dem Augenblick kam gerade der Bauer zur Stalltür herein: »Ja, was ist denn da los?«

Er holte ein Seil und band der Kuh den vorderen Fuß, dann musste ich ihm helfen, das Seil über den Leib zu bringen und den Fuß anzubinden. So konnte sie nicht mehr ausschlagen. Gut, ich molk die Kuh eben aus und gab dem Kalb aus dem Eimer die Milch.

Es war ein strenger Winter in dem Jahr. Morgens um fünf musste ich aufstehen und wie ein Mannsbild im Stall arbeiten, also nicht nur melken, sondern auch misten, was üblicherweise Männerarbeit war. Tagsüber durfte ich dann bei eisiger Kälte in den Wald und mit der Axt vom Stammholz die Äste abhauen. Die Bäuerin machte den Haushalt allein. Ich durfte mein Bett machen und dem Knecht seines, aber sonst fast nichts im Haushalt. Aber was auf dem Hof zu tun war, blieb meistens an mir, denn der Bauer tat wenig und der Knecht wusste nicht wie. An Silvester gab mir der Bauer dann achtzig Mark Lohn. Ich hätte am liebsten geheult.

In der Wirtschaft gab es nichts zu tun, denn es kam nie jemand, der einkehrte, wohl weil die Bäuerin und der Bauer mit den Leuten vom Ort bei der Flurbereinigung in Streit geraten waren. Lediglich an Fasnacht kamen junge Knechte und Bauernsöhne. Sie interessierten sich für die neue Magd, die jetzt im Gasthof bediente, aber ich war nicht interessiert an denen. Die Knechte waren so arm, sie besaßen nur, was sie am Leib hatten, und die Bauernsöhne suchten sich meistens Mädchen, die Töchter von großen Höfen waren und etwas mit in die Ehe brachten, Geld womöglich und eine schöne große Wiese oder ein ordentliches Stück Acker. Also war für mich nichts dabei.

Jeden Sonntag fuhr ich mit dem Rad heim. Ich beklagte mich über den schlechten Lohn, und Vater schimpfte wieder über die »Saubaura«, dass sie alle gleich wären. Trotzdem war man der Meinung, dass ich noch bleiben sollte, wenigstens bis zum Frühjahr, dann würde man sehen.

Im März waren die Misten so voll, dass man unbedingt ausführen musste. Es war in der Karwoche, der Knecht und ich luden zwei Wägen voll. Da kam der Bauer und sagte: »Fred, der Knecht, und ich führen den Mist allein auf die Wiese.« Mich hieß er im Stall mit dem Besen Spinnweben von der Decke und den Balken wischen und Schweine misten. Nachdem die beiden zwei Tage lang Mist auf die Wiesen gebracht hatten, kam der Bauer zu mir: »So, jetzt hast Arbeit g'nug, den Mist zu breiten.« Also ging ich raus auf die Wiese. Mich traf fast der Schlag! Sie hatten alle zwei Meter einen riesigen Haufen Mist vom Wagen gezogen! Ich wusste absolut nicht, wohin mit all dem Mist!

Der Bauer kam und lachte. Mir war das Lachen vergangen. »Sie sind doch Landwirtschaftsmeister«, beschwerte ich mich bei ihm. »Warum haben Sie dem Fred nicht gesagt, wie er den Mist vom Wagen ziehen muss? Wo soll ich den ganzen Mist hintun? Man müsst ihn wieder aufladen und auf ein andere Wies führen!«

Der Bauer lachte immer noch. »Du wirfst ihn eben hier um dich«, sagte er, ließ mich allein und ich durfte mich abschinden, dazu noch mit einer sinnlosen Arbeit. Am Abend, als ich von der Wiese heimkam, gab es im Stall nochmals irgendeinen Ärger, da hatte ich genug. Ich sagte: »Ich gehe! So arbeite ich nicht!«, und packte meine Koffer. »Ich muss die schwersten Arbeiten machen und bekomm achtzig Mark im Monat! Aber jetzt nimmer!«

Vater und Mutter waren außer sich. Aber Vater meinte: »Weißt was: Ich hab dir eine gute Stelle auf dem Hermannshof hier herum. Ich kenn den Bauern schon von seiner Jugend her. Die Bäuerin bekommt ein Kind. Er hat g'sagt, er würd gern 120 Mark im Monat zahlen, wenn er ein gute Magd dafür bekäm. Und dort sind die Leute immer jahrelang blieben. Ein Knecht ist schon seit 25 Jahren auf dem Hof!«

Ich hatte mit Vaters »guten Stellen« bisher eher schlechte Erfahrungen gemacht.

»Nein, ich will lieber in die Stadt. Ich will nit immer in aller Herrgottsfrühe in den Stall und melken und misten und bloß immer Knechtsarbeiten machen!«

Ich erinnerte ihn daran, dass er selber gesagt hatte, dass sie alle »Saubaura« wären und dass man inzwischen jeden

Tag in der Zeitung Leute für die Fabrik suchte und dass ich gerne in der Fabrik arbeiten würde.

Aber genau das wollte Vater um keinen Preis.

»Du heiratst doch einmal auf ein Gütle, da musst das doch alles können! Und in der Fabrik bekommst auch nit mehr wie 120 Mark. Auf dem Hermannshof hast ein gut's Essen, der Bauer hat viel Obstbäum.« Vater wusste, dass ich für mein Leben gern Obst aß.

Am Gründonnerstag kam der Hermannshofbauer wie gerufen. Er jammerte gleich los, dass er dringend eine Magd bräuchte. Seine Frau müsste zu viel arbeiten. Deswegen sei auch sein Sohn gleich nach der Geburt gestorben. Dann zeigte er auf mich und sagte: »Was ist das für ein groß' und starks Mädle! Die kann schaffa!« Und dass ich bei ihm auch mit der Bäuerin in der Küche kochen und arbeiten könne.

Mutter versuchte ebenfalls, mir die Sache schmackhaft zu machen: »Weißt, bei einer Bäuerin, die kleine Kinder hat, da hat's die Magd leichter. Die schauen nit so drauf wie die, die schon älter sind, und es fällt mehr am Haushalt an, als bei Leut, wo kein Kinder ha'n.«

Also gut, ich war überredet. Noch am gleichen Tag ging ich hin. Es war wirklich der schönste Hof und mit den modernsten Ställen, die man damals irgendwo sah. Zum Beispiel hatte man dort anstelle des Futterganges einen Futtertisch. Der Futtertisch war auf der gleichen Höhe wie die Krippe. Man konnte also, nachdem man eine Kuh gemolken hatte, eine Klappe öffnen und das Futter einfach in die Krippe ziehen. Beim Futtergang dagegen musste man um die Krippe herumgehen und das Futter in die Krippe gabeln. Auch für den Knecht oder den Bauern war der Futtertisch eine Erleichterung. Man fuhr mit dem Wagen über den Tisch und schmiss das Frischfutter einfach herunter. Es gab dort sogar schon eine elektrische Melkmaschine. Sie war allerdings so umständlich zu bedienen und so anfällig für Reparaturen, dass es mir von Hand schneller ging. Der Hof lag auf einer Anhöhe. Es war schönes Frühjahrswetter. Am Karsamstag wurde von morgens bis abends gesät und mit den Pferden geeggt und gewalzt. Ich bekam zwei Pferde zugeteilt.

»Das sind deine Gäul. Mit denen musst immer fahren und auf dem Feld ackern. Mit dem alten Fuchs« – eines der beiden Pferde war ein Fuchs – »fährst jeden Morgen in den Ort, die Milch in die Molkerei bringen!«

Auf dem Hof arbeitete noch ein junger Knecht, der schon zwei Jahre dort war. Man musste auch hier sehr früh aufstehen, um vier Uhr, und in den Kuhstall gehen, das Melkgeschirr richten und den Kühen die Euter waschen. Der Bauer warf das Futter von oben auf den Futtertisch herunter. Mittlerweile versorgte der Knecht die fünf Gäule. Er musste füttern, misten und bürsten. Ich musste viel arbeiten, aber ich konnte auch alle mir aufgetragene Arbeit. Es sah wirklich so aus, als hätte ich es diesmal nicht schlecht erwischt. Die Bauersleute waren recht freundlich zu mir, und als der Monat vorbei war, gab mir der Bauer am folgenden Sonntag tatsächlich 120 Mark.

Die letzten drei Jahre über hatte ich für meinen Lohn nur Damaststoffe und Halbleinen für Leintücher gekauft, in der Hoffnung, dass ich vielleicht im Winter einmal Zeit hätte oder ein paar Tage Urlaub bekäme, um die Aussteuer zu nähen. Diesmal wollte ich mir von dem Geld auch etwas anderes leisten, eine neue Schürze zum Beispiel, und ich nahm mir vor, zwei neue Paar Schuhe zu kaufen. Ich gab das Geld gern aus, wenn ich mir dafür schöne Sachen einhandelte. Ich dachte auch, dass es drin sein müsste, den Bauern im Winter um ein paar freie Tage anzugehen, denn es bekam kein Bauer mehr eine Magd. Die Industrie inserierte jeden Tag in der Zeitung um Arbeitskräfte, und man verdiente in der Fabrik wohl nicht mehr, so doch leichter das Geld.

Die Bäuerin kam während der Heuernte ins Wochenbett. Sie ging nach Riedlingen ins Krankenhaus. Damit hatte ich eine Aufgabe mehr. Am Morgen arbeitete ich zuerst im Stall beim Bauern. Es waren dreißig Stück Vieh insgesamt. Ich molk die zwölf Kühe und gab den Kälbern ihre Tränke. Bis um halb sechs musste ich fertig sein, dann ging ich in die Küche, machte im Herd Feuer und kochte das schwarze Mus und Lindes Kaffee. Das schwarze Mus war damals auf fast allen Höfen ein beliebtes Frühstück. Man röstete in der Pfanne Weizen an, bis er braun war, dann wurde er geschrotet und das Schrot in bereits kochende Milch gerührt. Nach dem Salzen oder Süßen stellte man das Mus noch eine Weile auf die Herdkante und ließ es ziehen. Um sechs kamen der Bauer und der Knecht zum Morgenessen. Danach wusch ich mich und zog eine schöne Kleiderschürze und ein paar weiße Leinenhalbschuhe an und brachte mit dem Fuchs die

Milch weg. Die Milch wurde sonn- wie werktags abgegeben. Am Sonntag hatte ich sogar noch ein bisschen mehr Arbeit, weil ich den Fuchs selber anschirren musste, was an Werktagen der Knecht machte.

Bei der Molkerei trafen sich viele junge Bäuerinnen, Bauernsöhne und Knechte. Einer von ihnen hieß Bruno und war besonders freundlich zu mir. Ich hatte ihn bei der letzten Hochzeit kennen gelernt, er hatte mich den ganzen Vormittag und am Abend zum Tanzen geholt. Er gefiel mir! Er hatte pechschwarze Haare und war groß und stark. Wir trafen uns jeden Morgen bei der Molkerei.

Ich hatte mir von meinem letzten Lohn eine teure, duftende Seife gekauft, mit der ich mir das Gesicht wusch. Wie ich an diesem Morgen mit meinen vollen Kannen zur Tür hereinkam, schrie ein junger Bauer: »Wer schmeckt denn da so nach Parfüm? Natürlich, die Bergbauresmagd kann sich das leisten mit ihrem hohen Lohn!« Die Vorfahren des Hermannshofes waren »Bergbauern« genannt worden, daher der Name »Bergbauresmagd«. Die Höfe behielten bei den Leuten ihre angestammten Namen, auch wenn die Besitzer wechselten.

Eine Bäuerin machte auch noch eine Bemerkung: »Und ein Herraschnitt hat sie au'!«

Ich hatte mir nämlich beim Frisör einen modernen Pagenschnitt machen lassen. Ich lachte nur und sagte nichts. Als ich an der Reihe war, leerte ich die vollen Kannen in das Maß. Waren die Liter abgemessen, zog die Molkerin an einer Stange, und die Milch floss zum Kühlen und Entrahmen in große Behälter ab. In meine Kannen wurde wieder etwas Magermilch gefüllt. Die nahm ich mit zurück für die Schweine. Ich sagte: »B'hüat Gott!«, und stellte die Kannen wieder auf meinen Wagen.

Bruno schrie mir noch nach: »Halt mir die Daumen! Ich hab heut Führerscheinprüfung!« Ich winkte ihm zu und nahm die Zügel.

Auf dem Heimweg musste ich manchmal noch Besorgungen machen, Zucker, Hefe und Waschmittel einkaufen. Danach ging es im Trab zurück auf den Hof. Die Magermilch musste an die Schweine verfüttert werden. Wir hatten zehn Mutterschweine, einen Eber und mindestens dreißig Ferkel.

Danach ging ich in die Küche, das Essen vorbereiten. Am Sonntag richtete ich in der Früh den Braten auf dem Herd und setzte die Kartoffeln auf. Sonntagmorgens badete ich immer die kleine Emma, das Töchterchen der Bauersleute. Damit musste ich bis acht Uhr fertig sein. Danach wusch ich mich in der Küche, dann ging ich nach oben in meine Kammer und richtete mich zur Kirche. Einmal, wie ich fertig gerichtet die Treppe hinunterstieg, begegnete mir der Bauer. Er sagte ganz laut: »Bei uns ist die Magd hoffärtiger als die Bäuerin!«

Einesteils freute ich mich, anderenteils tat mir die Bäuerin leid. Wenn die Hühner wenig Eier legten, hatte sie wenig Haushaltungsgeld, dann blieb wenig übrig, wenn überhaupt, und sie konnte sich nichts zum Anziehen kaufen. Ich wusste, dass sie ganze zwei Paar Schuhe hatte, wo ich als Dienstmagd zehn Paar besaß!

Die Bäuerin hatte ein Mädchen bekommen. Der Bauer war enttäuscht. Nachdem sein erster Bub bei der Geburt gestorben war, hatte er gehofft, dass es dieses Mal vielleicht wieder ein Bub wäre. Er holte seine Frau und das Kind mit der Chaise vom Krankenhaus ab. Das Kind hatte den Namen Hildegard bekommen. Es wog nur drei Pfund. Es schrie ständig und erbrach sich andauernd. Man sah sofort, dass ihm etwas fehlte. Die Bäuerin wog es und merkte, dass es sogar noch abgenommen hatte, ein halbes Pfund, obwohl es doch kaum ein Gewicht hatte. Anderntags brachte der Bauer mit der Chaise Frau und Kind nach Biberach zum Doktor. Man stellte fest, dass das Kind keinen Magenausgang hatte und deshalb auch alles erbrach, was man ihm gab.

Tags darauf fuhr der Bauer wieder mit der Chaise. Diesmal brachte er sein Kind nach Ulm in die Universitätsklinik, wo es operiert wurde. Es ging alles gut, und drei Wochen später holten die Bauersleute ihr Kind wieder heim. Von Stund an wuchs es und war gesund. Zum nächsten Zahltag blätterte mir der Bauer 150 Mark auf den Tisch. »Diesmal ist das Kindbettgeld mit dabei.«

Ich hatte eine Freude und bedankte mich. »Endlich hab ich eine Stell, wo ich auch einmal gut verdien!«, sagte ich mir und nahm mir vor, mir demnächst eine neue Schürze und ein schönes Paar Schuhe zu kaufen. Natürlich erzählte ich am Sonntag daheim gleich, dass mir der Bauer diesmal dreißig Mark mehr gegeben hatte. Von meinem Lohn hatte ich ausgemacht, hundert Mark der Mutter zu geben, für das Schlafzimmer, also hatte ich normalerweise noch zwanzig Mark für mich. Aber wenn wir im Sommer viel Milch hatten, gab der Bauer mir noch fünf Mark Milchgeld extra, fürs Melken.

Der Hermannshof hatte vierzig Morgen Ackerland und vierzig Morgen Wiesen, und alles um den Hof herum. Er hatte damals schon einen eigenen Binder für die Getreideernte. Drei Pferde waren daran gespannt, und man fuhr von morgens acht bis mittags elf Uhr übers Feld. Man musste diese schwere Arbeit morgens mit den Pferden machen, wenn es noch nicht so heiß war. Dann kamen die Pferde wieder in den Stall, wo sie gefüttert wurden. Saufen konnten sie alleine. Danach half ich manchmal noch ein bisschen der Bäuerin, den Tisch zu richten. Öfters aber musste ich die Ferkel füttern oder das Vieh von der Weide holen, wenn das Ungeziefer es zu arg plagte.

Man hatte damals zum Düngen einen so genannten Kastenstreuer. Das war ein länglicher Kasten auf Gummirädern, der etwa zwei Meter breit war. Der Kasten wurde mit Kunstdünger gefüllt, es passten gut fünf Sack hinein. Dann wurde der Gaul angespannt und das Feld befahren, während unten durch ein Sieb der Kunstdünger herausrieselte.

Weil der Bauer zu viel ausgestreut hatte, gab es viel Lagerfrucht auf den Feldern, das heißt, die Ähren waren zu dick und zu schwer für die Halme, sodass die Frucht kreuz und quer am Boden lag. Wenn sie gemäht war, musste man Halm für Halm zusammenlesen, was furchtbar umständlich und langwierig war. Der Bauer ärgerte sich und schimpfte, aber man konnte die Frucht ja auch nicht liegen lassen. Es hieß, dass man Kalisalz streuen sollte, weil das die Halme stärke, aber wenn die Frucht einmal am Boden lag, half das auch nicht mehr. Die Äcker waren endlos lang und breit.

Die Wiesen wurden mit der Maschine gemäht, Breite um Breite. Die Mähmaschine wurde von zwei Gäulen gezogen. In der Mitte der Maschinenspur lag dann das Gras aufgehäuft und musste zum Trocknen ausgebreitet werden. Der Bauer war sehr geschickt darin. Ich stand ihm in nichts nach. Auch beim Getreidemähen machte der Bauer eine schöne Mahd, sodass man mit dem Häufelrechen schöne Haufen machen konnte. Der Bauer, der Knecht und ich waren zur Heu- und Augstenzeit von ein Uhr mittags bis abends sechs mit den Pferden draußen. Vorher machte der Bauer nicht Feierabend. Um sechs ging es zurück zum Hof, die Pferde wurden ausgespannt, dann wurden sie gefüttert, ebenso das Jungvieh. Je nach Bedarf musste man noch Futter auf den Futtertisch werfen. Dann erst ging man zur Brotzeit.

Es gab jeden Tag Rauchfleisch, ein Stück Leber- oder Schwarzwurst und dazu Brot. Das Brot buken die Bäuerin und ich selber. Außerdem gab es einen guten Most zum Trinken. Am Freitag gab es natürlich keine Wurst, dafür Käse und Butter zum Vesper. Üblicherweise wurde auch zwischen dem Morgen- und dem Mittagessen einmal gevespert, um neun Uhr oder auch um elf Uhr, wenn die Arbeit es nicht anders zuließ. Es gab Brot, Käse, Butter, Kartoffeln in der Schale und Most. Das schmeckte jedem, und das kräftige Essen brauchte man auch, denn man musste schuften und hatte entsprechenden Hunger.

Mittags gab es dreimal in der Woche Fleisch und Gemüse mit Nudeln oder Flädle und Eiereinlaufsuppe. Die Bauern mochten auch gern saure Kutteln mit Kartoffeln oder geröstete Rindskutteln mit Bratkartoffeln. Montags, mittwochs und freitags gab es Mehlspeisen wie Grießauflauf mit Apfelkompott, Hefeküchlein und Zwetschgenkompott oder »Umg'rührts« – auch Eierhaber oder Kratzete genannt –, im Winter oft auch Apfelküchle. Ebenfalls im Winter reichte man öfters Kaffee zum Mittagessen. Aber immer, sommers wie winters, sonntags wie werktags, gab es erst eine Suppe. Das war bei den Bauersleuten so üblich.

Der Hof hatte eine wunderschöne Küche, alle Wände und Simse mit schönen Platten und Einbauschränken, dazu mit einem großen, weißen Kachelherd, auf den man fünf oder gar sechs Kasserollen gleichzeitig stellen konnte. Es gab auch einen Elektroherd mit elektrischem Brotbackofen, der aber selten benutzt wurde, weil der Strom Geld kostete. Was den Strom anging, war der Bauer äußerst sparsam. Ich buk einmal in der Woche sechs Laibe Schwarzbrot und einen Laib gesalzenes Weißbrot. Kuchen gab es kaum. Zum Namenstag buken die Bäuerin und ich dem Bauern eine schöne Torte. Es war bei den Bauern üblich, wenn überhaupt, dann den Namenstag zu feiern. Der war wichtiger als der Geburtstag. Der Bauer nahm die Torte mit nach oben ins Schlafzimmer. Weder der Knecht noch ich bekamen ein Stück davon angeboten. Das passte mir nicht. Man hätte uns wenigstens probieren lassen können.

Vor der Küche war eine wunderschöne Bauernstube mit einer geschnitzten Lampe, auf der die Arbeiten der Bauern das Jahr über dargestellt waren, mit Sense und Gabel, mit Fuhrwerk und so weiter. Diese Stube hatte auch eine wunderschöne Eckbank, auf der gut zwölf Leute Platz fanden. Um den großen Tisch standen geschnitzte Stühle, an einer Wand war ein Schreibtisch. Und in der Ecke ein wunderschöner weinroter Kachelofen. Die Kachelbank ging um's Eck herum und war so breit, dass man sich darauf hinlegen und einschlafen konnte. Der Stubenboden war ein schöner Streifenfußboden. Ich war begeistert von dieser schönen Bauernstube. Ich war in viele Häuser gekommen, aber diese Stube behielt ich noch lange in Erinnerung.

Unter der Woche saßen wir meistens, Bauer, Bäuerin, Magd und Knecht, in einem kleinen Esszimmer neben der Küche. Die Stube wurde nur benutzt, wenn Besuch kam. Oder man ging am Sonntag in die schöne Stube zum Nähen auf der Nähmaschine oder zum Bügeln, weil es dort eine Steckdose gab.

An einem Sonntagmittag bügelte ich dort auf dem Tisch, der Absteller für das Bügeleisen stand auf der Eckbank. Als es Zeit war, in den Stall zu gehen, räumte ich alles weg, die Wäsche, auch den Absteller, ich vergaß allerdings, das Bügeleisen in den Schrank zurückzutun, und ließ es auf der Bank stehen. Am Abend setzte sich der Bauer in die Stube, um ein bisschen Radio zu hören. Wie üblich machte er kein Licht, um Strom zu sparen. Im Dunkeln steckte er, wie er meinte, das Radio ein. Die alten Röhrengeräte brauchten immer eine Weile, bis sie warm gelaufen waren. Es roch aber ziemlich schnell angebrannt. Jetzt machte er Licht und merkte, dass er den Stecker vom Bügeleisen eingesteckt hatte. Auf der Eckbank war ein großer Brandfleck. Man musste einen Schreiner kommen lassen, der den Fleck weghobelte. Der Bauer schimpfte heftig mit mir, aber ich hatte das Bügeleisen nicht mit Absicht dort stehen lassen.

Hätte der Bauer Licht gemacht, wäre das Unglück nicht passiert. So ist das Sparen an der Lampe nicht das richtige Sparen gewesen. Aber so sind viele Bauern! Mit dem, was sie nicht selber vom Gütle haben, was sie von außen brauchen und bezahlen müssen, mit dem sind sie geizig bis dort hinaus, grad so, wie meine Mutter es mit dem Zucker gewesen ist, das war auch so ein Beispiel.

Neben der Küche war auch ein Bad, mit einem elektrischen Boiler. Man musste nur den Schalter drehen, dann gab es heißes Wasser, und man konnte baden. Eines Tages funktionierte der Schalter beziehungsweise der ganze Boiler nicht mehr. Das Wasser wurde nicht mehr heiß. Solange ich auf dem Hof war, wurde der Boiler nicht repariert. Den Bauern hat der Strom gereut, den man verbraucht hatte, um zu baden. Wer baden wollte, musste im Herd Feuer machen und einen Waschkessel mit Wasser aufsetzen. Der Knecht, der abends nach Hause ging, badete eben daheim, und ich feuerte am Samstagabend den Herd an, damit ich mich wenigstens einmal in der Woche richtig waschen konnte.

Die Bäuerin kam ziemlich genau ein Jahr nach ihrem letzten Kind wieder ins Wochenbett, wieder zur Heuernte. Ich machte den ersten Tag dem Bauern sein Bett, als er hereinkam und sagte: »Brauchst mir kein Bett z'machen, ich schlaf im ung'machten so gut wie im g'machten.«

»Ah, da guck her! Ich soll also lieber im Stall schaffen, damit er wieder irgendwo auf dem Hof etwas nachstöbern kann«, sagte ich zu mir. »Ja, das sind sie, die Bauern, aber das ist der letzte, das weiß ich genau, da kann kommen, wer will. Sollen sie ihren Dreck alleine schaffen.«

Ich nahm mir fest vor, wenn ich von hier fortginge, würde ich nicht mehr bei einem Bauern arbeiten.

7

In meinem zweiten Jahr auf dem Hermannshof war das Wetter im Sommer so schlecht, es regnete fast die ganze Woche immer wieder einmal, und es war schwer, das Heu heimzubringen. Wir mussten große Häufen machen, damit es nicht kaputtging. Einmal waren wir an einem Freitag ewig lang draußen gewesen, und ich kam spät zur Stallarbeit. Ich war noch am Melken, als plötzlich die Stalltür aufging und mein Vater im Gang stand. Ich war überrascht. Es war selten, dass er vorbeikam. »Ja, was? Du hockst noch unter den Kühen? Es ist zehn Uhr abends!«, rief er erstaunt. Ich sagte nur: »Du behauptest doch immer, dass ich so eine gute Stell hätt', wo ein Ei über das Grießmus 'tan wird! Jetzt siehst du 's!«

Ganz oft mussten wir das Heu sonntags heimbringen, weil es das Wetter gar nicht anders zuließ.

Wenn ich aus der Kirche kam, hatte die Bäuerin bereits gekocht. Der Knecht kam selten am Sonntag zum Essen, denn er kehrte am Samstagabend meistens gut ein und konnte dann am nächsten Morgen nicht aufstehen. Jetzt, wo er wusste, dass er am Sonntag heuen sollte, kam er nie. Er ließ ausrichten, es sei ihm nicht gut. Ich half jeden Sonntag, wenn wir zum Heuen oder Ernten aufs Feld mussten.

Es waren acht oder zehn Sonntage, und der Bauer zahlte für jeden Sonntag acht Mark extra. Ich freute mich. Das gab mir wieder etwas Neues zum Anziehen. Ich hatte den Eindruck, dass den Bauern das Geld in die Seele hinein reute. Aber er bezahlte! Das Verhältnis wurde schlechter. Wenn ich das Gefühl habe, meinen Brotherrn reut das Geld, das er mir für die Arbeit gibt, die ich tue, dann gefällt mir das nicht. Ich weiß genau, dass kein Bauer mir jemals zu Unrecht Lohn geben musste. Ich habe immer viel geschafft für mein Geld.

An einem Sonntag im Spätsommer ging ich meine Wäsche aufhängen. Die Leine hing hinter dem Holzschopf. Dort, an der Wand zum Heustall, stand ein Baum mit Renekloden. Er hatte ziemlich viele Früchte. Ich hing meine Wäsche auf, und ehe ich zurück in die Küche ging, pflückte ich mir ein paar Renekloden und aß sie auf dem Weg zur Küche schnell. Ich zog mich um, da ich mit dem Rad einen Besuch daheim machen wollte.

Vater fragte mich, ob wir noch keine reifen Junkersbirnen auf dem Hof hätten. Wir hatten welche, sie lagen auch haufenweise unter dem Baum. Mutter warf mir vor, dass ich dem Vater einen Korb voll hätte mitbringen können. »Du weißt doch, wie gern er Junkersbirnen isst.«

Ich erwiderte, dass ich die Birnen ja nicht stehlen könne und der Bauer mir noch keine angeboten hätte. Ich sah zu, dass ich rechtzeitig wieder zurück war, da ich der Bäuerin helfen musste, das Vieh von der Weide zu holen und die Schweine und Pferde zu füttern. Am Sonntagnachmittag war der Bauer immer unterwegs auf den anderen großen Höfen und hielt Ausschau, was das Neueste und Modernste in der Landwirtschaft war.

Als ich zum Abendbrot in die Küche kam, standen vier Gläser Renekloden auf dem Tisch, bereits eingedünstet. Ich schaute zur Küchentüre hinaus hinter das Haus. Der Reneklodenbaum war abgeerntet. Also hatte der Bauer gesehen, wie ich am Mittag ein paar abgestreift und gegessen hatte. Ich konnte ihn förmlich hören, wie er zu seiner Frau gesagt hatte: »Sofort machst die schönen, goldgelben Renekloden ein, sonst frisst sie die Magd alle!«

Es ging nämlich schon eine ganze Weile so: Wenn ich beim Obstpflücken oder -auflesen etwas davon aß, hieß es: »Ja, wenn du mal ein heiratest, wo kein Obstbäum hat, dann wird man ihn verganten (zwangsversteigern)! Der bringt die viele Äpfel und Zwetschgen und sonst alles gar nit auf und wird z'letzt bettelarm.«

Er erzählte dies sogar dem Knecht und ein paar anderen jungen Leuten, die gerade auf dem Hof waren. Da platzte mir aber der Kragen. »Ich guck mir schon ein aus, wo ein paar Apfelbäum hat!«, rief ich. Da war der Bauer verdutzt!

»Die hat immer das letzt Wort«, bemerkte er dazu. Natürlich fragte ich bei diesen Umständen nicht, ob ich für meinen Vater einen Korb Birnen haben könnte.

Es war dann aber so, dass schon anderntags der Bauer zu mir sagte, dass ich die Junkersbirnen auflesen und mit heimnehmen sollte. Er hatte mit meiner Mutter abgesprochen, dass sie die Birnen schneiden und in unserem Backofen dörren würde, dafür dürfte sie ein Drittel behalten. Ich brachte mit der Chaise drei Apfelkisten voll Birnen heim und nahm zwei Wochen später den Anteil des Bauern wieder mit zurück. Ohne Junkersbirnen konnte man kein Hutzelbrot machen. Hutzelbrot war allgemein beliebt, auf Kirchweih und auf Weihnachten gab es fast in jedem Haus Hutzelbrot.

Der Bauer hatte noch ein Stüble im Ort drunten, das von einer Frau bewohnt wurde, die als Taglöhnerin bei den Höfen in der Umgebung half, meistens beim Heuen, Öhmden und in der Ernte. Sie kam auch immer wieder auf den Hermannshof zum Arbeiten.
An einem Nachmittag half sie, Rüben und Kartoffeln zu hacken. Wir gingen gleich um eins los. Der Bauer machte diese Arbeit nicht gerne, aber er kam auch gleich hinterher. Es waren fünf Morgen Rüben und fünf Morgen Kartoffeln, also reichlich Arbeit. Die Frau und ich unterhielten uns gern bei dieser eintönigen Arbeit, aber wir wollten natürlich nicht, dass der Bauer, der hinter uns herhackte, alles mithören sollte. Er mochte es sowieso nicht, wenn man während der Arbeit miteinander redete.
Also hackten wir Rüben wie angebrannt und hatten bald einen Vorsprung. Ich schaute mich um und sah, dass der Bauer weit genug zurück war, um uns nicht hören zu können. Auf einmal merkten wir, dass der Bauer hinter uns stand und uns zusah! Er wolle sehen, ob wir auch keine Rüben umhackten, sagte er, und das könne gar nicht sein, dass man so schnell den Acker hinunterhacken könne. Er

stand so fünf Minuten da und schaute mir zu, ob ich auch ja richtig und immer um die Rüben herumhackte.

Im Frühjahr hatte der Bauer Leute bestellt von einer Firma, die den Bauern ihre nassen Wiesen und Äcker dränierten. Zuerst wurde vermessen, dann kam ein Bagger und hob etwa ein Meter tiefe Gräben aus. Dann wurden dort Rohre verlegt und die Gräben wurden mit der Schaufel wieder zugeworfen. Es waren kilometerlange Gräben, auf einer Fläche von etwa zehn Morgen oder mehr, und diese Gräben zuschaufeln – durfte ich.

Der Baggerführer fragte mich, wie viel ich hier im Akkord bekäme. Ich sagte, ich bekäme 120 Mark im Monat als Magd. Der Baggerführer staunte nicht schlecht. Er meinte, bei seiner Firma bekäme ich sofort zwanzig Mark am Tag. Ich solle mir das überlegen. Aber ich lehnte ab. Wenn ich hier wegginge, das hatte ich mir vorgenommen, dann in die Stadt!

War das Getreide eingebracht, hatte der Bauer drei Tage lang die Dreschmaschine auf dem Hof, und es wurde von morgens acht bis abends sechs gedroschen. Für diese Arbeit holte man sich immer zusätzliche Helfer auf den Hof. Während der Ernte hatte ich die Garben geordnet, jetzt war es meine Aufgabe, sie auf die Dreschmaschine zu schmeißen. Der Knecht war beim Getreideabsacken, das heißt, er füllte die Getreidekörner in Säcke. Jemand anders nahm das ausgedroschene Stroh ab, das zu Buscheln gebunden aus der Maschine kam. Jemand schrie, die Anne solle kommen, das Stroh abladen helfen. Der Bauer schickte mich auf den Barn, die Strohbüschel stapeln. Ein Mann aus dem Ort, der zum Dreschen gekommen war, warf mir die Strohbüschel zu, und zwar mit Wucht und ohne zu sehen, wo sie überhaupt hinfielen. Ich sprang auf dem heißen Strohbarn herum und musste mich abschinden, damit der Strohstock wenigstens einigermaßen eben blieb.

Nach der Getreideernte hatte der Bauer schon angekündigt, dass wir demnächst in den Wald gehen würden zum Holzen. Er hatte über Oggelhausen bei Buchau einen Morgen Mischwald, den er umhauen wollte. Der Bauer wollte das frisch geschlagene Holz gleich laden und noch am selben Tag auf den Hof bringen. An einem Montag um neun Uhr fuhren wir mit vier Pferden und zwei Wägen los. Der Bauer und der Knecht saßen auf dem ersten Fuhrwerk, das von den jungen Pferden gezogen wurde, ich kam mit dem zweiten hintendrein. Es war eisig kalt und es schneite. Der Weg ging durch ein großes Stück Moorgebiet.

Als wir angekommen waren, befahl der Bauer: »Wir nehmen's, wie's kommt! Die Magd kann d'Äst mit der Axt weghauen.« Er und der Knecht sägten, einer links, einer rechts, mit der Waldsäge die Birken, Eschen, Eichen und Weißtannen um. Etwa gegen elf befahl der Bauer dann, den einen Wagen voll zu laden. Ich sollte damit heimfahren, umspannen und einen leeren Wagen mit zurückbringen. Ich half dem Knecht, das zwei Meter lange Stammholz auf den Wagen zu lupfen. Ich hatte den Eindruck, dass der Wagen überladen war, aber der Bauer meinte: »Wirst scho hoamkomma, und hau d'Gäul an d'Schwänz na, dass bald wieder da bist!«

Ich fuhr mit dem Braunen und dem Rappen, so schnell ich konnte, über den Moorweg nach Oggelhausen. Kurz vor der Landstraße zog der Seilgaul, also der Braune, immer stärker nach links. Ich schrie: »Hott! Hott!« Aber ich konnte nichts Rechtes sehen, weil es so sehr entgegenschneite. Gott sei Dank merkte ich noch, wie der Wagen hinten links in den Graben zog. Blitzschnell sprang ich rechts ab, und rumms! lag der Wagen mitsamt den Pferden in der Wiese über dem Graben. Die Deichsel war abgerissen und der Wagen beschädigt.

»Heilige Muttergottes, hilf mir!«, schickte ich ein Stoßgebet zum Himmel. Ich stand vor den zwei jungen Gäulen und wusste nicht, was ich tun sollte.

Niemand weit und breit!

Ich machte die Gäule von der Deichsel los. Wie ich aufschaute, kam ein Radfahrer vom Moor her!

»Ja, Mädle, wo kommst du denn her?«, fragte er, als er abstieg. Ich erzählte ihm alles. Er war ein kräftiger Mann. Er half mir, den Wagen aufzurichten und die Stämme wieder aufzuladen. Dabei schimpfte er über den Bauern, weil das Holz zu lang sei für diesen Wagen, wie man so unverschämt den Wagen voll machen könne. Wenn es nicht Stein und Bein gefroren hätte, wären die Räder auf dem Moorweg eingesunken von der überschweren Last.

Der Mann schaffte, dass ihm der Schweiß am ganzen Leib hinunterlief. Ich schwitzte auch. Dabei hatte ich ihm zum Dank nicht viel mehr zu bieten als ein »Vergeltsgott«!

Für den Rest des Weges musste ich nun die größte Sorgfalt walten lassen, um mit beschädigtem Wagen und gebrochener Deichsel noch nach Hause zu kommen. Als es bergab ging, sprang ich vom Wagen und zog die Micke (Bremse) so gut an, dass die Pferde immer ein wenig ziehen mussten, denn so konnte nichts passieren. Kurz vor dem Hermannshof, als es wieder bergauf ging, schafften die Pferde die Steigung nicht mehr. Sie waren erschöpft und der Wagen zu schwer. Ich zog die Micke fest an, warf einen großen Klotz unter die Räder, dann spannte ich die Pferde aus.

Wie ich mit den leeren Pferden auf den Hof kam, wollte die Bäuerin sofort wissen, was los war. Ich erzählte es ihr, musste aber gleich einen anderen Wagen anspannen und wieder losfahren.

Der Bauer war inzwischen natürlich ungeduldig geworden. »Wo bleibst denn? S ist doch kein Tagreis'!«, begrüßte er mich.

Ich erzählte ihm, wie es mir ergangen war und musste mir sein Geschimpfe anhören.

»Wärst besser heut im Bett blieben, als mir den Wagen kaputt z'machen! Hättst lieber ins Bett gesch..., bevor aufg'standen wärst!« Zudem hätte ich den Mann fragen sollen, wie er heißt, dann hätte er ihm ein Bier bezahlen können!

Ich hätte am liebsten geweint, so sehr war mir alles verleidet. Wir luden die beiden Fuhrwerke und fuhren dann hintereinander nach Hause. So ging es die ganze Woche, bis der ganze Wald abgeholzt und alles Holz daheim war.

Im Januar bekam ich dann furchtbares Zahnweh. An einem Montag ging ich schließlich in die Stadt zum Zahnarzt, weil ich es absolut nicht mehr aushielt. Der Zahnarzt untersuchte mich. Es stand anscheinend recht schlimm um meine Zähne.

»Da muss man zuerst ausräumen«, sagte er. Drei Zähne zog er mir gleich.

»Übermorgen nochmal drei!«, gab er mir anschließend bekannt. Danach würde ich eine Prothese und zwei Goldkronen bekommen. Ich fuhr mit dem Fahrrad durch die Kälte auf den Hof zurück. Mein Kopf wollte zerspringen vor Schmerzen. Trotzdem durfte ich mich nicht ins Bett legen oder wenigstens eine leichte Arbeit drinnen in der Wärme machen, sondern der Bauer schickte mich zum Holzspalten in den Schopf.

8

An einem Sonntagnachmittag, nachdem ich das Geschirr gespült und die Küche aufgeräumt hatte, wollte ich mit dem Fahrrad nach Mittelbiberach hinüber. Ich war kaum auf die Landstraße eingebogen, da begegnete mir ein Bekannter, der Horst. Er stammte aus der nächsten Ortschaft. Er hielt mich an und begann mit mir ein Gespräch über den Hermannshof. Schließlich sagte er: »Na, verdienst ja gut's Geld beim Bergbauer. Wenn zehn Jahr hier bist, hast 15 000 Mark verspart.«

Ich antwortete nicht darauf, aber ich sah zu, dass ich mich schnell verabschiedete. Ich war wie geschlagen. Ich wusste genau, was der Horst damit meinte. Die 15 000 Mark sollte ich für ihn aufsparen! Du kommst mir grade recht, dachte ich. Ich bin doch nicht auf dich angewiesen! Außerdem wusste der Horst doch, dass der Bruno mein Freund war. Ich überlegte mir, ob der Bruno wohl ebenso dachte. In zehn Jahren! Da wäre ich über dreißig! Das hätte keinen Wert für mich! Ich sagte niemandem etwas davon, aber es beschäftigte mich die ganze Zeit.

In den nächsten vierzehn Tagen besuchte ich abends eine Freundin. Wir sprachen über dieses und jenes. Es klopfte und ein junger Bauer aus dem Ort trat ein. Wir erzählten und lachten miteinander, da sagte er plötzlich zu mir: »Du brauchst noch kein Freund' ha'n, bei dir ist's Heiraten noch weit weg!«

Ich erschrak, war aber Gott sei Dank nicht auf s Maul gefallen: »So, meint Ihr, ich wär auf Euch angewiesen?«

Die Woche darauf fuhr ich mit dem Fahrrad auf dem Heimweg an Brunos Gütle vorbei. Er arbeitete auf dem Hof herum. Ich schaute hinüber, so wie immer, aber er tat, als würde er mich nicht sehen. Da wusste ich, dass ich hier nicht mehr lang bleiben würde. Mir war klar, dass der junge Bauer von neulich den Bruno aufgehetzt hatte. Brunos Eltern waren schon sechzig, wollten bald auf ihr Altenteil und eine giftige Tante hatte er auch. Ich wusste, dass sie ihn dauernd schimpften, was er mit mir anfangen wolle, wir wären daheim ein Haufen Kinder, von uns brächte keines etwas mit, weder Gut noch Geld.

Aber ich wusste auch, dass ich mich von diesen Leuten nicht herunterwürdigen lassen wollte. Ich sah gut aus, ich konnte arbeiten und war das Sparen gewohnt.

Darum überlegte der Horst auch, dass ich in zehn Jahren mit 15 000 Mark für ihn die Richtige wäre, weil er bis dahin seine Geschwister ausbezahlen müsste. Er hätte mir auch gut gefallen mit seinen pechschwarzen Haaren.

Ich kündigte. Ich hatte über eine Bekannte in Biberach eine Stelle in der Schweiz ausfindig gemacht. Beim Abschied meinte der Bauer: »Das wird dir noch Leid tun. Du hättst viel Chancen g'habt hier herum zum Heiraten. Schad, dass kein Bäuerin wirst.«

Aber ich hatte genug von dem Geschwätz. Am zweiten November fuhr ich von Biberach nach Friedrichshafen. Von dort aus ging das Schiff nach Romanshorn. Meine neue Chefin holte mich am Hafen mit dem Auto ab. Meine neue Arbeitsstelle lag in Berg, einer Gemeinde zwischen Weinfelden und Kreuzlingen. Es war ein wunderschöner Bauernhof mit Knechten und Lehrlingen, auch ein deutscher Landwirtschaftsgehilfe war da. Außer mir gab es noch eine junge Haushaltshilfe. Wir Mädchen versorgten außer dem Haushalt noch die Hühner. Sonst durften wir keine Arbeit auf dem Hof machen, höchstens, dass ab und zu eine von uns beiden mitdurfte zum Grasrechen. Ich machte das gern. Auch Hühnerfüttern und Eierholen machte ich gern. Wenn man abends die Eier geholt hatte, musste man immer aufschreiben, wie viel es gewesen waren. Dafür hing in der Küche ein Zettel an der Wand. Es kam mir alles sehr fremd vor. Schon allein die Sprache! Der Hof gehörte ganz jungen Leuten. Der Chef hatte einen Doktortitel, ich weiß aber nicht mehr in was. Man kochte gut, aber das Essen war für mich eine riesengroße Umstellung. Man kochte ganz anders als die schwäbischen Bäuerinnen. Es gab viel Reis, was ich noch nie zuvor gegessen hatte.

Bei der Brotzeit machten die Knechte immer Sprüche mit mir, weil ich auf einem Hof gearbeitet hatte und behauptete, dass ich alle Arbeiten gut könnte.

Zum Beispiel war gerade, als ich neu auf dem Hof war, ein Eber geschlachtet worden. Ich half dem Metzger, ihn zu zerlegen. Er war recht nett und freundlich. »So, Sie sind a Dütsche!«, sagte er. »Sie ha'n schon oft geholfen beim Metzgen, das merkt man!«

Der Hof hatte auch einen »Kühni«, das ist einer, der sich nur ums Vieh kümmert, also füttert, mistet und melkt. Bei uns im Schwabenland nennt man diese Art Knecht »Schweizer«. Der machte auch immer Sprüche mit mir. An einem Samstagabend, es war in der Weihnachtszeit, fing er einmal an: »He, wenn mal melken willst, kannst kommen!«

Und ich gab zurück: »Ja! Richt mir ein rechte Kuh, wo au Milch geit!«

Damit war's abgemacht. An einem Abend gegen sechs ging ich in den Stall. Ich nahm mir einen Melkschemel und einen Eimer. Dann verlangte ich noch ein Tuch zum Euterabstauben.

Alle sechs Mannsbilder, die auf dem Hof schafften, und auch meine Kollegin standen im Halbkreis hinter mir. Die Kuh hielt wunderbar still und machte keinen Muckser. In sechs Minuten hatte ich elf Liter Milch gemolken.

»Da würd ich dich gleich heiraten«, rief der Kühni, »dann gehn mir als Melkereh'paar miteinander auf einen andern Hof. Da könnten mir zu zweit viel Geld verdienen.«

Ich lachte. »Nein, nein, das will ich nit!«, gab ich zur Antwort. »Den ganzen Tag im Stall schaffen, das ist nix für mich!«

Dass ich bei den Mannsbildern Chancen hatte, das hatte ich schon gemerkt. Wenn wir alle vom Hof miteinander zum Tanzen gingen, hatte ich meine liebe Not. Wenn die Musik aufzuspielen begann, kamen immer drei oder vier. Ich gab den Tanz meistens dem, der mich als Erster aufgefordert hatte. Wenn an unserem Tisch Sprüche geklopft wurden, konnte ich den ganzen Abend lachen, ohne aufzuhören.

Am ersten Dezember hatte ich von der Chefin meinen ersten Lohn bekommen, 120 Franken. Gleich ein paar Tage danach musste ich aber zehn Franken wieder hergeben für Steuern. Die müsste ich von jetzt an jeden Monat bezahlen, hieß es. Dann musste ich auch noch zum Zahnarzt, und ich war wieder zehn Franken los. Ich war recht kritisch mit den Schweizer Franken. Alles war so teuer. »Ich weiß nicht recht! Da bin ich schlechter dran als daheim!«, sagte ich mir.

Vater hatte die Schweizer so gelobt gehabt. Seine Schwester war in den dreißiger Jahren in Zürich in einem Hotel gewesen, und es war ihr gut gegangen. Aber ich überlegte mir, dass man damals in der Heimat Inflation gehabt hatte und Arbeitslosigkeit. Aber ich könnte heutzutage ja zum Beispiel in eine Fabrik gehen! Da hätte ich mindestens genauso viel Lohn und wäre versichert und alles. So dachte ich hin und her. Ich war ein wenig enttäuscht von der Schweiz. Dazu hatte ich 300 Mark ausgegeben für neue Kleidung, weil ich die neue Stelle nicht mit meinen alten Kleidern hatte antreten wollen.

Wenn ich im Dorf in den Laden einkaufen ging und sagte, was ich wollte, dann sagten die Verkäuferinnen zueinander: »Des ist a Dütsche!«

Dann bekam ich einen Ausweis zugestellt, auf dem stand oben groß: »Ausländerausweis«.

Das verstand ich nicht! In einem deutschsprachigen Land bekam eine Deutsche einen Ausländerausweis!

Also sind die Deutschen in der Schweiz nur zum Arbeiten da! So ging es mir durch den Kopf. Soll mich noch mal einer in die Schweiz schicken! Dem würde ich etwas erzählen!

Und eine Nachbarin von uns behauptete obendrein noch, die deutschen Mädchen kämen in die Schweiz und würden das Geld mit ins Deutsche nehmen und so die Schweiz arm machen! »Und Krieg machen, das könnet die Dütsche!«

9

Ich kündigte auf den ersten Februar. Der oberste Knecht wollte mich absolut als Hauswirtschafterin auf einen anderen Hof bringen. Aber ich wollte nicht mehr in der Schweiz bleiben und reiste ab, wieder zurück ins Schwabenland. Vater freute sich, wie ich daheim ankam, war aber auch ein bisschen enttäuscht, weil es mir nicht gefallen hatte, und Mutter meinte, ich solle gleich nach Berchtesgaden gehen. Eine Freundin und frühere Nachbarin, und zwar die Tochter von unserem Nachbarn Essig, hatte vor langem dorthin auf einen Hof geheiratet. Jetzt, so hatte sie geschrieben, suche sie ein Hausmädchen und habe gleich an die frühere Nachbarsfamilie Nägele mit ihren vielen Kindern gedacht, vielleicht hätten die ein Mädchen, das nach Berchtesgaden gehen wolle. Die Bezahlung wäre gut.

Es hatte sich offenbar schnell herumgesprochen, dass ich wieder daheim war. Denn am nächsten Tag kam die Hauserin, eine andere Bekannte meiner Eltern, und bettelte: »Ach, gebt die Anne doch zur Senz, meiner Tochter, in den Schwarzwald. Dort kommt im Mai das erste Kind. Sie bekommt 120 Mark, all Vierteljahr die Fahrt zum Heimfahr'n zahlt und noch jeds Mal ein G'schenk!«

Vater fing auch gleich an: »Ach, geh doch dorthin! Du wolltst doch immer einmal in den Schwarzwald!«

Ich machte ein Gesicht. Wäre ich in meiner Dummheit bloß in der Schweiz geblieben, dachte ich. Immer wissen sie noch bessere Stellen für mich.

Ich sagte Vater, dass ich vorhätte, in Biberach in einer Fabrik zu arbeiten. Denn am Feierabend hätte man ja auch noch daheim was zu tun – oder aber, man könnte ja auch mal Feierabend machen und nicht immer im Sommer bis abends um zehn auf dem Heustock herumhetzen, danach noch zehn oder zwölf Kühe melken und dafür anderntags um vier in der Früh schon wieder auf sein!

»Nein«, hieß es, »die Hausers sind gute Leut!«

Erst einmal, so hatte ich mir vorgenommen, nähe ich eine Woche lang Leintücher und Bettbezüge. Jahrelang hatte ich Damast und Halbleinen, ganze Ballen, für die Aussteuer gekauft und nie Urlaub gehabt, dass ich auch einmal hätte nähen können.

Urlaub gab's damals keinen bei den Bauern, und auch kein Wochenende. Sonst hätten die Bauern sich auf die Bühne gehängt! Am Sonntag, wenn die Küche fertig war, hatte man ein paar Stunden frei, so bis um halb fünf oder fünf, wenn es lang war. Wollte ich ein Mal im halben Jahr zum Friseur, dann taten die Bauern wie die Hornissen, oder sie sprachen zwei Tage nicht mehr mit einem und hängten den Kopf hinunter.

Nach ein paar Tagen war die Hauserin wieder da und jammerte aufs Neue. »Ge'n unserer Senz doch ein Mädle. Sie braucht ein Magd. Sie hat siebzig Morgen, ein schönen Hof. Und die Schwiegermutter liegt im Sterben. Wenn sie g'storben ist, soll die Anne glei hinfahr'n! Mir zahlen, was ihr wen't, wenn die Senz nur ein Magd hat!«

Vater und Mutter sprachen in einem fort an mich hin, dass ich endlich ein Einsehen haben möge. Vor allem Vater wollte unbedingt, dass ich dahin ginge. Mutter dagegen war eher für Berchtesgaden, dass ich in die Fabrik wollte, ignorierten sie beide. Ich weiß bis heute noch nicht recht, warum sich Vater so darauf versteifte, dass ich auf den Hof vom Schwiegersohn der Hauserin gehen sollte, aber er hatte einen Narren an den Leuten gefressen und wahrscheinlich passte ihm das »Hausmädchen« nicht, das ich bei Essigs Tochter sein sollte. Er wollte immer, dass ich Bäuerin werde.

Am Fasnachtssonntag um fünf in der Früh schrie der Vater: »Anna, steh auf! Der Hauser Gustl kommt und will dich in den Schwarzwald mitnehmen! Du weißt es doch!«

Ich drehte mich nochmals um. Wenn ich einmal im Jahr daheim war, stand ich nicht gern so früh auf.

Dann schrie auch die Mutter, und sogar noch lauter: »Steh endlich auf! Du kannst den Hauser Gustl nit warten lassen. 's ist höchste Zeit. Um halb sieben geht der Zug!«

Ich war müde, aber ich stand doch auf. Die Mutter hatte sogar Kaffee gemacht! Und schon schellte es an der Haustür. Mutter machte auf, und es war der Gustl, der mich abholen wollte. Ich wusste nicht mal, wie der Ort hieß, wo ich hinmusste.

Wir gingen mit zwei Koffern zu Fuß nach Biberach zum Bahnhof. Der Gustl kaufte die Fahrkarten, und wir stiegen in den Zug.

»In Aulendorf steigen mir um«, erklärte er. Ich antwortete nichts. Ich fuhr nicht gern mit.

Von Aulendorf aus ging es ins Hohenzollerische, über Sigmaringen, nach Ebingen und Balingen. Dort stiegen wir wieder um nach Schömberg.

Um neun Uhr kamen wir an. Wir gingen zu Fuß ins Städtle. »Im Gasthof Lamm müssen wir warten. Da kommt jemand und holt uns ab.«

Also gingen wir ins Lamm. In der Gaststube sah es furchtbar aus: leere Gläser und Flaschen, umgeworfene Stühle, Zigarettenkippen auf dem Boden und sogar auf den Tischen. Betrunkene Fasnachtsnarren, auch Mädchen waren dabei, hingen an den Tischen herum. Alle hatten sie mit roter Farbe die Zahl zwanzig auf die Stirn geschrieben. Mich ekelte das an. Ich sagte nichts, aber am liebsten wäre ich wieder nach Hause gefahren. Das merkte auch der Gustl. Kein Mensch kam und fragte uns, ob wir etwas bestellen wollten. Die Wirtsleute waren noch im Bett. Wir warteten bis halb zehn.

»Nun, mir laufen jetzt langsam nach Zimmern«, schlug der Gustl vor.

»Wie heißt das Dorf?«

»Zimmern!«, antwortete er.

Dass ein Dorf Zimmern heißen sollte!

Wir waren kaum ein Stück gegangen, da kam uns ein Mannsbild in nicht gerade guter Kleidung entgegengelaufen. Jesus, Maria und Josef, dachte ich, das wird doch nicht der Bauer sein!

Da sagte Gustl auch schon: »Das ist er! Das ist der Bauer!«

Da wusste ich, dass die Hauserin gehörig Sprüche gemacht hatte. Mir war nicht wohl in meiner Haut. Jetzt war ich nur noch gespannt auf den Hof.

»So, sind ihr da!«, sagte der Bauer. Er sprach schnell, und ich war den Dialekt nicht gewöhnt, sodass ich aufpassen musste, dass ich ihn verstand.

Wir gingen zu einer anderen Wirtschaft, der »Traube«. Deren Wirt sollte uns mit dem Auto hinunter nach Zimmern und auf den Hof bringen. Ich saß auf der hinteren Sitzbank und schaute nach links und nach rechts und sah überall nur Bückel.

»Oh, das ist bergig!«, fuhr es mir heraus. Der Bauer und der Traubenwirt lachten.

Wie wir nach Zimmern hineinkamen, las ich auf dem Ortschild: »Zimmern u. d. Bg.« und sagte: »Zimmern unter dem Berg heißt also das Nest!«

Da schrie der Bauer zu mir nach hinten: »Nein, unter der Burg!«

»Ah, eine Burg gibt's hier? Wo ist die Burg denn? Ich seh keine!«

»Die Burg steht nimmer!«, schrie der Bauer wieder.

Wir waren nun in der Dorfmitte. Der Wirt lenkte das Auto den Berg hinauf. Nicht lange, und wir kamen nicht mehr weiter. Überall lag noch hoher Schnee, auch auf dem Weg zu dem Hof.

»Jetzt dürft ihr ja bloß noch da nauf und dann sind ihr droben«, sagte der Wirt und kehrte um. Ich schleifte meine Koffer über den schneebedeckten Feldweg und lief vor lauter Neugier, so schnell ich konnte. Der Bauer redete – oder besser schrie – jetzt immer noch so schnell wie anfangs, aber mittlerweile verstand ich ihn besser. Als wir oben an einem Waldrand angekommen waren, ruderte er mit dem Arm herum und schrie: »Das alles bis nauf und dort drüben auch, das g'hört mir.«

Ich erschrak!

»Hab ich's doch g'wusst«, murmelte ich vor mich hin.

»Ach Gott im Himmel! Alles Bückel! Und zu dritt! Ich sollt gleich umkehren!«

Ich schaute den Weg zurück ins Dorf hinunter. Hier oben war es sogar einigermaßen eben. Es waren gar keine so argen Bückel, die Äcker hingen halt am Hang. Dann schaute ich nach vorn und sah den Hof. Nun wusste ich, dass ich im Schwarzwald war. Drunten in der Schlucht sah ich einen alten, verwahrlosten Schwarzwaldhof stehen. Das Wohnhaus daneben aber war von außen schön. Meiner Schätzung nach konnte es höchstens vierzig Jahre alt sein. Es hatte eine schöne vordere Stube. Aber die Küche und die hintere Stube! Oben dagegen waren schöne Zimmer und auch zwei Klosetts, wie man es früher hatte.

Am Abend ging ich dann mit dem Bauer und der Bäuerin in den Stall. Ein Schwein kam schon angerannt. Die Schweineställe waren um den ganzen Kuhstall herum an den Wänden verteilt. Zwei Pferde hatte es auch, aber ich sah gleich, dass das keine heurigen Hasen waren. Fünf Kühe waren es und fünf Kalbinnen mit Rindle und Kälbern.

Der Kuhstall also war ein Gelump. Wir molken die Kühe. Es waren ein paar kümmerliche Liter. Ich fragte die Bäuerin, wo sie die Milch hinbrächten.

»Ja, mir tun kein Milch fort. Mir machen Butter und verkaufen ihn.«

Ich erschrak! Woher wollten sie mir den Zahltag geben, wenn sie kein Milchgeld hatten? Es wurde mir wirklich angst.

Um vier Uhr war Tagwache, obwohl es nur ein paar Stück Vieh waren. Aber in den alten Ställen war schwer zu arbeiten. Im Hof war ein Brunnen. Dort musste man Wasser schöpfen und in einer Zinkwanne in den Stall tragen, oder auch ins Haus, wie zu Noahs Zeiten. Im Stall hatte der Bauer einen langen Trog mit einer Pumpe, die das Wasser elektrisch hereinpumpen sollte. Die Pumpe war aber kaputt, und sie wurde auch nie repariert.

Sogar jetzt, im Winter, wurde es halb neun abends, bis man Feierabend hatte. Ich fragte mich, wie das wohl im Sommer erst werden würde.

Am nächsten Ersten bekam ich keinen Zahltag. »Kannst nit ein bissle warten? Weißt, bis mir Sauen verkauft ha'n!«, sagte die Bäuerin scheinheilig.

Ich sagte bloß: »Ja, ja!« Was hätte ich machen sollen?

Als die nächsten vier Wochen herum waren, das Gleiche: »Musst halt noch warten, bis mir Geld ha'n. Brauchst ja bei uns keins.«

Mittlerweile war die Bäuerin hochschwanger. Der Briefträger kam und brachte ihr einen Brief von ihrer Mutter, der Hauserin. Ich war dabei, wie sie ihn aufmachte. Wie die Bäuerin den Brief hochhielt, konnte ich bequem ein paar Sätze aufschnappen. Ich las: »Also, du musst dich schonen. Du darfst nicht tragen. Das schadet deinem Kind. Wozu hast du eine Magd?« Nun wusste ich, was los war.

Ich fühlte mich fremd in diesem Schwarzwaldtal. Dazu war der Weg ins Dorf hinunter so schlecht. Also blieb ich anfangs am Sonntagnachmittag auf dem Hof, putzte, schrubbte, bügelte, besserte Wäsche aus. Am Werktag hatte man keine Zeit dafür. Man musste säen, eggen, ackern. Mit den Gäulen und auf den Hängen ging's langsam.

Nach ein paar Wochen hatte ich aber im Dorf eine Freundin gefunden, die Rosa, die ich von da an immer sonntags besuchen ging. Rosa war eine Waise. Ihre Mutter war schon lange tot, und ihr Vater war vor zwei Jahren gestorben. Sie war ein Jahr älter als ich, aber sie war viel kleiner. Sie hatte einen kleinen Laden. Wir kamen gut miteinander aus.

Schließlich gab es auch eine Hochzeit im Dorf, und ich lernte die jungen Männer von Zimmern kennen. Sie wunderten sich, wo das schöne, große, blonde, rotbackige Mädchen her sei, und sie wunderten sich noch mehr, als sie erfuhren, wo ich arbeitete. »Ja, gibt's bei euch keine Industrie?«, fragte jeder, mit dem ich sprach. Sie waren alle sehr freundlich und holten mich dauernd zum Tanzen. Oft kamen drei gleichzeitig angesprungen.

Dieses Bild entstand noch vor meiner Hochzeit mit dem Alois.

Die Bäuerin kam ins Krankenhaus, und bald darauf war das Kind auf der Welt. Acht Tage darauf wurden Mutter und Kind entlassen. Vier Wochen später kam die Hauserin, um ihren Enkel mitzunehmen. Sie sagte, sie wolle das Kind aufziehen, weil man auf dem Hof dafür ja keine Zeit hätte. Ich konnte das nicht verstehen. Alle Felder waren um den Hof herum. Man hätte doch ab und zu nach dem Kindlein schauen können. Andere Bauern machten es auch so! Zum anderen hatte es die Hauserin seit ihrem fünfundzwanzigsten Lebensjahr an der Lunge, Tuberkulose, und war in Lungenheilanstalten gewesen. Viele Jahre hatten ihre beiden ledigen Schwägerinnen die Kinder aufziehen müssen.

Wie der Briefträger wieder auf den Hof kam, hatte er einen Brief für mich dabei. Mutter schrieb, dass Vater in Tübingen in der Hautklinik sei und dass ich ihn einmal besuchen solle. Es sei ja nicht weit für mich, und er würde sich so darauf freuen. Weiter schrieb sie, dass die Fürsorge das Geld für den Klinikaufenthalt zwar bezahle, dass sie es aber zurückerstatten müssen und ich ihr von meinem Lohn 400 Mark leihen müsste. Ich hatte zwar gehofft, mir von dem Lohn, den mir der Bauer schuldete, eine Küche kaufen zu können, aber es stand außer Frage, dass ich den Eltern das Geld leihen würde. Zunächst einmal fuhr ich am Sonntag nach Tübingen und besuchte den Vater. Er freute sich.

»Sag, hast ein Kerl?«, wollte er von mir wissen. Ich lachte nur. »Nix Festes!«

Vater war nicht begeistert. Später jammerte er über den Haufen Geld, den der Klinikaufenthalt kostete. Ich gab ihm zum Abschied fünf Mark.

Vom Bahnhof Schömberg aus ging ich zu Fuß. Mich reuten die schönen Sonntagsschuhe, die ich anhatte. Auf den Feldwegen wurden sie ganz schmutzig. Anderntags sagte ich dem Bauern, dass ich meinen Lohn bräuchte. Ich erklärte ihm auch, warum.

Er war zornig und schimpfte herum, weil er selber kein Geld hatte. Es dauerte noch ein paar Wochen, dann verkaufte er ein Rind und gab mir 400 Mark.

Ich fuhr nun das erste Mal, seit ich im Schwarzwald war, zu Besuch nach Hause. Der Zug fuhr um sechs Uhr früh in Schömberg weg, um neun kam ich in Biberach an. Die vier Kilometer bis heim ging ich zu Fuß.

Nach dem Mittagessen schickte mich Mutter hinüber zur Hauserin.

»Sagst ihr grüß Gott. Die hat dir so viel versprochen, die wird dir wenigstens das Fahrgeld zahlen.«

Also lief ich hin und sagte grüß Gott. Man fragte mich, wie es mir gefiele. Ich antwortete wenig. Ich wartete auf das Fahrgeld, aber niemand wollte etwas davon wissen. Nach einer Stunde ging ich wieder. Ich hatte nicht ewig Zeit, denn ich musste bald wieder auf den Zug.

Mutter schimpfte, weil ich das Fahrgeld und das versprochene Geschenk nicht bekommen hatte.

»Ich hätt dich doch nach Berchtesgaden geben sollen«, jammerte sie. »Wenn nicht zehn oder zwanzig Mark mehr kriegst, dann gehst!«

Sie erzählte, dass der Hermannshofbauer schon zweimal gefragt hätte, ob ich nicht wieder käme. Er böte 140 Mark im Monat.

Ich wollte nicht mehr auf den Hermannshof. »Sag ihm, ich komm nimmer. Ich find vielleicht auch ebbes anderes.«

Im Sommer dauerte die Arbeit oft bis elf Uhr nachts. Von Peter und Paul an bis Kirchweih wurde jeden Sonntag geheut, geerntet oder geöhmdet. Abends war ich müde wie ein Hund. Nach der Stallarbeit ging ich gleich ins Bett. Bis zur Tagwache blieben oft nicht mehr als vier oder fünf Stunden Schlaf.

Gekocht wurde nicht viel. Überhaupt war nichts da! Wenn die Bäuerin frühstückte, aß sie den Zucker mit dem Löffel aus der Tüte heraus. So etwas hatte ich noch nie gesehen! Dann war die Tüte leer, und es gab halt anderntags keinen Zucker mehr in den Kaffee! Wenn ich kochte und sagte, dass dies oder jenes, was man brauchte, nicht mehr da sei, antwortete die Bäuerin stets: »Das macht nix! Es tut's auch so!«

Die Heuernte war vorbei. Die Johannisbeeren und Stachelbeeren wurden reif. Es gab viele, wunderbar reife Früchte. An einem Sonntag auf dem Heimweg von der Kirche schlug ich vor, Zucker zu kaufen. Es müsse nicht sein, dass die Vögel alle Beeren fräßen.

»Oh, mir ha'n kein Zeit!«, meinte die Bäuerin dazu.

Nach dem Mittagessen nahm ich einen kleinen Eimer und füllte ihn mit den Beeren. Dann holte ich mir einen zweiten Eimer, ging in den Wald und pflückte Waldhimbeeren. Anderntags holte ich in Schömberg Zucker und Gläser und machte Gsälz. Von da an hatte ich keine Zeit mehr, weitere Beeren einzumachen, aber im September, als der Holunder reif war, machte ich noch sechs Gläser Holundergsälz.

Ich freute mich. Ich dachte, dass ich nun im Winter doch etwas Gescheites zum Kaffee aufs Brot hätte. Wie ich aber mein Gsälz auf den Tisch stellte, nahm die Bäuerin einen Löffel und aß mein Gsälz mit dem Löffel. Das machte sie dauernd so, und das Himbeer- und Johannisbeergsälz war entsprechend schnell aufgebraucht. Wie ich dann aber das Holundergsälz auf den Tisch brachte, sagte die Bäuerin ganz spöttisch: »Das mag ich nit, das kannst selber essen!«

Also aß ich die sechs Gläser Holundergsälz allein, obwohl mir das Himbeer- und Johannisbeergsälz auch besser geschmeckt hätte. Im Jahr darauf machte ich kein Gsälz mehr. Sollten die Vögel die Beeren haben!

Nach meinem Besuch daheim traf ich mich abends noch mit der Rosa. Ich sagte ihr, dass mir der Bauer mehr Lohn geben müsse, sonst ginge ich woanders hin. In der nächsten Zeit kaufte der Bauer bei der Rosa im Lädele etwas ein, und sie erzählte ihm, was ich gesagt hatte. »Tu ich nit!«, schrie er die Rosa an. »Auf den Winter sowieso nit!«

Rosa erzählte mir am Sonntag darauf alles. Ich fing an, mich zu erkundigen, wie viel man um Schömberg herum in der Industrie verdienen könne. Überall waren es nicht mehr als 150 oder 160 Mark.

Es kamen auch Leute von Zimmern oder Schömberg oder Täbingen, das ist ein kleines Bauerndorf nahe bei Zimmern, auf den Hof zu Besuch und interessierten sich für die Magd, die so arbeiten konnte und so gut aussah. Ein Müller mit einem schönen Hof wollte mich unbedingt mitnehmen und seinem Sohn vorstellen.

»So ein Bäuerin brauch ich!«, rief er. »Aber das Gesangbuch musst wechseln!«

Ich wusste, was er damit meinte. Von Balingen ab um den kleinen Heuberg herum bis hinunter nach Sulz waren ganze Gemeinden protestantisch. Aber das wollte ich nicht. »Du heirat'st mir ja keinen Lutherischen!«, war stets Vaters erstes Wort, wenn ich auf Besuch kam.

10

Eines Tages im November gingen Rosa und ich zu einer Hochzeit nach Neukirch. Es war an einem Samstagabend. Ich hatte viele Tänzer. Zu jeder Tour wurde ich geholt. Es waren für Rosa und mich lauter fremde Leute auf dem Fest, bis auf ein paar Zimmerer, die wir kannten. Gegen Mitternacht machten wir Zimmerer uns Arm in Arm auf den Heimweg in unser Dorf hinunter. Wir verabschiedeten uns voneinander, Rosa und ich wünschten uns eine gute Nacht, aber der Hubert, ein Bekannter von der Rosa, wollte mich noch ein Stück begleiten. Er müsse mir noch etwas sagen. Ich war gespannt, was das wohl sein würde. Wir gingen gemeinsam den Weg den Buckel hoch Richtung Hof.

»Ich muss dir ebbes verzählen«, fing er schließlich an. »Du, lass den Rudolf laufen. Der heirat' dich nie. Der will dich bloß ausnutzen.«

Ich war mit dem Rudolf gar nicht richtig zusammen; ob ich ihn heiraten wollte, wusste ich auch nicht. Aber ich war bestürzt, dass man über andere so etwas sagen konnte. Der Hubert sprach weiter und weiter. Es gäbe für mich noch andere, die ernste Absichten hätten und zu denen ich auch passen würde. Dann erzählte er wüste und abscheuliche Sachen über den Rudolf. Ich verabschiedete mich und sah zu, dass ich heim ins Bett kam. Am nächsten Morgen ging ich nach der Stallarbeit mit der Bäuerin wieder nach Zimmern hinunter zur Kirche. Nach der Messe warteten draußen die jungen Leute aufeinander. Einer schrie zu mir herüber: »Hee! Ich geh mit dir auf den Hof nauf!«

Ich ärgerte mich immer noch über die Verleumdungen vom Hubert, deshalb war ich kurz angebunden. »Ich komm selber heim, da brauch ich niemand!«

Ich eilte mich, das Kochgeschirr auf den Herd zu bringen, damit ich bis um eins wieder nach Zimmern hinunter käme. Es war nämlich Tanz. Ich kannte mittlerweile die ganzen jungen Leute von Zimmern, und die, die ich gut kannte, waren recht freundlich zu mir. Wir machten Sprüche und lachten miteinander. Mittlerweile hatte ich auch noch die Gertrud kennen gelernt. Sie wohnte mit ihren Eltern mitten im Ort. Meine Bäuerin verkaufte dort jeden Sonntag nach der Kirche ein Pfund Butter. Die Getrud, die Rosa und ich, wir waren ein richtiges Kleeblatt. Wir waren immer zusammen unterwegs, wenn irgendwo Tanz war. Wenn wir dann von Gößlingen oder von der Krone in Täbingen heimwärts marschierten, sangen wir immer die neuesten Schlager. Manchmal ging auch der Rudolf mit uns zurück oder noch ein oder zwei gleichaltrige Freunde.

Diesmal waren einige junge Leute von Gößlingen zum Tanz nach Zimmern gekommen, und sie holten mich dauernd, sodass die Mädchen vom Dorf wütend wurden. Sie blieben manchmal einen Tanz sitzen, weil niemand sie geholt hatte. An einem Tisch am Fenster saß ein ganzer Haufen junger Burschen, die nicht ein einziges Mal ein Mädchen holten. Nur einer war dabei, der einmal seine

Kusine aufforderte. Ich fragte die Rosa: »Wieso holen die uns nit zum Tanzen, oder keins von den anderen Mädle?«

»Ja«, meinte die Rosa, »denen sind wir nit gut g'nug.«

Dabei kannte ich einen von denen, einen jungen Bauern, der mir durch eine Taglöhnerin, die gelegentlich zu uns auf den Hof kam, immer Grüße ausrichten ließ. Aber ich wollte keinen, wo ich noch hätte mit Kühen oder Ochsen ackern müssen, so wie der es machte. Ich erinnerte mich noch zu gut an daheim, was für eine Plagerei das gewesen war, mit den Ochsen Mist oder Gülle zu führen und Heu und Öhmd zu holen. Mittlerweile hatte ich bei den Bauern bald sieben Jahre immer nur mit Pferden gearbeitet. Das war viel weniger anstrengend. Und viele Bauern im Oberland hatten schon Schlepper auf ihren Höfen, sogar in Zimmern hatte schon einer einen Trecker gekauft. Ich wollte nicht arbeiten müssen, wie die Leute vor hundert Jahren es getan hatten. Ich wollte vorwärts, nicht rückwärts.

Wie wir Mädchen von unserem Tisch gegen zwölf Uhr aufbrachen, mussten wir an jenem Tisch mit den jungen Burschen vorbei. Da schrie einer von ihnen: »He, du! Ich geh mit dir heim!«

Aber ich war nicht aufs Maul gefallen.

»Wem ich nit gut g'nug zum Tanzen bin, der braucht auch nit mit mir heim!«

Der Bursche war so geschlagen, dass ihm keine Antwort mehr einfiel.

Es wäre am besten, wenn ich hier nicht bliebe, dachte ich immer wieder. Meine Großmutter war gestorben und hatte dem Vater ihr Haus vererbt. Er musste nur seine drei Schwestern noch mit 6000 Mark ausbezahlen. Er meinte, ich solle das Haus übernehmen. Dann hätte ich ein Haus mit Garten. Stall und Scheune könnte man später noch ausbauen. Das Geld für Vaters Schwestern müsste ich halt aufnehmen.

Ich überlegte eine Weile. Aber es war viel Geld, und ich hatte keinen richtigen Freund, den ich hätte heiraten wollen. Allein fünf Jahre an dem Haus zu bezahlen, das war mir zu viel, und so ließ ich die Sache sein.

Am Pfingstsamstag war der Bauer mit vier Kisten Ferkel auf dem Pritschenwagen nach Rottweil gefahren auf den Schweinemarkt. Die Bäuerin und ich machten derweil auf dem Feld Kleeheinzen. Es hatte dreißig Grad Hitze am Mittag, und die Bäuerin jammerte andauernd, wo denn bloß ihr Mann sei. So gegen zwei Uhr hörten wir dann den Traktor. Der Bauer fuhr auf die Wiese zwischen die Kleeheinzen und hielt an. Er stieg vom Traktor – und fiel um wie ein Sack! Er hatte einen Rausch, wie einer, der die Sauen verkauft hatte. Bloß, dass der Bauer nicht eine einzige Sau verkauft hatte. Die Bäuerin sprang nämlich zum Wagen und sah nach. Alle zwölf Ferkel waren noch da, eingepfercht in vier Kisten. Es war ein Wunder, dass keines einen Hitzschlag bekommen hatte. Mittlerweile war der Bauer wieder auf den Beinen. Er zog eine Tafel Schokolade und eine Flasche Wein aus dem Kittelsack und reichte es seiner Frau.

»So, da hast ebbes!«, lallte er. Die Bäuerin heulte.

»Ja, warum hast kein einzigs Säule verkauft?«

»So gib ich's nit her«, lallte der Bauer. Offenbar hatte man ihm einen schlechten Preis für seine Ferkel geboten, und er hatte sich geweigert, sie zu verkaufen. Ich ging mit ihm auf den Hof hinunter und half ihm, die zwölf Ferkel wieder in den Stall zu bringen.

Ich war verärgert. Ich war auf Pfingsten von einem jungen Kerl zu einer Motorradtour nach Heidelberg eingeladen. Jetzt hatte der Bauer nichts verkauft – und ich stand ohne einen Pfennig Geld da. »Das ist der Schlechtest von allen, die ich bisher g'habt ha'n!«, schimpfte ich vor mich hin. »So ein Bauer hab ich noch kein 'kannt!« Aber was half es?

Das Arbeiten fürchtete der Bauer auch! Die Bäuerin und ich ackerten auf dem Feld, und er wusste immer eine Arbeit um den Hof herum. Wenn wir aber dann Feierabend machten, war er nirgends zu finden. Dann konnte es sein, dass er um neun abends von Zimmern drunten heimkam.

Wenn die Bäuerin schimpfte, weil sie das Geld reute, das er im Wirthaus gelassen hatte, gab er zur Antwort: »Ich hab bloß Zigaretten g'holt!« Jedenfalls war dafür offenbar immer ein Notgroschen da, aber nicht, um mir meinen Lohn auszubezahlen.

Am Pfingstmorgen nach der Kirche passte mich der Alois auf dem Heimweg ab. Alois war der junge Kerl, der mich nach Heidelberg eingeladen hatte. Wir wollten dort seine Kusine besuchen.

»Mittag um eins läufst mir entgegen, dann bleiben wir bis morgen Abend. Du wirst auch einmal zwei Tag wegdürfen!«, rief er.

»Ich kann nit mit. Ich hab kein Geld«, entgegnete ich.
»Wenn ich dich einlad', brauchst kein Geld!«, gab er zurück. Mir gefiel die Einladung sehr. Auf Heidelberg wär ich schon sehr neugierig gewesen, und zudem kam ich überhaupt nirgendwo hin. Aber ohne einen Pfennig in der Tasche?

Am Mittag ging ich dem Alois entgegen, sehr langsam, denn ich wusste immer noch nicht, ob ich nun mit sollte oder nicht. Wir diskutierten noch einmal darüber. Er machte eine Viertelstunde herum, dann fuhr ich doch mit.

Es ging über Tübingen Richtung Stuttgart. Plötzlich, auf offener, gerader Strecke, begann das Motorrad hin und her zu schwanken. Ein Reifen war platt! Alois fuhr langsam weiter. Ein Polizist überholte uns.

»Sie haben eine Reifenpanne!«, schrie er uns zu.

Ich schrie zurück: »Das haben wir gemerkt!«

In der nächsten Werkstatt ließen wir den Reifen wechseln. Die Reparatur kostete 35 Mark. Alois bezahlte. Ich sah, dass er insgesamt nur fünfzig Mark dabeihatte. Es blieben also noch 15 – und wir wollten nach Heidelberg!

»Alois, komm, mir kehren um«, sagte ich. »Wenn's noch einmal eine Panne gibt, dann stehn mir da.«

Alois blieb stur. Ich bereute es, dass ich ohne Geld mitgefahren war. Ab Böblingen nahmen wir die Autobahn. Es war das erste Mal, dass ich auf einem Motorrad mitfuhr. Alois fuhr 120 Sachen. Obwohl es schon recht frühlingswarm war, fror ich auf dem Motorrad wie im dicksten Winter. Außerdem verlor ich durch den Fahrtwind meinen Schal.

Wir näherten uns der Ausfahrt Mannheim-Heidelberg, aber Alois fuhr geradeaus weiter.

Ich schrie: »Du hättst rechts rausmüssen! Wo willst hin?«

Alois beugte sich ein wenig nach hinten, damit ich ihn verstehen konnte. »Ich muss zu einer Tankstell'. Der Tank rinnt. Ich verlier Benzin. Womöglich explodiert das Motorrad!«

Ich erschrank zu Tode. Meiner Lebtag fahr ich nimmer mit dem Kerl Motorrad, schwor ich mir.

An der nächsten Tankstelle gingen wir zur Werkstatt, aber wegen den Feiertagen war alles zu. Der Tankwart gab uns einen Tipp: »Kaugummi nehmen!« Also schmierten wir Kaugummi in die Tankrillen. Es schien zu klappen. Der Tank leckte nicht mehr.

Abends um acht Uhr waren wir dann in Heidelberg. Alois' Kusine wohnte neben einer Kirche. Sie war mit einem Italiener verheiratet und führte mit ihrer Familie eine italienische Eisdiele. Die Kusine und ihre Familie freuten sich über unseren Besuch, und wir aßen alle zusammen eine große Portion Eis und lachten und scherzten den ganzen Abend. Ich schlief bei der Tochter von Alois' Kusine. Am nächsten Morgen um neun, am Pfingstmontag, ging ich in die Kirche und machte danach einen Schaufensterbummel. Alois traf einen Vetter von ihm, den Anton. Sie gingen an den Neckar zum Paddeln. Als sie am Mittag in die Eisdiele kamen, wo wir verabredet waren, waren sie patschnass. Sie hatten aus lauter Übermut Unsinn getrieben, und das Boot war gekentert.

Die Kusine tischte ein gutes Mittagessen auf, und allmählich machten wir uns bereit für die Rückfahrt. Der Anton schlug vor, über Karlsruhe und Rastatt zu fahren, dann das Murgtal hinauf. Wir kämen dann über Freudenstadt und könnten dort einkehren. Es war eine sehr schöne und für mich aufregende Fahrt. In Freudenstadt machten wir Rast, aber ich wollte nichts essen. Ich setzte mich auf eine Bank und trank einen Sprudel. Anton machte noch ein Foto von Alois und mir, dann fuhren wir nach Oberndorf das Neckartal hinab. Eine halbe Stunde später waren wir wieder daheim in Zimmern unter der Burg.

Heu, Öhmd und Ernte – alles lief durcheinander. Wenn die Frucht noch nicht reif genug war, wurde eben Öhmd gemäht. Ein Bekannter aus dem Dorf und ich und ein Bauer aus Täbingen, der auf seinem Hof schon fertig war und jetzt meinem Bauern half, luden auf dem Schömberger Ösch mit dem Pferdewagen Öhmd. Der Kerl aus dem Dorf war schon seit bald zwei Jahren hinter mir her und wollte mich unbedingt heiraten. Aber ich wollte ihn nicht. Er trank zu viel. »Einer, der mit 25 Jahr mittags schon ein Rausch hat und kaum noch stehn kann, den kann ich nit heiraten«, sagte ich einmal zu ihm.

Ich lud, und die beiden Männer gabelten mir das Heu auf den Wagen. Der Bekannte schimpfte und spottete die ganze Zeit auf den Alois.

»Wenn den Alois nimmst, da kannst dein Wunder erleben. Der kann nit mal lesen und schreiben, und alle Fehler hat er!« So ging es die ganze Zeit. Dabei hatte ich mit dem Öhmd reichlich zu tun. Weil ich nicht alles auf mir sitzen lassen wollte, gab ich ihm auch noch gehörig hinaus. Und wie ich in der Hitzigkeit ein Büschel Öhmd abgenommen hatte und es vorne setzen wollte, bekam ich einen Schwächeanfall und stürzte vom Wagen, mit dem Rücken und dem Kopf zwischen die Hinterhufe des Pferdes. Ich wusste, dass ich einen guten Schutzengel gehabt hatte, als ich unverletzt unter dem Pferd herauskroch. Wenn das Pferd im Schreck ausgeschlagen oder auch nur einen Schritt getan hätte, hätte ich tot sein können. Und alles wegen dem Geschwätz. Auch der Bauer war furchtbar erschrocken.

»So, jetzt haltst endlich dein dumms Maul«, schimpfte er. »Sie kann heiraten, wen sie will. Da hast nämlich nochmal Glück g'habt. Sie hätt tot sein können, und du wärst schuld g'wesen! Weil du immer rumschimpfen musst mit der Anne, und sie schafft wie ein Bär.«

Ich sagte nichts. Ich hatte meinen Denkzettel. Ich sah zu, dass ich wieder auf den Wagen kam.

Wir machten auch gleich Feierabend, denn der Wagen war voll und es war schon spät. Zur der Zeit waren viele Leute auf unserem Hof und halfen, Kartoffeln auflesen oder Rüben putzen. Viele der kleineren Gütle hatten bloß zwei Kühe zum Einspannen. Wenn sie im Tagwerk bei einem der größeren Bauern halfen, meistens bei der Ernte, dann bekamen sie anstelle von Taglohn einen Ausgleich. So musste mein Bauer den Leuten fürs Tagwerk mit seinen Pferden einen Acker ackern oder einen Wagen voll Holz holen. Unter denen, die in den zwei Jahren, die ich mittlerweile hier war, immer wieder bei meinem Bauern geholfen hatten, waren auch zwei Männer um die fünfzig. Wir waren immer gut miteinander ausgekommen, aber diesen Sommer wollte mir offenbar jeder gute Ratschläge wegen Alois geben.

Sie malten mir den Teufel an die Wand und schimpften über die Schwiegereltern, die ich bekäme, wenn ich den Alois heiraten würde.

»Da wirst sehn! Der Alt' gibt nix her!«, sagte der eine, und der andere machte weiter: »Da kannst schaffen Tag und Nacht!« Und weiter: »Und sein Frau trägt glei nach'm Schlachten d'halb Sau fort! Da wirst dein Wunder erleben!«

Die beiden ließen an Alois' Eltern keinen guten Faden übrig. Ich verteidigte mich. »Ich weiß nit, was ihr han! Ich kann doch schaffen, und die Alten brauchen mich. Der Alois geht ins Zementwerk, und ich treib mit den Alten 's Gütle um. Da kann's mir nit schlecht gehn!«

»Ja, du hast's gut vor«, konterten die beiden, »aber du wirst noch an uns denken!«

Mir machte das, was die beiden älteren Männer gesagt hatten, schon ein bisschen Kopfzerbrechen. Andererseits dachte ich an Vater. »Wenn einer gelobt werden will, muss er sterben«, war eines seiner Lieblingssprichwörter, und: »Wenn man heiratet, trägt man die Lügen in der Wann'!«

Nun, dachte ich mir, es wird schon nicht so schlimm sein. Außerdem war zwischen Alois und mir noch nichts entschieden.

Wie ich in Langentrog im Adler bei meinem früheren Bauern und seinen Eltern den letzten Besuch machte, hatten die beiden Alten zu mir gesagt: »Anne, mit dir kann einer reich werden!« Daran musste ich jetzt auch denken. Der Adlerbauer hatte übrigens keine Magd mehr bekommen, nachdem ich fort war.

Trotz all dieser Gedanken verging eine ganze Woche, aber das Geschwätz ließ mir keine Ruhe. Im »Schwarzwälder Boten« las ich eine Annonce: »Nervenheilanstalt Rottenmünster in Rottweil sucht zum baldigen Eintritt eine Küchenhilfe«.

Am selben Abend traf ich Alois. Ich fragte ihn, ob er mich am Sonntagnachmittag mit dem Motorrad ins Rottenmüster fahren würde. Er staunte zwar, versprach mir aber, mich hinzubringen.

»Ich will nit mehr länger bleiben«, erklärte ich ihm. »Lernen kann ich hier überhaupt nix, und Geld bekomm ich auch nie keins.«

Am Sonntag brachte mich Alois wie versprochen hin. Ich stellte mich an der Pforte vor. Eine Schwester führte mich ins Hauptgebäude und zeigte mir dies und jenes. Ich bekam ein Vesper, Kaffee, Butter, Wurst und Marmelade, alles schön aufgemacht. So etwas hatte ich noch nie vor mir gehabt. Ich fühlte mich wie im siebten Himmel. Ich aß ein bisschen, bedankte mich und machte auf den ersten Dezember die Stelle fest.

Daheim sagte ich den Bauersleuten, dass ich zum ersten Dezember ginge. Der Bauer meinte bloß: »Ja, da müssen mir wieder um ein Magd schauen.«

11

Ich hatte mir zu meinem Entschluss, nach Rottenmünster zu gehen, einiges ausgedacht. Ich hatte mir zum Beispiel überlegt, dass der Alois vielleicht nicht mehr käme, wenn ich dort wäre. Oder vielleicht würde ich mit ihm Schluss machen und in der Stadt bleiben. »Wenn ich mich dort eingelebt hab, werd ich sehen«, sagte ich zu mir.

In der Woche darauf kam der Alois abends auf den Hof. Er wolle etwas Wichtiges mit mir besprechen.

»Mir heiraten im Februar!«, sagte er. »Du brauchst nit nochmal an ein neue Stell' gehn!«

Es war wohl so gewesen, dass der Alois daheim erzählt hatte, dass ich ins Rottenmünster ginge. Seinem Vater schien das nicht recht zu sein. Er meinte, wenn ich erst einmal in der Stadt wäre, dann hätte ich gleich einen anderen, dann käme ich nicht mehr nach Zimmern, und der Alois solle mich schnell heiraten.

Aber ich wollte mir das erst überlegen. Ich hatte so viel im Kopf, denn es stellte sich heraus, dass Alois gerne ins Glas schaute.

Ich sagte zu ihm ganz offen: »Das kann ich dir sagen, dass ich kein brauchen kann, der gern trinkt. Mein Vater hab ich meiner Lebtag nie g'sehn in einem Rausch. Anderfalls kannst um ein andere schauen!«

Außerdem verlangte ich, dass Alois' Vater ihm das Haus und die Felder vermachte.

»Bei uns ist es so, dass die Eltern ein Übergab' machen und Haus und Gut überschreiben und dass man die Geschwister auszahlt. Man muss doch wissen, für was man schafft. Denn die Magd mach ich bei euch nicht!«

Alois sagte zu allem »Jaja«, und versprach, mit seinem Vater zu reden. Ich sprach ihn auch auf die Geschichten an, die man mir erzählt hatte, dass es daheim bei seinen Leuten nicht gut ginge, dass es heiße, sein lediger Bruder hätte alle Rechte daheim. Ich war mittlerweile nicht mehr so überzeugt davon, dass das alles bloß Lügen waren, im Gegenteil. Ich glaubte, dass etwas daran sein müsse.

Alois war geschlagen. Ich sah ihm an, dass ihm nicht mehr ganz wohl war in seiner Haut. Die folgende Woche war ich die ganze Zeit in der Scheune beim Dreschen. Der Bauer musste seine Magd noch ausnutzen, ehe sie ging, sonst hätten er und die Bäuerin das Dreschen alleine besorgen oder in Schömberg oder Zimmern um ein paar Leute schauen müssen. Dann kam der Alois wieder auf den Hof.

»Mein Vater gibt mir das Haus und den Hof«, sagte er. Er erzählte, seine Schwester sei auf der Alb verheiratet und ein Bruder wäre vermisst im Osten, er käme wohl nicht mehr heim. Der andere Bruder sei als Mechaniker in Stuttgart und würde wahrscheinlich auch dort bleiben.

Es sieht gar nicht so schlecht aus, dachte ich mir, aber die Berge machten mir noch einige Sorgen. Alois beteuerte, er hätte keine Felder an den Rainen oder Hügeln, was mich etwas erleichterte.

»Was denkst nun? Mir heiraten doch?«, wollte er wissen. »Bei mir brauchst kein Mist laden. Das tut mein Vater. Mein Mutter hat nie ein Mistwagen laden müssen, so wie du hier schwer schaffen musst!«

»Dann musst mich wieder ins Rottenmünster 'nein fahren, damit ich die Stell' absagen kann.«

Am nächsten Sonntag fuhren wir. Ich sagte der Schwester an der Pforte, dass ich im Februar heiraten wolle und dass es sich wegen der paar Monate nicht lohne.

Ich überlegte trotzdem noch immer hin und her. Oft dachte ich, dass ich am besten heimlich abreisen sollte, denn es ging mir einfach zu viel Ungewisses im Kopf herum.

Also, am ersten Dezember trug ich meine Koffer ins Dorf hinunter. Alois zeigte mir das Wohnhaus, die unteren wie die oberen Zimmer. Seine Eltern waren freundlich. Ich sagte, dass ich am liebsten die beiden oberen Zimmer nehmen wollte, und Alois' Eltern die Stube und das Schlafzimmer unten nehmen sollten. Oben auf dem Gang könne man gut ein Gästezimmer machen.

»Wenn ich von daheim einmal B'such bekomm', muss ich doch wenigstens ein Bett ha'n.«

Aber meine zukünftige Schwiegermutter meinte kurz: »Nein! Ich bin vierzig Jahr hier drin, und hier bleib ich! Und der Heiner hat auch g'sagt: ›Mutter, du bleibst hier oben!‹«

Da merkte ich, dass die Alte keine Gute war. Ich war ratlos, was ich jetzt machen sollte. »Vielleicht ist sie doch nit so bös«, beschwichtigte ich mich. »Sie ist nur ebbes eing'schnappt, weil ich oben die schönen Zimmer haben möcht.«

Alois wechselte das Thema: »Du willst dir doch ein Wohnzimmer kaufen?«

Ich sagte zwar ja, zögerte aber ein wenig, denn ich merkte schon, dass die Leute ihr Recht behaupten wollten, mich aber andererseits brauchten.

Ich war nicht begeistert und wär am liebsten gegangen, wieder heimgefahren nach Mittelbiberach. Alois merkte das, und er ließ mich die nächste Zeit nicht aus den Augen. Die Maurer kamen und machten oben aus einem Teil vom Gang ein Zimmer. Es wurde schön, aber klein. Ich schleifte die Eimer mit dem Gips in den zweiten Stock, sodass die Gipser das Material nur noch an die Wand zu schmeißen brauchten.

Als Nächstes kam der Maler ins Haus. Ich suchte die Tapete für die Stube und das Schlafzimmer aus. Am gleichen Nachmittag musste ich mit meinem zukünftigen Schwiegervater aufs Feld, denn die Stoppeln waren noch auf den Äckern. Ich führte den Fuchs, der Alte hielt hinten den Pflug.

»Ja, Vater«, meinte ich nach einer Weile, »der Fuchs sollt' eigentlich allein laufen, dann könnt' ich daheim ebbes schaffen. Bei uns daheim braucht man nur mit Ochsen oder Küh' mit dem Leitseil nebenher.«

Der Alte blieb stehen, holte seine Schnupftabakdose aus dem Hosensack und zog eine Prise. Er wusste nicht

recht, was er sagen sollte. Dann brummte er: »Ihr habt andere Böden im Oberland. Bei uns geht das nit so.«
Ich antwortete nichts darauf, aber ich wusste, dass es die größte Lüge war.

Es wurde mir so herb ums Herz. »Es ist zu spät! Du kannst doch jetzt nit einfach abhauen und Schluss machen!« Solche Dinge gingen mir durch den Kopf. Es gingen mir die Alpträume nach, die ich im letzten Jahr zwischen Weihnachten und Neujahr gehabt hatte. Ich dachte daran, dass es hieß, dass die Träume, die man zwischen Weihnachten und Neujahr hat, in Erfüllung gingen. Aber dann dachte ich wiederum, dass das vielleicht doch nicht wahr sei und hatte wieder die besten Vorstellungen.

Meine zukünftige Schwiegermutter wollte mir den Schweinestall zeigen. Ich nahm an, sie würde mich hinters Haus führen, aber dann gingen wir in den Keller! Dort, hinter der letzten Tür, war der Schweinestall. Ein Schweinestall unter dem Schlafzimmer! Ich erschrak zu Tode! Und sofort fiel mir ein Traum ein, den ich gehabt hatte, in dem eine alte Frau mich in einem Keller zu einem Schweinestall geführt hatte.

Ich sagte kein Wort, aber ich wusste, dass ich nicht lange hier unten die Schweine füttern würde! Ich sprach mit Alois, und er sagte mir zu, einen neuen Schweinestall zu bauen, und er versprach mir auch, dass wir anbauen und die untere Wohnung – vor allem die viel zu kleine untere Küche – vergrößern würden, da jetzt klar war, dass seine Eltern die oberen Zimmer nicht hergäben. Was den Wohnzimmerkauf anging, ließ Alois nicht locker. Jemand aus seiner Verwandtschaft, der aussah wie ein besserer Herr, brachte uns zu einer Möbelfabrik in Frommern.

Ich suchte mir einen dunklen Schrank aus, der mir besonders gut gefiel und auch geräumig war, dazu passend einen Auszugstisch und vier Polsterstühle und eine schöne, ausziehbare Couch, das Modernste, das es zur Zeit gab. Alles zusammen kostete 1200 Mark. Ich unterschrieb den Möbelkauf. Ich hatte von meinem Bauern noch den Lohn für das gesamte Jahr 1956 gut.

Alois und ich gingen zum Pfarrer und bestellten die Hochzeit. Der Pfarrer ermahnte Alois ganz besonders: Wenn eine Frau schwanger sei, müsste der Mann der Frau helfen und sie schonen. Das fiel mir auf, dass ein Pfarrer so viel Verständnis hatte.

Mittlerweile waren die Stoppelfelder alle geackert, der Maler war bereits an der Küche. Es wurde für mich Zeit heimzufahren, meine Aussteuer zusammenzupacken und zu schauen, was noch fehlte.

Vater hatte eine schwere Operation gehabt und war bettlägerig. Es ging ihm derzeit etwas besser, so sagte er jedenfalls. Trotzdem meinte er, zur Hochzeit würde er nicht mitkönnen. Ich packte die Bettwäsche in Schachteln und Kartons, ebenso das Porzellan, die Nachtwäsche, die neuen Schürzen, die Arbeitsschürzen, die Strümpfe und die farbigen, seidenen Garnituren Unterwäsche. Alles hatte ich mit viel Ehrgeiz und Sparsamkeit zusammengerafft. Ich hatte mich in Aussteuergeschäften immer gern umgesehen. Zuletzt verpackte ich die Steppdecken und die Wolldecken.

Wie ich am Zusammenpacken war, sagte Mutter zu mir: »Es wär alles recht, wenn es recht wär!«

Ich fragte sie, was sie damit meine.

Der Pfarrer von Zimmern hatte seinem Amtskollegen von Mittelbiberach einen Brief geschrieben und ihn gebeten, mit meinen Eltern wegen meiner bevorstehenden Hochzeit zu sprechen.

»Er hat g'schrieben, die Mutter vom Alois macht kirchlich mit, aber den Vater und die Söhn hat er überhaupt nit g'lobt. Du sollst Schluss machen und d' Hochzeit absagen. Es ging dir sonst so schlecht, dass es nicht aushieltst.«

Ich war erschrocken. Doch was sollte ich tun?

»Das kann ich doch jetzt nimmer machen! Was meinst, Mutter? Die würden mich doch in Ewigkeit verfluchen!«

»Es ist besser jetzt, als wenn's z'spät ist!«, mahnte meine Mutter. »Deine Ehe könnte nicht lange bestehen, hat der Pfarrer g'meint.«

Ich dachte wieder daran, wie ich es mir schön vorstellte und sagte: »Ach, für mich brauchst kein Angst z' ha'n!«

Der bestellte Lastwagen war vors Haus gefahren. Ich trug meine Schachteln und Pakete nach unten. Die Küche, die ich mir inzwischen doch geleistet hatte, und das Schlafzimmer wurden abmontiert und verladen. Zuletzt kam mein Fahrrad auf den Laster, das mir der Vater vor sieben Jahren einmal gekauft hatte. Ich würde es brauchen können in Zimmern. Bis Schömberg waren es vier Kilometer, bis Rottweil oder Balingen gar fünfzehn und es gab keine

Busverbindungen, nur den Zug, der von Schömberg aus fuhr.

Ich ging mit der Schneiderin in die Stadt, und wir kauften den Brautschleier sowie Stoff für das Brautkleid und den Unterrock. Das Brautkleid wurde wunderschön. Brautkleid und Schleier bezahlten meine Eltern.

Am anderen Morgen holte mich der Brautwagen ab. In Zimmern angekommen, half mir der Fahrer, den Lkw abzuladen, und die Leute kamen und taten neugierig. Tags darauf brachte ein Möbelwagen von Frommern das Wohnzimmer.

Es waren das schönste Schlafzimmer und Wohnzimmer, die im Dorf irgendwo standen. Die Verwandten kamen und wollten »sehen, was die bringt«, wie es hieß. Man merkte ihnen an, wie neidisch sie waren. Einige Leute konnten es nicht verbergen: »Mit Geld kann man eben alles kaufen«, sagten sie. Andere meinten: »Wenn man Geld bringt, hilft's besser.«

Am darauf folgenden Samstagabend, bei der zivilen Trauung auf dem Rathaus, gaben Alois und ich uns das Jawort. Der Heiner, Alois' Bruder, und eine Kusine waren Brautzeugen. Anschließend gingen wir mit den Gästen in den »Rosengarten« zur Einkehr.

Am »runden Tisch« saßen etliche junge Männer, darunter der Rudolf, ein ehemaliger Freund von mir. Alois und sein Bruder standen noch am Eingang und sprachen mit den Leuten. Ich setzte mich. Da sagte der Rudolf über den

Tisch hinüber zu mir: »Bei denen wirst dein Wunder erleben!«

Ich gab keine Antwort. Der Rudolf hatte mir einmal erzählt, dass er keine Mehlspeisen esse, keine gebratene Nudeln, keine Pfannkuchen, Küchle oder Eierhaber, nur Fleisch!

Das ging mir nicht den Hals hinunter! Damals konnte man sich fast nirgends alle Tag Fleisch zum Mittagessen leisten! Selbst bei den größten Bauern, wo ich gewesen war, hatte es drei Fleischtage und drei Nudeltage in der Woche gegeben – und das waren gute und angesehene Bauern gewesen!

Wie der Rudolf mir dann erzählte, er könne in der Pfalz ein Mädchen haben, die sogar einen eigenen Weinberg hätte, und mir auch noch ihr Foto zeigte, sagte ich zu ihm kurz und bündig: »Dann geh halt zu ihr!« Von da an ist es aus zwischen uns gewesen.

Ich mischte mich nicht in die Gespräche hinein, sagte nur »ja« oder »nein«, wenn mich einer etwas fragte. Einige der jungen Männer hielten mir deshalb vor, ich sei stur. Es machte mir nichts aus.

Vater hatte mir, wenn ich am Sonntag von meinem jeweiligen Bauern heimgekommen war, immer gesagt: »Mädle, lass dich nit auf die Kerle ein. Die wollen dich bloß ausnützen und lassen dich dann hängen. Heirat' nach deinem Stand!« Und so hatte ich es auch gemacht. Deshalb hatte ich den Alois genommen. Er hatte mit seinen Eltern ein kleines Gütle, so wie ich daheim. Und ich dachte mir: Ich kann arbeiten und bringe eine komplette Aussteuer, die ich allein zusammengespart habe, ohne eine Mark Schulden, in die Ehe!

Am Sonntag holten Alois und ich die Torten ab, die wir auf den Hochzeitstag – den morgigen Montag – bestellt hatten, zwei bei einem Bäcker in Schömberg und zwei in Dormettingen. Ich hatte sämtliche Zutaten von meinen Eltern daheim mitgebracht und den Bäckern gegeben und mir extra schöne Muster ausgesucht für die Verzierungen. Die Torten und Kuchen und Brezeln wurde alle in das Gastzimmer gebracht. Ich hatte es extra herrichten lassen, für den Fall, dass mein Besuch vom Oberland übernachten wollte. Ich war stolz auf meine Wohnung und freute mich über meine schön eingerichtete Stube und über die neue Küche und das schöne Schlafzimmer. Für die Küche kaufte ich noch einen neuen Dauerbrandherd. Der alte von der Schwiegermutter hatte lauter Löcher an den Seiten. Auch einen Kamindeckel für das offene Kamin hatte ich beim Flaschner angeordnet. Ich wollte nicht, dass der Ruß auf den Küchenboden fiel. Die Schwiegermutter war darüber wütend und schimpfte den ganzen Tag in der Küche herum.

Am Montagmorgen molk ich zuerst die drei Kühe, fütterte und half Alois, den Stall auszumisten. Dann brachte ich noch den Schweinen ihr Fressen. Ich war aufgeregt. Ich ging in die Küche und wusch mich.

Der Schwiegervater lief immerzu draußen auf dem Flur hin und her und die Treppen rauf und runter. Die Schwiegermutter schimpfte ständig wegen irgendetwas. Ich wartete auf meine Mutter und meine Geschwister. Um halb zehn war die Trauung. Um halb neun leuteten die Kirchenglocken zum ersten Mal, um neun zum zweiten Mal. Es wurde Zeit. Ich stand vor dem Spiegel und frisierte die Haare schön. Ich hatte eine Friseuse bestellt, aber sie konnte nicht kommen. Sie hatte einen Autounfall gehabt. Eine Nachbarin half mir, den Schleier aufzusetzen. Es leutete zum dritten Mal. Mutter sollte den Brautstrauß mitbringen. Sie kam und kam nicht.

Endlich fuhr ein Kleinbus vor. Mutter, Gretel, Fanny mit ihrem Freund und mein Bruder Hugo waren gekommen. Der Chauffeur war versehentlich nach Zimmern ob Rottweil gefahren. Dort hatten sie vergeblich nach einer Hochzeit bei Familie Willi gefragt, bis jemand sie nach Zimmern unter der Burg wies, dort gebe es Willis. Sie liefen ins Haus und zogen sich schnell um. Gretel war meine Brautjungfer. Eine Musikkapelle spielte. Alles lief zur Kirche.

Die Unruhe vom Schwiegervater, das Geschimpfe im Haus herum, das war mir alles unter die Haut gegangen. Ich war so etwas nicht gewohnt von daheim, dass man keine Rücksicht aufeinander nahm. Nun hatte ich einen wunderschönen Hochzeitsstrauß aus sechsundzwanzig Nelken und stand vor dem Altar und wusste nicht, ob ich überhaupt ja sagen sollte.

Die Trauung dauerte bis elf Uhr. Danach ging man wieder, die Musikkapelle voraus, in den Rosengarten zur Hochzeitsfeier und zum Brauttanz. Alois hatte einen Vetter als Tänzer engagiert, der alle Mädchen zum Tanz holte. Es waren so viele Verwandte und andere Gäste da, dass kein Platz mehr frei blieb. Die Musikkapelle spielte einen Schlager nach dem andern. Der Tanzboden war so dicht gedrängt, dass man sich beim Tanz kaum noch drehen konnte.

Um ein Uhr gab es Mittagessen. Es war ein sehr gutes Essen. Meine Mutter lobte, es würde hier überhaupt sehr gut gekocht werden. Nur meine Schwiegermutter schimpfte über das Essen.

Die Leute gratulierten mir besonders, wünschten mir Glück und drückten mir die Hand, bis sie wehtat. Am Nachmittag schien die Sonne. Ein Fotograf kam, und wir gingen zur Kirche, um die Brautbilder machen zu lassen. Dort vor der Kirche standen junge Tannen. Durch die Brautbilder kam die Schwiegermutter auf die Idee, Familienfotos machen zu lassen. Ich gehörte offenbar nicht zur Familie, denn ich durfte nicht mit dazu stehen.

Es war dann Zeit für den Kaffee und die schönen Torten und Kuchen. Wie wir zurück in den Rosengarten kamen, gingen viele Leute, hauptsächlich die aus den Nachbargemeinden. Alle wünschten mir viel Glück und gaben ihr Hochzeitsgeschenk ab. Ich hörte, wie manche zu Alois sagten, er habe großes Glück gehabt mit seiner Braut.

Alois' Jahrgänger brachten schöne Geschichten vor von mir, wie ich den Mannsbildern immer wieder den Laufpass gab. Es war eine wunderschöne Hochzeit. Ich dachte die ganze Zeit an die Torten und Kuchen. Warum kamen sie nicht auf den Tisch? Aber es kamen dauernd

Im Februar 1957 heirateten Alois und ich.

Leute zu mir und gratulierten mir oder verabschiedeten sich, ich war immerzu am »Dankeschön« und »Adiö« sagen, ich konnte nicht weggehen. Ich fragte eine der Bedienungen, ob sie die Brezeln und die Torten geholt hätte. Sie meinte, die Brezeln hätte sie geholt, aber Torten hätte sie keine gesehen.

»Aber ich hab vier große Torten oben im Gastzimmer, und meine Leut ha'n noch kein einziges Stückle Torte bekommen!« Sie versicherte mir wieder, dass sie keine Torten gesehen habe. Ich konnte unmöglich hier weg! Es ging zu wie im Taubenschlag, die Älteren gingen heim, die Jungen kamen. Es gab auch gleich Nachtessen: Bratwurst und Soße, dazu Kartoffelsalat und Wecken. Danach ging der Tanz weiter. Viele Freunde und Bekannte von Alois' Seite wollten mit mir tanzen. Ich tanzte so gern! Ich hätte nie einen geheiratet, der nicht tanzen konnte oder wollte! Nachts um drei Uhr war Schluss mit der Hochzeit.

Zweiter Teil

12

Der nächste Tag war ein Dienstag, und Alois und ich verschliefen den Gottesdienst. Es war üblich, dass die Brautleute am Morgen nach der Hochzeit zur Kirche gingen. Es war halb zehn, als wir aufstanden und uns an den Kaffeetisch setzten. Da war grad noch ein bisschen Hefezopf übrig. Mir fielen die Torten wieder ein.

»Wo sind denn die Torten, Mutter?«, fragte ich meine Schwiegermutter höflich.

Sie schimpfte mich böse an: »Das geht dich nix an!«

Ich war dem Heulen nahe. Ich ging hinauf ins Gastzimmerle. Keine Torten auf dem Tisch! Ich begann zu suchen und siehe da – ich fand zwei ganze Torten in zwei großen Taschen versteckt. Dabei hatte ich alle Zutaten von meinen Eltern bekommen, nicht einmal das Mehl war von meinen Schwiegerleuten gewesen!

Natürlich kamen Leute zum Kaffee, und sie wollten die Wohnung der Brautleute und meine Aussteuer anschauen und sehen, was die Braut vom Oberschwäbischen mitgebracht hatte. Die meisten Leute bewunderten die schönen Möbel und Aussteuersachen, das schöne Schlafzimmer in heller Eiche. Die Mitteltür des Schrankes war gewölbt und hochglanzlackiert. Auch der wunderschöne Wohnzimmerschrank in dunkler Eiche und in Ahorn war hochglanz, dazu kamen ein Auszugstisch und die schweren Polsterstühle und die moderne umklappbare Couch. Eine Nähmaschine stand ebenfalls im Wohnzimmer. Ich hatte über Beziehungen von meiner Mutter einen Fleckenteppich für unter den Tisch machen lassen. Die Mutter, meine Schwestern und ich hatten schon vor Jahren aus alten Baumwollkleidern Streifen zugeschnitten und ein mit Mutter bekannter Weber hatte sie wunderbar zusammengestellt und an den Endseiten Fransen angebracht. Ich hatte das auf den großen Bauernhöfen zum Teil so gesehen gehabt, dass in den Bauernstuben so große Teppiche waren, und hatte es mir seither immer gewünscht.

Das Sofa und die Polsterstühle waren mit gelbem und blauweißem Stoff überzogen, alles passte sehr gut zusammen, auch die Gardinen. Ein alter Kachelofen stand noch an der Wand.

Auch die Bettumrandung im Schlafzimmer und einen Teppich für die Treppe in den oberen Stock zu den Schwiegereltern brachte ich mit, ebenso reichlich Gardinen und Vorhänge, alle selbst genäht, denn ich hatte sparen müssen, weil die Möbel, die Einrichtung, die Küche und das Porzellan viel Geld gekostet hatten – und ich hatte keine Schulden mit in die Ehe bringen wollen!

Die Schwiegerleute und die Verwandtschaft wollten wissen, wie viel Hochzeitsgeld Alois und ich eingenommen hatten. Ich zählte es. Es waren gerade 700 Mark!

Der Heiner war der Erste, der Geld wollte, 300 Mark für das Motorrad. Ich konnte ihm nur 100 geben, denn ich musste zuerst bei den Bäckern die Torten und Brezeln bezahlen, dazu die Trauung, und ich hatte dem Flaschner 200 Mark Anzahlung für den neuen Herd versprochen.

Nachmittags kam ein Freund von Alois und wollte 130 Mark für die Lederjacke, die mein Mann schon vor einem Jahr bei ihm gekauft hatte. Anderntags kam Alois' Patin und fragte nach, wie viel tausend Mark wir an Hochzeitsgeld gekriegt hätten. Lauter Neugier! Aber sie blieb ja nicht da!

Am dritten Tag kamen zwei Briefe. Der erste war von Alois' Arbeitgeber, dem Zementwerk Dotternhausen, und enthielt eine fristlose Kündigung. Der zweite Brief war von einem Rechtsanwalt aus Rottweil. Er verlangte die sofortige Begleichung einer Rechnung von 250 Mark für eine Motorradreparatur nebst Mahn- und Anwaltskosten. Ich wusste mir keinen Rat mehr.

Ich hatte mitbekommen, dass Alois sich vom Arzt hatte krankschreiben lassen, um daheim auf dem Hof zu arbeiten. Offenbar hatten Arbeitskameraden ihn bei der Betriebsleitung verpetzt.

Ich schrieb dem Rechtsanwalt einen Brief, dass er noch abwarten müsse. Mein Mann sei arbeitslos und man müsse warten, bis man vom Viehstall etwas verkaufen könne.

Am vierten Tag fragte mich die Schwiegermutter, ob ich zu ihr in die Stube käme. Ich lehnte ab: »Nein, ich hab noch ebbes zum Stricken.« Da war sie wütend.

»Du bist ein komisch's Tier«, sagte sie und ging ins Dorf. Ich konnte die Schwätzerin nicht gebrauchen. Ich war das von daheim nicht gewohnt, den Abend zu verschwätzen. Ich machte am Feierabend immer dies und jenes, Handarbeiten wie Stricken oder Sticken, oder ich machte Wäsche oder bügelte oder putzte Schuhe, sodass ich immer gut angezogen war und gut aussah. Am fünften Tag stand der Gerichtsvollzieher im Haus. Sie kamen zu zweit und traten, ohne anzuklopfen, in die Stube. Auf dem Land ist es zum großen Teil noch heute nicht üblich, die Häuser zu verschließen, und damals war praktisch überall alles offen. Sie kämen vom Amtsgericht Balingen, erklärten sie. Ob hier Alois Willi wohne.

Ich brachte kein Wort mehr heraus.

Mein Mann war bei einem Vetter und half ihm das Haus abbrechen. Der Vetter wollte neu bauen.

Der Gerichtsvollzieher teilte mir mit, dass er beauftragt sei, die Geldforderung der Werkstatt wegen der Motorradreparatur sowie die Kosten und Auslagen des Rechtsanwaltes einzutreiben. Er holte einen Pfändungszettel aus seiner Aktentasche und klebte ihn an meinen neuen Wohnzimmerschrank!

Ich bekam fast einen Nervenzusammenbruch. Die konnten mir doch nicht einfach das schöne Möbelstück pfänden!

Im selben Augenblick trat der Schwiegervater in die Stube. Ich zeigte ihm die Pfändung an meinem Schrank. Ich konnte nicht mehr, ich heulte los wie ein Kind. Er tat, als ob ihn alles nichts anginge.

»Wie soll das weitergehen«, heulte ich, »woher soll ich das Geld nehmen? Muss ich mir mein teure Möbel aus'm Haus tragen lassen?«

Ich war verzweifelt wie noch nie in meinem Leben.
Ich hatte zwar noch den Jahreslohn vom Aspenhof gut, aber den brauchte ich, um das Wohnzimmer zu bezahlen!
»Ihr ha'n doch g'wusst, dass der Alois das Motorrad in Reparatur g'ha'n hat! Er hat doch auch gut verdient und im Dezember das Christkindle vom Zementwerk bekommen. Warum hat er sein Schulden nit bezahlt?«
Der Schwiegervater schimpfte mich aus. Ich hätte kein Recht, so mit ihm zu reden!
Mir platzte der Kragen.
»Meiner Lebtag, solang ich daheim war bei meinem Vater und bei ihm g'arbeitet hab, ist nie ein G'richtsvollzieher ins Haus kommen«, schrie ich ihn an. »Was man kauft oder reparieren lasst, muss man auf kurz oder lang zahlen. So. Die Lederjack', 's Motorrad, alles Schulden! Wenn man nit sparen kann, dann muss man eben 's Einkaufen sein lassen. Ich halt das nit aus. Ich bin das nit gewohnt, so zu leben...«
Mir liefen die Tränen übers Gesicht.
»Wär g'scheiter, der Alois würd irgendwo hingehen zum Arbeiten, wo er Geld kriegt, als seinem Vetter helfen, das Haus abbrechen«, schluchzte ich. »Und alles umsonst. Wenn man kein Mark hat!«

Ich war außer mir. Und nirgends im Dorf gab es eine Möglichkeit, Geld zu verdienen. Im Stall standen zwei Kühe, eine Kalbin und zwei Rindle. Wenn ich die Kühe gemolken hatte, waren es nicht viel mehr als zehn Liter Milch!
Kein Wunder! Immer nur Heu – kein Öhmd, kein Schrot, keine Rüben – da konnten die Kühe keine Milch

geben. Aber man hatte ja ein Pferd von zwanzig Zentner! Der Schwiegervater leerte dem Fuchs über den Mittag ein ganzes Viertel Hafer in die Krippe. Da brauchte der Gaul kein Heu mehr! Und für die Kühe und Schweine blieb weder Getreide noch Schrot übrig.

Ich tat von den zehn Litern Milch etwas für den Haushalt beiseite und brachte den Rest in die Molkerei. Ich hatte das schon vorher ein paar Mal gesagt, dass ich die Milch wegbringen wollte, denn ich war stets der Meinung, dass man diese Einnahmequelle nutzen müsse. Jetzt schimpfte die Schwiegermutter im ganzen Dorf herum über mich. Sie habe es nie nötig gehabt, um die paar Pfennige die Milch wegbringen zu müssen, sie wär um den schlechten Preis ja sowieso verschenkt!

Bei der ganzen Verwandtschaft schimpfte sie mich aus. Ich sei eine »Oberländer Drecksau«. Aber immer nur hintenherum. Mir ins Gesicht sagte sie nie etwas direkt. Das ging so bis zur Heuernte.

Ich schickte meinen Alois nach Balingen zu einem Maurermeister auf den Bau. Die beiden Kühe kalbten. Das weibliche Kalb band ich für die Nachzucht an die Krippe; das männliche verkaufte ich nach acht Wochen an den Metzger. Es brachte grade 500 Mark. Davon konnte ich die Schulden beim Amtsgericht begleichen.

Die Schwiegereltern waren darüber zornig. Sie wollten das Geld für das Kalb selber haben, sie sagten, es gehöre ihnen. Sie erzählten im Dorf, sie bekämen nicht mehr genug zu essen, weil »die Junge« alles verkaufen tät.

Die Kalbin bekam auch ihr Junges. Ich sprach mich mit Alois ab, dass wir auch dieses Kalb nach acht Wochen verkaufen würden, weil wir das Geld notwendig brauchten. Dann brachte ich die zwei Rinder zum Farrenstall, um sie decken zu lassen. Es klappte gleich beim ersten Mal. Im nächsten Frühjahr hatte ich bereits fünf Kühe. Ich besprach mich mit Alois. Wenn ich die Kühe anständig fütterte, dann könnte ich am Tag doch fünfzig oder gar sechzig Liter Milch in die Molkerei bringen, und wir könnten unsere Schulden bezahlen. Jeden Monat, am Zehnten, kam das Milchgeld auf die Raiffeisenbank. Ich wusste, wo man als Landwirt das Geld holen konnte.

Morgens musste ich darauf aufpassen, dass Alois nicht verschlief. Ein Gipser aus dem Dorf arbeitete bei der gleichen Firma, und er nahm meinen Mann jeden Morgen mit zur Arbeit. Eines Morgens, als mein Mann seine neue Stelle noch nicht lang hatte, hatte ich schon Feuer im Herd gemacht und wollte Alois grade den Kaffee und den Rucksack herrichten, da kam die Schwiegermutter zur Tür herein und schrie mich an: »Mach, dass in den Stall kommst! Ich hab immer dem Bub den Rucksack g'richtet und das Morgenessen gemacht!«

Dafür erzählte sie später im Dorf und in der Verwandtschaft herum, dass die Junge im Haushalt nix tauge und sich um nix kümmere – außer dem Stall! Sie selber müsse ihrem Bub das Frühstück richten und den Rucksack packen, damit er nicht hungrig und ohne Vesper zur Arbeit müsse!

So nach und nach lernte ich meine Schwiegerleute kennen. So mit das Erste nach meiner Hochzeit war, dass mir mein Schiegervater zeigte, wohin ich mit dem Gaul und dem Gummiwagen den Mist führen musste. Es waren viele steile Hänge und Buckel. Als wir zum ersten Acker unterwegs waren, befahl er mir, den Feldweg zu verlassen und über eine fremde Wiese zu fahren, um zu unserem Feldstück zu kommen. Ich wunderte mich, dass er das so selbstverständlich von mir verlangte und fragte nochmals nach, ob er wirklich meine, dass das in Ordnung sei, wenn ich so einfach mir nichts, dir nichts über die Wiese vom Nachbarn fahre. Aber er antwortete in seinem üblichen Kommandoton: »Du fahrst, wie ich sag!« Wenn man ihm nicht parierte oder wenn er seinen Kopf nicht bekam, wurde er gleich teufelswild. Also fuhr ich über die Wiese.

Zwei Tage später war ich wieder auf diesem Acker, um den Mist zu breiten. Da kam der Nachbar herüber und beschwerte sich bei mir und schimpfte. Die Furchen vom Mistwagen waren zwar nicht schlimm, weil wir einen Wagen mit Gummirädern hatten, aber der Nachbar war so wütend, weil ich, ohne ihn zu fragen, über seine Wiese gefahren war, dass er von mir verlangte, dass ich die Furchen wieder eben machte. Ich ging also hin und machte mit Pickel und Schaufel alles wieder schön eben. Der Schwiegervater grinste sich heimlich eins.

Im März war ich mit dem Schwiegervater auf dem Acker zum Hafersäen. Er wollte säen, ich sollte ihm mit der Frucht entgegenkommen. Ich füllte einen Sack mit Hafer, nahm ihn auf den Rücken und wollte dem Schwiegervater entgegengehen. Ein Mann, der am Feld vorbeikam, schrie mir von weitem entgegen: »Das eine will ich dir sagen: Deine Schwägerin, die konnt arbeiten! Ob du das kannst, weiß ich nit.«

Mir blieb die Spucke weg. Der Mann hatte vor der Hochzeit das Gastzimmer gegipst. Er hatte gesehen, wie ich mit einem Eimer Gips in jeder Hand vom Hof aus die zwei Treppen hoch gelaufen war. Er hatte doch gesehen, dass ich arbeiten konnte wie ein Pferd! Alois' Schwester, die jetzt auf der Alb verheiratet war. Was das Arbeiten anging, konnte sie mir nicht das Wasser reichen. Warum sagte er so etwas zu mir? Seine Frau kam aus Alois' großer Verwandtschaft. Also war es purer Neid, was er empfand, und deshalb musste er mich vor dem Schwiegervater herunterwürdigen. Und dem hatte das auch noch gefallen!

Der Schwiegervater hatte also die Furchen mit Hafer übersät, und ich nahm den Gaul, schweifte ihm mit dem Leitseil über den Rücken und eggte den Hafer hinein. So eine Säerei hatte ich noch nie gesehen. Ich dachte immerzu: Wenn's da Frucht gibt, dann gibt's überall eine!

Weiter gings zum nächsten Äckerle! Sie waren immer nur 14 bis höchstens 17 Ar groß. Der Schwiegervater öffnete den Sack. Ich brachte ihm wieder die Frucht entgegen, und solange ich dann eggte, ging er zum Schwätzen zu einem Bauern auf einem anderen Acker.

Dann wurde es Zeit, Feierabend zu machen, aber der Schwiegervater wusste noch was: »Wir könnten den Kartoffelacker noch herrichten!« Ich bugsierte die schwere Egge wieder vom Wagen. Ich schwang das Leitseil immer wieder auf den Rücken vom Fuchs, damit er schneller lief, denn ausgerechnet dieser Acker hatte vierzig Ar. Es wurde halb sieben, bis ich heimkam. Der Schwiegervater war schon vorgegangen, das Eggen machte ja die ganze Zeit ich!

Tags darauf war der Schwiegervater nicht da. Ich überlegte mir, dass es nötig wäre, die Fenster zu putzen, als die Schwiegermutter anordnete: »Heut wird die Abortgrube geleert! Hol den Zuber im Schopf und ein Schapf!«
    Sie befahl mir, die Gülle in den Zuber zu schöpfen. Dann trugen wir gemeinsam den vollen Zuber vors Haus und leerten ihn in die Grube für die Viehstallgülle. Dazu mussten wir mit dem vollen Zuber um das ganze Haus herumlaufen. Ich hielt es für idiotisch, so zu arbeiten.
    Ich schlug ihr vor, dass sie mir helfen sollte, den Güllewagen aus dem Schopf zu schieben. Das ist ein Wagen mit einem Fass drauf zum Gülleführen. Ich würde das Güllenfass mit dem Schapf füllen und die Gülle dann auf den Acker bringen.
    »So siehst aus!«, schrie sie da. »Mir ha'n es vierzig Jahr so g'macht, und so wird's auch weiter gehn!«
    Immer wenn Leute vorbeikamen und sahen, wie die Alte und ich mit dem Zuber die Gülle vor das Haus brachten, schüttelten sie den Kopf. Wenn die Alte nicht mitgeschleppt hätte, hätte ich geschworen, dass man mich mit der schweren Arbeit einfach nur hatte schinden wollen. Andererseits erzählten mir manche vom Dorf, dass die Schwiegermutter vorher, als ich noch nicht da war, nie so schwer gearbeitet hätte. Sie hätte auch nie Mist laden oder

Kühe melken brauchen, weil sie Felder mit in die Ehe gebracht hat. Und ich hatte keine Felder mit in die Ehe gebracht! Nur eine Aussteuer und die Möbel und fünfhundert Mark! Ich schwieg und heulte.

Im Sommer, an einem Montagmorgen, bekam die Schwiegermutter Besuch von einer jungen Frau. Alois war auf der Arbeit. »So«, sagte die Schwiegermutter plötzlich, »mach, dass die Johannisbeeren runterbringst. Mir wollen einmachen. Ich hab im Tag immer ein Zentner Beeren heruntergebracht, dann wirst du als großes, stark's Tier auch so viel runterbringen.«

Ich wollte keinen Streit und machte mich daran. Bis zum Mittag hatte ich zwei große Eimer voll abgezupft. Ich brachte sie in die Küche.

»Geh in den Laden und hol Zucker! Die Melitta und ich machen die Beeren ein!«, wurde ich jetzt kommandiert.

Ich ging zur Rosa in den Laden und kaufte zehn Kilo Zucker. Ich stand kaum wieder in der Küchentür, da ging es weiter: »Mach, dass aufs Feld kommst zum Kartoffelnhäufeln. 's ist höchste Zeit!«

Ich entgegnete, dass man das die nächsten Abende mit dem Fuchs machen sollte. »Ich schau irgendwo, dass ich einen Häufelpflug bekomm zum Entlehnen.«

»So, meinst du?«, schrie mich die Schwiegermutter an. »Das Pferd hat ein Haufen Geld kostet. Das muss man schonen. Mach, dass naus kommst!«

Ich ging mit der Harke auf den Kartoffelacker und häufelte am Nachmittag bei einer Sauhitze von dreißig Grad

Kartoffeln. Das Ungeziefer schwirrte um mich herum, und ich heulte die ganze Zeit.

Ich fand es eine Unverschämtheit, mich so abschinden zu lassen. Dabei hatte der Fuchs den ganzen Tag im Stall Langeweile.

Es war wirklich schlimmer als auf dem schlechtesten Bauernhof! Nirgendwo war ich so wüst herumschikaniert worden. Ich ging der Schwiegermutter aus dem Weg, wo ich nur konnte, aber es half ja alles nichts, man musste miteinander arbeiten.

Am Abend sprach ich mit Alois. »Man sollt bei Verwandten schauen und nach einem Häufelpflug fragen. Zweimal am Abend kann man die Kartoffeln häufeln und nicht das Pferd schonen, wie dein Mutter sagt.«

Alois besorgte den Häufelpflug, und es wurde doch mit dem Fuchs gehäufelt.

Das mit dem Entlehnenmüssen war vom ersten Tag an so gewesen.

Ich wollte im Frühjahr die Äcker herrichten und fragte die Schwiegermutter nach der Egge. Im Schopf hatte ich den einen Teil der Egge gesehen, aber ohne das zweite Stück konnte ich nichts damit anfangen.

»Geh in den Schopf naus. Da wird's sein«, gab sie mir zur Antwort.

»Da ist nur ein Stück. Es müssen zwei Stücker sein!«, sagte ich.

»Dann gehst zum Reiner Josef!«, brummte sie mürrisch.

Der Reiner Josef, ein alter Bauer, war ihr Bruder. Also ging ich hin und fragte, ob ich mir seine Egge entlehnen dürfe, ich wolle das Feld richten zum Säen.

Er schrie mich an, er brauche sie selber.

Ich ging wieder heim.

»Er braucht sie selber«, erklärte ich der Schwiegermutter.

»Dann gehst eben in den Winkel und fragst!«

Also ging ich in den Winkel zu einem von Alois' Vettern und fragte.

»Ich brauch sie selber!«, war auch hier die Antwort. Dazu war der Bauer ganz schnippisch.

Auf dem Heimweg sah ich bei einem Hof an einer Mistgrube eine zweiteilige Egge liegen. Ich sah mich um. Auf dem Hof war niemand. Ich ging ins Haus und rief.

»Was willst?«, bekam ich Antwort. Der Bauer war auf dem Heuboden. Ich kannte ihn, er hatte auch manchmal auf dem Hof von der Hauserin ihrem Schwiegersohn geholfen.

»Wärst so gut und würdst mir dein Egge geben? Ich sollt aufs Feld und hab kein Egge!«

»Kannst sie han«, rief er in barschem Ton. »Heut mittag steht sie wieder da, wo sie wegg'nommen hast. Ich brauch sie auch noch.«

Der barsche Ton verletzte mich. Trotzdem, ich war froh, endlich eine Egge zu haben. Ich bedankte mich mit einem Vergeltsgott.

Im Oberschwäbischen war das überall so, dass man »Vergeltsgott« und »Segensgott« sagte, aber hier lachten die Leute immer, wenn ich mich auf diese Weise bedankte. Das ärgerte mich sehr, und ich fühlte mich durch das Lachen gedemütigt. Andere entlehnten sich auch bei Alois und mir etwas, den Wagen mit den Gummireifen zum Beispiel zum Heuholen oder zum Mistfahren, und ich lachte nicht.

Manche, wenn sie ihn zurückbrachten, sagten: »Da hast den Karren wieder. Dank schön!« Aber es gab welche, die stellten das entlehnte Stück einfach vor das Haus und gingen ohne ein Wort, sogar wenn ich im Stall arbeitete und man also gut sehen konnte, dass jemand daheim war!

Im Herbst war es genau das Gleiche. Ich brauchte wieder eine Egge, um die Äcker zum Säen herzurichten. Aber jeder brauchte seine selber. Es war halt auch die Zeit, wo jeder eine Egge brauchte. Es waren ja alles Bauern!

Einer aus der großen Vetternschaft von Alois lieh mir schließlich eine. Ich fuhr mit dem Fuchs und dem Gummiwagen vor, um sie zu holen. Der Mann wohnte in der Hauptstraße.

Die Egge lag im Schopf. Es war ein altes, schweres Ding an einem Stück und wog mindestens zwei Zentner. Ich stellte sie zuerst hoch, dann musste ich sie immer von der einen Seite nach der anderen schinden, bis ich sie endlich vor dem Wagen hatte. Ein Mann, der gerade von der Fabrik in Rottweil heimkam, hatte gesehen, was ich da trieb. Er kam mit großen Schritten zu mir her und half mir, das Ungetüm auf den Wagen zu schmeißen.

Dann sagte er zu mir: »Der Alois kniet dir z'viel aufs Hemd!«

»Vergelt's Gott fürs Helfen«, antwortete ich.

Am liebsten hätte ich zu ihm gesagt: »Du bist ein Sauhund!« Aber ich war fremd im Dorf. Da darf man nichts sagen. Und schließlich hatte er mir doch geholfen!

Diese Entlehnerei und die Unverschämtheiten, die man sich dabei gefallen lassen musste, das passte mir alles schlecht. Was hatte Mutter gesagt vor der Hochzeit: »Dass so weit fortgehst! Man kann dir nie helfen, wenn in Not kommst.« Und ich hatte geantwortet: »Um mich brauchst dir kein Sorgen machen!«

Warum war alles so gekommen? Ich würde jetzt wirklich jemanden brauchen.

Eines Tages kam ich vom Hacken vom Feld. Der Fuchs war schon die ganze Woche über im Stall. Weil wir keine Geräte hatte, konnte man nichts mit ihm arbeiten! Wie ich zum Haus kam, bemerkte ich aus dem Stall einen ziemlich heftigen Geruch. »Was stinkt denn da so furchtbar?«, fragte ich mich. Ich warf einen Blick hinein – und sah das Pferd einen Meter tief drunten im Güllebach stehen! Das hatte mir noch gefehlt. Der Güllebach im Stall war mit dicken Dielen zugedeckt, und auf den Dielen standen der Gaul und die Kühe. Der Gaul hatte vor Langeweile mit den Hufen auf den Dielen herumgestampft, bis alles hinuntergebrochen war. Heulend lief ich zu einem Nachbarn und hinunter ins Dorf, um zu sehen, ob der eine oder andere der Männer, die ich gut kannte, da wäre und ob sie so gut wären, mir zu helfen, den Gaul aus der Gülle herauszuheben. Ich besorgte Hausseile, und drei Männer halfen mit, so brachten wir das Pferd mit Müh und Not heraus.

In meinem ganzen Leben hatte ich noch keine solche Strapaze durchgestanden, selbst auf den größten Höfen nicht. Dort hatten die Bauern vier, manchmal sogar fünf Pferde, aber ich hatte noch nie gehört, dass so etwas je vorgekommen wäre.

Den letzten Wurf Schweine hatte ich für die Mast den Sommer über behalten, damit man auf Weihnachten wieder Einnahmen hatte. Die Schwiegerleute hetzten immerzu beim Alois, denn sie wollten nicht mithelfen. Die Arbeit sei zu viel. Aber das Geld wollten sie!

»Die Jung' will reich werden!«, schrien sie im Dorf herum. »Sie hat ein Wurf Säu zur Mast im Saustall. Das ha'n mir noch nie braucht!«

Nun, ich wusste, wozu ich es brauchen würde: damit ich eine eigene Egge kaufen konnte, sodass man nicht mehr im ganzen Dorf immer alles entlehnen musste!

Ein Vetter von Alois aus dem Nachbardorf holte die Schwiegermutter, weil er Hilfe im Haushalt brauchte. Seine Frau war verunglückt. Ich war froh darum. So war hier einer weniger, der kommandierte.

Dafür fing der Alte während der Abwesenheit seiner Frau an, mir am Hintern herumzugreifen, wenn er mich nur irgendwo allein erwischen konnte, bei der Arbeit auf dem Feld zum Beispiel.

»Schwiegervater«, sagte ich zu ihm, »ich kann das nit brauchen. Greift Eurem Weib am Hintern herum. Ich bin mit Eurem Sohn verheirat'!«
Von der Stunde an hatte ich es bei ihm noch ärger verschissen.
Er wusste kaum, was er noch alles zusammenlügen sollte. Mir standen die Haare zu Berge bei dem, was mir alles zugetragen wurde, was er über mich erzählte. Sie hätten die Lied'rigste ins Haus bekommen! Ich könne keine Suppe kochen! Ich könne ihm gestohlen bleiben! Nichts würde ich taugen, überhaupt nichts!

13

Im Herbst, bei schönem Wetter, musste Holz und Reisig im Wald geholt werden. Der Schwiegervater meinte, man sollte das Reisig klein hacken, dann bräuchte es weniger Platz auf der Bühne. Also hackte ich das Reisholz klein. In größeren Gemeinden gab es bereits Maschinen, die das Reisholz zerhackten, aber hier noch nicht.

Die Schwiegermutter kam auch auf den Hof zum Helfen. »So ein Arbeit hab ich meiner Lebtag noch nirgends g'sehn«, schimpfte sie immerzu vor sich hin, »aber jetzt ist die Jung' da, jetzt muss man alles anders ha'n.«

Dabei war es der Vorschlag von ihrem Mann gewesen! Ein Bauer kam mit dem leeren Mistwagen den Berg herabgefahren, er war ein Vetter der Schwiegermutter.

»So, Theres«, fing er an, »jetzt musst schon schaffen, wie die Jung' es dir angibt?«

Da schrie sie zurück: »Ja, du hast Recht! So ist es!«

Schau her, ist die Alte eine Schindmähre, dachte ich bloß. Um fünf ging sie ins Haus. Ich hackte fleißig weiter bis um sechs, dann ging ich in die Scheune und gab den Kühen Heu in die Krippe und zog den Mist herunter. Dann wollte ich in die Küche, denn der Magen knurrte. Um sechs war Vesperzeit. Ich trat zur Haustür herein und wollte die Treppe hoch, da schrie sie mir von oben entgegen: »Mach, dass den Stall fertig machst! Ich hab's immer so g'macht! Das Vesper ist noch nit fertig.«

Also ging ich in den Stall, schob den Mist auf die Grube, versorgte die Schweine, fütterte die Kühe recht und molk und brachte die Milch weg. So langsam war es schon bald acht Uhr abends. Nun ging ich hinauf in die Küche. Auf dem Tisch stand eine große Suppenschüssel und ein Drahtkorb mit Pellkartoffeln. Ich schöpfte mir aus der Schüssel zweimal heraus und nahm zwei Kartoffeln. Das war das ganze Vesper.

So geht das nicht weiter!, dachte ich. Man sollte doch wenigstens ein Stückchen Leberwurst oder Schwarzwurst oder ein Stückle Rauchfleisch haben. Am andern Abend gab es Rahmsuppe mit Kartoffeln. So ging es eine ganze Weile, nur die Suppe war immer eine andere, mal Brennsuppe, mal Kartoffelsuppe. Die Rahmsuppe war aus großen, schwarz gebrannten Brotschnitten, mit heißem Wasser übergossen und einer Prise Salz und einem Löffel saurem Rahm. Alois und sein Vater holten sich dazu jeder zwei rohe Eier aus dem Schrank und schlürften sie aus. Ich sagte nichts dazu.

Ein Bauer aus der Nähe von Rottweil wollte einen Acker in Zimmern unter der Burg verpachten und verhandelte darüber mit meinem Schwiegervater. Der Schwiegervater schlug vor, Alois und ich sollten ihn nehmen. Ich sah ihn mir an und hatte nichts dagegen, es war ein rechter Acker, eben, mit vierzig Ar und auch schön gelegen im Mittleren Gewann.

Der Schwiegervater bestimmte, dass man Erdäpfel hierhin tun sollte. »Du willst doch so viel Säu füttern!«

Also pflanzten wir halt Kartoffeln an. Auf dem Vaihinger Berg hatten wir auch noch neun Ar Erdäpfel und auf dem Riedenberg Rüben.

Wie es nun darum ging, den Acker zum Pflanzen zu richten, ging die Schwiegermutter zum Forstwart von Zimmern und fragte nach Arbeit. Der Forstwart stellte sie ein. Es galt, Pflanzen zu setzen, also in der Baumschule zu arbeiten. Sie arbeitete mit anderen Frauen und Männern zusammen, die alle so zwischen vierzig und fünfzig waren, sie war bei weitem die älteste unter den Arbeitern. Natürlich waren die Leute neugierig und wollten wissen, weshalb sie in ihrem Alter beim Forstamt schaffe, da man daheim doch bestimmt auch Arbeit hätte. Sie erzählte, dass ich unbedingt den Pachtacker hätte haben wollen, also solle ich ihn auch selber anpflanzen. Dabei war auch das die Idee ihres Mannes gewesen!

Dort, bei den Forstleuten, erzählte sie auch, dass sie dem Alois das Frühstück richten müsse und dass ich im Haushalt nichts tauge. Wenn ich die Periode hätte, würde ich meine blutigen Unterhosen in einem Eimer unter dem Spültisch einweichen, so eine Drecksau sei ich!

Wie der Schwiegervater und ich beim Kunstdüngerstreuen auf der Wiese die Pflanzensetzer vom Forstamt trafen, schrie sie herum: »Sonst weiß sie nix besser's! Wer zahlt den Kunstdünger? Soll sie doch ins Oberland und das Geld holen! Hätt sie besser Geld 'bracht als das Lumpenzeugs von Aussteuer.«

Es war klar, dass es ihr immer ums Geld ging. Sie trank gerne Wein und musste immer welchen im Haus haben, tun wie die wohlhabenden Leute, und Speck und Wurst verschenken, die wir selber notwendig gebraucht hätten, bloß um groß zu tun. Die meisten Leute kannten die Theres und wussten, was sie für ein großes Mundwerk hatte. Aber die Leute gaben ihr doch recht! Sie erzählte so viel über mich herum und immer wieder, sodass es im Lauf der Jahre eben doch geglaubt wurde, und besonders gern von ihrer Verwandtschaft.

Im März 1958 kam mein erstes Kind auf die Welt. Es war ein Mädchen und sieben Pfund schwer. Überhaupt bekam ich immer Mädchen. Es war eine schwere Geburt. Ich lag auf dem Wohnzimmertisch und der Arzt holte das Kind mit der Zange. Ich machte die Geburt daheim, weil wir kein Geld hatten für's Krankenhaus. Ich war nicht versichert, weil Alois zu der Zeit keine Arbeit hatte. Es war wieder einmal so gewesen, dass seine Eltern von ihm verlangt hatten, dass er daheim schaffen sollte, statt in die Firma zu gehen. Es war wieder herausgekommen.

Ich erholte mich erstaunlich schnell und war nach ein paar Tagen bereits wieder im Stall und versorgte die Kühe. Das war auch bei meinen späteren Kindern immer der Grund für Vorwürfe: »Die Jung' liegt im Bett, und mir dürfen ihr d'Küh füttern und melken!«

Keiner im Haus außer mir vertrug den Stallgeruch. Nur wenn der Viehhändler kam, dann machte es ihnen nichts aus!

Ich war keine fünf Tage im Wochenbett gewesen, trotzdem hörte ich schon wieder Geschichten, die meine liebe Schwiegermutter im Dorf ausbreitete. Ich tät die Kinder nur so verschütteln – die Kinder aus mir herausschütteln – grad wie ein Tier. Sie hätte stets vier Wochen gebraucht, bis sie wieder auf dem Damm gewesen wäre. So zumindest hat man es mir ein Vierteljahr später zugetragen.

Zur Heuernte wurde die Schwiegermutter dann krank. Sie bekam Ischias. Sie lag im Bett, ließ sich waschen und kämmen, sich die Kammer sauber blocken und sich das Essen ans Bett bringen. Wenn ich dann draußen auf dem Acker war, stand sie auf und suchte mir das Schlafzimmer und die Betten aus. Wenn ihr etwas gefiel, behielt sie es.

An einem schönen Tag trat dann mein Schwager in die Stube, blieb und ging nicht mehr. »Er ist krank und ist nun da!«, erklärte die Schwiegermutter dazu. Von da an war noch einer mehr im Haus, der in meinen Sachen herumschnüffelte. An einem Nachmittag musste ich nämlich heim und mich umziehen, weil ich so schwere Periodenblutungen hatte. Der Schwager war nicht mit auf dem Feld, dazu war er zu krank. Wie ich die Schlafzimmertür aufmachte, saß mein Schwager an meinem Waschtisch und studierte meine Papiere. Ich war so entsetzt, dass ich keinen Ton herausbrachte. Sonst kam ich immer gegen vier heim, um den Herd anzufeuern und das Essen zu richten. Dann lag der Schwager in seiner Kammer und schrie zu mir herunter, dass ich den Nachthafen von seiner Mutter ausleeren soll. Er konnte offenbar nicht weit genug laufen, um es

Lieselotte, mein erstes Kind, an der Hand meiner Schwägerin. Daneben steht meine Schwiegermutter.

Lieselotte auf dem Arm meines Schwiegervaters.

selber zu machen. Ich durfte immer als Erstes den eben vollgesch... Hafen der Schwiegermutter die Treppe hinuntertragen, den Inhalt in die Güllegrube schütten und den Hafen – aber sauber geputzt bitteschön! – wieder oben vor die Kammertür stellen. Das wäre mir sogar egal gewesen. Wenn jemand krank ist und nicht laufen kann, dann braucht er halt den Nachthafen, und jemand muss ihn leer machen, das mache ich dann gern. Aber es ärgerte mich, dass sie genug laufen konnten, um in meinen Sachen zu schnüffeln, aber nicht genug, um auf den Abort zu gehen.

Als Nächstes wühlten drei alte Weiber aus dem Dorf in meinen Sachen herum. Sie kamen meine kranke Schwiegermutter besuchen und suchten zusammen mit ihr meine Sachen aus. Diese drei Weiber hatten alle auch so »schlimme« Schwiegertöchter. Deshalb verstanden sie sich mit meiner Schwiegermutter auch so gut. Da wurde dann gemeinsam gegen »die Jungen« vom Leder gezogen. Von der üblen Art und Weise, wie jene drei ihre Schwiegertöchter verleumdeten, wird noch heute in Zimmern gesprochen.

Meine Schwiegermutter hatte einen argen Schweiß an sich, und jetzt, wo es Hochsommer war und heiß und sie nicht hinauskam an die Luft, merkte man das schon sehr. Vor allem ihre Haare stanken ganz furchtbar. Aber ich durfte sie ihr nicht waschen, im Gegenteil, sie nahm mein Angebot als Beleidigung. Ich hatte das oft erlebt, auch früher schon, als ich noch auf den Höfen war, dass die Bauern meinten, jemand der sich oft wasche, müsse eine rechte Drecksau sein, sonst hätte er es nicht nötig, sich so oft zu waschen. Sie selber wuschen sich einmal im Monat – und manche bestimmt noch seltener. Mehr brauchte es nicht – schließlich waren sie keine solche Drecksauen wie die, die sich täglich wuschen!

Ich war es von daheim gewöhnt, mich jeden Tag nach der Arbeit zu waschen und auch mindestens einmal in der Woche badete ich mich und wusch mir die Haare, damit ich immer sauber und gut frisiert war.

Wenn die Schwiegermutter ihren Waschtag hatte, dann suchte sie überall herum. Was ihr eben gefiel, das nahm sie mit, und ich bekam es nicht mehr wieder. Ich sah, wie sie meine schönen Spitzentaschentücher und Alois' neue Sonntagssocken zu ihrer Wäsche tat. Ich sagte zu ihr, dass sie mir meine Sachen geben soll, ich würde sie selber waschen. Sie schrie mich an. Die Socken wären die vom Heiner, und die Taschentücher gehörten der Elfriede, was mir eigentlich einfiele. Wenn ich dann Alois bat, dass er unsere Sachen von ihr herausfordern solle, zuckte er nur mit den Schultern. »Das wird ein Wert ha'n! Du hast doch Zeug g'nug!«

Ich gab immer acht auf meine Sachen, weil ich wollte, dass sie lang schön blieben, aber was nützte das, wenn die anderen nicht darauf aufpassten. Manchmal dachte ich, dass die Schwiegerleute vor lauter Neid mit Fleiß versuchten, etwas kaputtzukriegen, oder dass sie sich wenigstens freuten, wenn es kaputtging, vor allem die Schwiegermutter. Was sie sich nehmen konnte, nahm sie, und was sie sich nicht nehmen konnte, musste sie herabwürdigen. Als ich zum Beispiel mit meinem ersten Kind im Wochenbett lag, musste sie mir aus meinem Schlafzimmerschrank den Morgenrock holen. Da drückte sie die Schranktür so weit auf, dass ich meinte, sie würde aus den Angeln springen. Dann riss sie daran herum, schlug sie zu und schimpfte die ganze Zeit: »Scheißg'lump!«

Auch mit der Tilla, ihrem Jagdhund – mein Schwiegervater hatte eine Jagd; er und mein Mann waren jeden Sonntagfrüh auf der Pirsch –, war es so: Wenn die Tilla auf ihren Sachen herumlag, dann schimpften und tobten sie und jagten den Hund vor die Tür; wenn er auf meinen Sachen herumlag, freuten sie sich. Es war an Weihnachten, kurz nach den Feiertagen. Ich war in aller Früh aufgestanden, weil ich in den Stall musste. Ich war in der Küche, als ich meinte, ich hätte in der Wohnstube ein Geräusch gehört. Wie ich nachsah, lagen alle meine Polsterstühle am Boden. Der Schwiegervater und sein Nachbar lagen ebenfalls auf dem Boden und hatten Räusche wie die Brezgenbuben. Der Mostkrug war umgeworfen und der Most über meinen Teppich geschüttet. Das Schlimmste war: Die Tilla hatte vier junge Hunde geworfen, und zwar auf meiner Ausziehcouch! Sie hatte ein großes Loch in das Polster gerissen und ihren Wurf hineingelegt. Ich ging in den Stall und heulte zwei Stunden lang. Da hatte ich geschafft und gespart, um mir etwas Schönes leisten zu können, und dann wurde es mir auf diese Weise kaputtgemacht!

Ein anderes Mal brachte mein Schwager für meinen Mann und meinen Schwiegervater aus Stuttgart einen großen Jagdhund mit. Vor dem war nichts sicher. Er brachte alle Türen auf, wenn man sie nicht abschloss. Ich hatte auf der Bühne zu tun und warf im Vorbeilaufen einen Blick in mein Gastzimmerle. Da lag der Riesenhund auf dem Bett. Wie ich ihn herunterjagte, sah ich, dass er einen Riesenhaufen auf meine schöne Steppdecke gemacht hatte. Ich holte meine Schwiegermutter und zeigte ihr die Sauerei, aber sie zuckte nur mit den Schultern.

Am andern Tag aber hatte sie morgens ihre Federbetten zum Auslüften an den Gartenzaun gehängt, und der Wind hatte sie auf die Erde geworfen. Wie ich vom Feld heimkam – ich kam früher, weil ich das Essen richten sollte –, lag der Hund auf den Federbetten. Ich ließ ihn dort liegen, denn ein bisschen Schadenfreude hatte ich nun auch. Wie dann die Alte kam und es sah, da rannte sie den Berg hinunter und drosch auf den Hund ein, schimpfte und fluchte wie wild!

Als die Heuernte vorbei war, bekam ich Besuch von meinem Vater. Meine Schwester Resl arbeitete inzwischen als Haushälterin bei einem Doktor in Schömberg. Dort war er zuerst zu Besuch gewesen. Die Chefin von der Resl brachte Vater und meine Schwester dann mit dem Auto nach Zimmern. Die Resl fuhr wieder mit zurück, aber der Vater blieb noch. Ich zeigte ihm alles. Das Haus gefiel ihm gut, auch wie ich unsere Wohnung eingerichtet hatte mit meinen schönen Möbeln. Das Schlafzimmer war halt recht eng und klein. Ich erzählte ihm, dass Alois und ich in ein paar Jahren anbauen wollten und dass auch der Schweinestall aus dem Haus herauskäme.

Vater hatte so schwere Arthritis, dass er nur schwer mit Hilfe zweier Stöcke laufen konnte. Er setzte sich in unsere Stube ans Fenster, nachdem ich ihm alles gezeigt hatte. Er sah aus dem Fenster und wunderte sich, dass nicht einer der Heuwagen, die man draußen noch überall sah, den Berg hinabfiel. Ich musste lachen. »Da kippt keiner um«, beruhigte ich ihn. »Die Bauern hier wissen, wie sie am Berg fahren müss'n.«

Später, am Abend, als wir allein waren, unterhielten wir uns noch.

»Oh Mädle«, fing er an, »dass hierher gangen bist!«

Er erzählte mir, dass die Schwiegerleute in der kurzen Zeit, in der sie bei ihm gewesen waren, schon über mich geschimpft hätten, weil ich einen Wurf Schweine mästete. Wenn er in jener Zeit nicht gerade die Operation gehabt hätte und im Krankenhaus hätte sein müssen, sagte er, er hätte mich so weit gebracht, dass ich nicht hierher geheiratet hätte.

»Lass doch die Schweinemast!«, riet er mir dann. »Erstens sehn die nit ein, was du tust. Und zweitens musst dich so abschinden damit!«

Die Tatsache, dass mein Vater zu Besuch war, änderte nichts an der Schikaniererei und dem Geschimpfe. Schon am ersten Abend hatte er zu mir gesagt: »Das sind wüste Leut', die Alte ist ein Schindmähre, die ist noch schlimmer als er.« Nachdem er jetzt ein paar Tage erlebt hatte, wie es mir ging, auch wie wenig Alois sich hinter mich stellte, drängte er mich, mit ihm heimzufahren. »Du bekommst die Schwindsucht! Mit 40 Jahren lebst nit mehr!«, fing er an.

» Wenn dein Mann kommt, dich holen, was ich ja rechne, dann bin ich in meinem eigenen Haus und kann ihn herrichten. Hier kann ich das nit. Wenn er zu dir will, kann er auch bei uns in der Gegend irgendwo arbeiten. Und die Alten sollen ihr Sach meinetwegen deinem Schwager geben!«

Am Nachmittag kamen die Resl und die Frau Doktor und wollten den Vater zum Bahnhof abholen. Schnell wurde ausgemacht, dass sie einen Koffer von mir mitnehmen würden und dass ich mit meinem Kind zu Fuß nach Schömberg zum Bahnhof sollte. Also packte ich einen Koffer mit dem Nötigsten und schob dann die Lieselotte, mein Mädchen, im Kinderwagen nach Schömberg.

In Biberach wartete schon der Hugo mit dem Motorrad. Er brachte Vater heim. Ich ging mit Kind und Kinderwagen zu Fuß. Natürlich begegneten mir alle möglichen Bekannten.

»Bist z' B'such?«, hieß die Frage immer, und: »Habt ihr d'Ernt schon daheim?«

»Mir sind vierzehn Tag später dran als hier«, erklärte ich. Insgeheim machte ich bereits wieder Pläne. Dones Kinderlähmung hatte sich im Lauf der Zeit doch wieder verschlechtert. Er war sehr krank, bekam keine Arbeit und auch keine Rente und war bettelarm. Ich fragte ihn, ob er bei der Lieselotte Kindsmagd machen würde, ich würde ihn dafür bezahlen. Dann könnte ich in der Fabrik nach Arbeit schauen.

Zunächst ging ich alle Tage mit der Mutter aufs Feld und half bei der Weizenernte. Dauernd trafen wir Leute, die fragten, wie es mir ginge. »Scheinbar nit gut! Bist so schmal! Bist ja nur noch Haut und Knochen!«

Ich wusste, dass ich sehr dünn war. Geld hatte ich auch keins, um zum Beispiel zum Friseur zu gehen. Deshalb machte ich mir im Nacken einen Knoten. Mein Gesicht sah dadurch noch schmaler aus.

»Ich muss halt viel arbeiten«, sagte ich stets. »Ich muss den Hof machen. Mein Mann schafft auf dem Bau!«

So ging es vierzehn Tage. Dann kam an einem Morgen die Posthalterin gelaufen, mein Mann sei am Telefon. Mit einem mulmigen Gefühl im Bauch ging ich mit. Tatsächlich, Alois war am anderen Ende der Leitung. »Kommst oder kommst nit?«, schrie er ins Telefon.

»So nit! Ich lass mich nit wie ein Aschenputtel behandeln«, gab ich zurück.

Schweigen.

»Nun, was sagst?«

Alois sagte nichts mehr. Ich zitterte am ganzen Leib.

Daheim wollte der Vater wissen, was gewesen war. Ich erzählte es ihm.

»Ich hab g'hofft, er käm! Dann hätt ich ihn hergerichtet!«, schimpfte er.

Da sagte Mutter: »Du gehst wieder in den Schwarzwald 'nein! Die Leut fragen überall schon, ob's bei dir nit tut, weil schon so lang da bist!«

Ich wusste kein Wort zu sagen.

»Es wird sich schon alles wieder geben«, meinte sie weiter. »Sonst müssten mir uns hier ja schämen. Musst eben tun, wie die Alten es ha'n wollen.«

Ich packte meinen Koffer.

»Ich geh mit dir mit und will sehn, was sie machen«, sagte Vater. Warum sagte er nicht zur Mutter: »Die Anne bleibt da«?

Am nächsten Morgen schob ich den Kinderwagen Richtung Biberach zum Bahnhof. Der Hugo brachte Vater per Motorrad zum Bahnhof. Vater fuhr tatsächlich mit, und die Frau Doktor brachte ihn von Schömberg aus mit dem Auto nach Zimmern, während ich mit dem Kinderwagen wieder hintendrein stapfte.

Ich konnte meiner Mutter diese Härte nie vergessen. Diesen falschen Stolz, sich vor den Leuten schämen zu müssen, habe ich selber nicht.

Meinen Schwiegerleuten war die Wut gut anzumerken. Sie stand ihnen im Gesicht. Alois sagte nichts zu der ganzen Angelegenheit. Vierzehn Tage blieb der Vater noch, dann wollte er doch wieder zurück zu seinem eigenen Hauswesen.

»Ich bin krank«, sagte er zum Abschied zu mir, »aber solange ich noch leb, werd ich für dich beten, das versprech ich dir. Sonst kann ich nix für dich tun.«

Hier hatte mittlerweile die Ernte begonnen. Ich arbeitete wie immer. An einem Nachmittag waren Alois und ich dabei, den Garbenwagen abzuladen. Er stach mir die Garben hinauf, ich nahm sie ab und sah zu, dass der Barn eben gesetzt war und dass so viel wie möglich unters Dach ging. Unser Barn war einfach zu klein. Überall fehlte der Platz.

Vom Barn aus sah ich ein Auto unten im Hof stehen und der Schwiegervater stieg gerade ein. Ich kannte den Wagen. Er gehörte dem Lehmann aus Oberndorf. Nach einer Stunde waren wir mit dem Abladen fertig, als die beiden zurückkamen und gleich nach oben gingen. Das wunderte mich, denn normalerweise brachten sie Besuch immer in die untere Stube, wo man dann auf den Polsterstühlen saß und auf der Couch lag.

Es wird etwas sein, was man nicht wissen darf, dachte ich nur. Es war nach der Ernte, und das Öhmd war auch schon daheim. Alois und ich gingen ins Gras. Da kam ein Nachbarsbub gelaufen. »Ich geh mit euch«, schrie er, »ich muss dem Alois ebbes verzählen.«

Es wurde bald Nacht. Alois mähte, so schnell es ging, und ich warf eilig das Gras auf den Wagen. Der Junge erzählte, wie meine Schwiegermutter bei uns auf dem Hof gestanden und bei ihrer Nichte über meinen Vater hergezogen hätte. Wie ich dann daheim im Stall war und das Vieh versorgte, hörte ich schon, wie Alois oben bei seiner Mutter Krach machte. Ich mischte mich nicht ein. Meinetwegen hätte es das auch nicht gebraucht, wusste ich doch, wie meine Schwiegermutter samt ihrer Nichte und einem großen Teil der übrigen Verwandtschaft lügen konnte.

Ein paar Abende darauf, als ich schon fast mit dem Melken fertig war, preschte der Alois mit seinem Motorrad in den Hof herein und kam schneidig in den Stall. »Du kommst mit mir aufs Rathaus!«

Ich warf schnell mein Kopftuch herunter, wusch mich, zog mich um und schlüpfte noch schnell in die Halbschuhe. Ich war gespannt, was sein würde. Die Schwiegerleute sollten uns ja irgendwann einmal das Haus überschreiben. Aber ich konnte fast nicht glauben, dass das der Anlass für den überraschenden Besuch auf dem Rathaus wäre.

Im Amtszimmer des Schultes wartete meine Schwiegermutter, auch der Nachbarsbub und sein Vater saßen dabei. Wie ich zur Tür hereinkam, lief die Schwiegermutter gleich auf mich zu und wollte mich verohrfeigen. Der Schultes erhob sich von seinem Stuhl und stellte sich dazwischen. »Theres«, schrie er, »hier wird nit g'schlagen!«

Der Nachbarsbub musste von seinem Vater aus alles ableugnen, dass er etwas erzählt habe, und ich musste mich der Lüge bezichtigen lassen. Alois hielt wohl zu mir, aber er wurde von seinen Eltern und seinen Geschwistern nie ernst genommen.

Kurz danach erwischte ich in der Früh den »Schwarzwälder Boten« und blätterte ihn geschwind durch. Dabei entdeckte ich die Ankündigung einer Zwangsversteigerung beim Lehmann in Oberndorf, dem Bekannten von meinem Schwiegervater. Da holte ich den Alois und hielt ihm die Anzeige vor die Nase. Er nahm die Zeitung und ging damit zu seinen Eltern hinauf. Es gab einen Riesenkrach, was meine Vermutungen nur noch bestätigte – es musste sich um eine Bürgschaft handeln.

Da kam auch schon, in aller Herrgottsfrühe, ein Auto auf den Hof. Es war der Lehmann aus Oberndorf! Er ging gleich in die obere Stube. Niemals würde er im Konkurs stehen. Man kenne ihn doch nun schon seit Jahren. Bei der Versteigerung handele es sich um etwas ganz anderes. Aber er müsse von der Theres noch die Unterschrift haben beim Notar, dann sei alles geregelt.

Der Alois erzählte mir, wie es oben zugegangen war und dass seine Mutter gleich losgelaufen wär nach Schömberg zum Notar. Mein Mann war ihr dann noch ein Stück hinterhergelaufen und hatte versuchte, sie abwendig zu machen, aber es half nichts. Sie gab die Unterschrift.

Wenige Tage später musste Alois nach Oberndorf, um eine Besorgung zu machen. Dort erfuhr er, dass der Lehmann nach Kanada ausgereist sei. Seine Frau und seine zwei Kinder würden in den nächsten Tagen nachreisen. Er ging gleich zur Volksbank, erkundigte sich und wollte klären, was los sei. Dort machte man ihm unmissverständlich klar, dass seine Eltern eine Bürgschaft von 6000 Mark für den Lehmann geleistet hätten. Wenn der Lehmann nicht zahle, müssten sie einstehen. Es wären fünfzig Mark, die man monatlich von ihnen fordere, solange bis die Schuld abgegolten sei. Alois erfuhr, dass im Kleidergeschäft vom Lehmann vielleicht noch etwas zu retten sei und fuhr gleich hin. Es waren noch ein paar Pelzjacken und Mäntel da, die er mitnahm. Später wurden sie an Verwandte und Bekannte verkauft. Es schauten wenigstens noch tausend Mark heraus, die man gleich zur Volksbank brachte.

Meinen Schwiegervater traf es hart, jeden Monat von seiner kleinen Rente 50 Mark abgeben zu müssen. Er bekam genau 100 Mark Rente, dazu 30 Mark von der Landwirtschaftlichen Alterskasse, an die wir unsere monatlichen Beiträge entrichteten. Weil es halt gar zu knapp war, verdingte er sich trotz seiner 70 Jahre als Waldarbeiter auf der Alb.

14

Es war nun Zeit zum Mistführen geworden, und ich sah mich nach einem zweiten Pferd zum Entlehnen um. Ich konnte das nicht allein mit unserem Gaul machen, die Arbeit wäre zu schwer für ihn gewesen. Ein voll beladener Mistkarren hat viel Gewicht, und dann immer den Buckel hoch mit vollem Wagen!

Ich fragte einen von Alois' Vettern, den Eugen, nach seinem Pferd. Da brüllte mich der Mann an und machte mir schwerste Vorwürfe. »Eine Schand, wie dein Schwiegervater vertreibst. Dass dich nit schämst, es dem alten Mann so z'machen, dass er lieber als Waldarbeiter schaffen geht, bloß, weil er's bei dir nit aushalt ...«

So stand es also. Und natürlich hatte ihm die Theres diese Geschichten aufgetischt. Aber ich klärte ihn auf, worum es wirklich ging. Er konnte und wollte es nicht glauben.

Am nächsten Morgen passte er den Schultes ab und fragte ihn, ob die Geschichte mit der Bürgschaft stimme. Und wie der Schwiegervater wieder dorthin zu Besuch kam – die Mutter vom Eugen war seine Schwester –, machte der Eugen ihm Vorhaltungen, dass man sich nicht wundern müsse, wenn es bei ihm daheim nicht gut täte und Krach gäbe, wenn er in seinem Alter noch solche Sachen mache und vor allem, wenn man dann auch noch der Wahrheit aus dem Weg ginge und immer auf die Schwiegertochter abladen wolle.

Als mein Schwiegervater wieder heimkam, brüllte er im ganzen Haus herum. Er nahm das Jagdgewehr in der Stube hinter dem Ofen hervor und wollte zu mir in die Küche, aber ich schob schnell den Riegel vor. Da öffnete er das Lädele von der Durchreiche und zielte mit dem Gewehr in die Küche. Ich versteckte mich in der Holzkiste und drückte mich mit dem Rücken ganz gegen die Wand, sodass er mich nicht treffen konnte. Es dauerte eine Stunde, dann ging er nach oben.

Er brüllte dann noch tagelang im Haus herum. »Saumensch! Lumpentier! So verreckt keine auf Gottes Erdboden!« Er brüllte wie ein Löwe, rannte auf und ab dabei und wünschte mir jeden Tag das Verrecken. Es war so furchtbar. Wenn es einen Gott im Himmel gibt, dann muss doch etwas geschehen, dachte ich oft. Aber es geschah nichts. Seit meinem Hochzeitstag hatte mich der Teufel in der Kralle, und ich musste ihm dienen.

Das ganze Dorf hackte auf mir herum, weil die Alte mich ständig verleumdete und man ihr halt doch glaubte. Der Eugen hatte mir ja auch erst geglaubt, nachdem der Schultes mich bestätigt hatte.

An der Fasnacht schrie ein junges Mädle auf dem Dorfplatz: »Ja wenn z'Zimmern ein fremd's Mädle reinkommt, nachher springen die Kerle. Aber es hat sich rausg'stellt, dass die Zimmerer Mädle halt doch besser sind als die, die reinkommen.« Ich wusste, dass ich damit gemeint war. Das ganze Dorf lachte über mich. Noch tage- und wochenlang bekam ich es vorgesetzt: »Hast g'hört, was man auf der Fasnet g'sagt hat?«

Ich besuchte eine Nachbarin, die im Kindbett lag, und brachte ihr für ihr Mädchen eine Strampelhose. Wir unterhielten uns noch ein bisschen. Da sagte sie zu mir: »Ja, du bist ja auch wieder schwanger!«

Das war das Erste, was ich davon hörte! Ich fragte, woher sie das hätte. Ja, die Soundso habe es ihr erzählt und die hätte es von der Theres! Richtig an der Geschichte war lediglich, dass meine letzte Periode ausgeblieben war, und es hätte mich nicht gewundert, wenn meine Schwiegermutter meine Schmutzwäsche durchgewühlt hätte, um festzustellen, ob meine Periode gekommen oder ob sie ausgeblieben war.

Auf der Raiffeisenkasse bekam ich mit einem Angestellten Streit, der ebenfalls mit Alois Eltern verwandt war. Es war am Anfang des Monats, und ich wollte Geld abheben. Er wollte es mir nicht herausgeben, wir hätten noch eine Rechnung für Kunstdünger zu bezahlen! Ich brauchte aber das Geld dringend. Alois brachte seinen Lohn erst am Fünfzehnten heim. Ich sagte zu dem Angestellten, dass er mir das Geld geben soll, die Rechnung würde ich von den 500 Mark Milchgeld bezahlen, die am Zehnten auf das Konto kämen. Ich sagte ihm die Nummer auswendig. Da schrie er mich an: »Was? 500 Mark Milchgeld! So viel hat nit mal dein früherer Bauer. Und wieso weißt du dein Kontonummer auswendig? Das kann doch nit sein!«

Da brüllte ich zurück: »Ich ha'n schon mit acht Jahr für mein Vater auf der Bank Rechnungen überwiesen, da wusst'st du noch nit einmal, dass es so was überhaupt gibt!«

Da lief er ganz rot an und gab mir mein Geld heraus.

So hatte ich andauernd Schwierigkeiten mit irgendwelchen Leuten, die mir übel wollten. Meistens war es Verwandtschaft von den Schwiegerleuten, die sie aufgehetzt hatten. Ich heulte oft deswegen. »Viel Vetter, viel Lumpen! Viel Basen, viel Schindmähren!«, hatte mein Vater gern gesagt.

An einem Abend, es war im Sommer, war großer Aufruhr in der Molkerei. Wie ich mit meinen beiden Kannen hineinging, standen alle herum und murmelten und tuschelten ganz aufgeregt. Eine Frau kam auf mich zu.

»Da!«, sagte sie ganz böse. »Es sind Nudeln im Milchseiher.« Dann schob sie mich vor den Seiher hin.

»Guck her!«

Das war ganz klar auf mich ausgerichtet.

»Da wird man seh'n, wo die Sabotage herauskommt!«, rief mir die Frau noch zu. Auch diese war eine Verwandte von Alois. Wenn man recht schaut, dann sind diese Nudeln am End noch von dir, ging es mir in diesem Moment durch den Kopf.

Am Abend erzählte ich Alois von dem Vorfall.

»Kannst Recht haben«, sagte er, »die ist uns das Milchgeld neidisch.«

Gut, dachte ich mir, aber dann soll sie erst einmal fünf Kühe melken!

Alois' Vermutung bestätigte sich. Es war mitten in der Heuernte. Alois und seine Eltern blieben immer bei der Brotzeit sitzen, wenn ich in den Stall ging. Alois machte nicht gerne Stallarbeit, und die Schwiegerleute machten auch keine Stallarbeit. Sie waren der Meinung, dass der Stall meine Idee war, also sollte ich es auch selber machen. Später, als ich im Krankenhaus war, machte es die Schwiegermutter notgedrungen. Ich saß also im Stall und sang und molk. Ich sang gerne beim Melken, auch sonst bei der Arbeit auf dem Feld. Ich hatte das daheim als Kind immer so erlebt, dass man bei der Arbeit sang. Sogar die Mannsbilder hatten bei uns oft mitgesungen. Eine Nachbarin lief am Haus vorbei und schrie zum Stall herein: »Pass auf deine Katzen auf! Im Hausgang bei der Milchkann hab ich eine springen sehn!«

Ich stand vom Melken auf, jagte die Katze auf den Hof und machte die Haustür zu. Überhaupt fragte ich mich, wer jetzt schon wieder die Haustür offen stehen gelassen hatte und ärgerte mich darüber. Wenige Tage später stand der Milchkontrolleur in der Molkerei und überwachte die Abgaben. Wie ich mit meinen Kannen hereinkam, schrie er: »Eure Katzen lecken an der Milchkann'! Jemand hat's g'sehen.«

Dann hielt er meine Milchkärtchen hoch: »Und da hast dreckige Milch g'habt! Das gibt Abzug!«

Ich konnte mir das mit der dreckigen Milch nicht vorstellen. Ich streute immer extra gut und staubte die Euter der Kühe gut ab. Abends beklagte ich mich bei Alois. Er sagte bloß: »Da kann man nix machen!«

Doch! Man hätte schon was machen können! Man hätte nach Rottweil ins Milchwerk fahren können und ihnen sagen, dass sie doch einmal unverhofft nach Zimmern kommen und den Kontrolleur auch einmal kontrollieren sollen!

Am anderen Morgen erzählte mir nämlich der Molker vertraulich, dass der Kontrolleur das Milchkärtchen verschmutzt hätte, er hätte es zufällig vom Fenster aus gesehen. Aber Alois wollte davon nichts wissen, zumal der Kontrolleur ein Cousin zu seinem Vater war. Er wehrte sich nie, wenn etwas war, und er wehrte sich auch nicht für mich. Im Gegenteil. Wenn jemand ihm vorhielt: »Dein Weib muss zu viel schaffen! Du solltest ihr mehr helfen«, dann sagte er nur: »Lass sie doch schaffen, wenn's ihr ein Freud bereitet!«

Ich heulte oft ganze Nächte, und einmal lief ich verzweifelt zum Muttergottesbild und schrie die Muttergottes an: »Warum hilfst mir nimmer? Hast mir doch früher auch g'holfen in meiner Not! Warum jetzt nimmer?«

Im Sommer darauf war ich im achten Monat. Alois hatte zur Heuernte einen Balkenmäher gekauft. Dieses Gerät war sehr geschickt für die baumbestandenen Wiesen und die Hügel und die Raine, die man sonst immer von Hand hatte mähen müssen. Auch der Gaul wurde dadurch entlastet, weil der Balkenmäher von einem Motor getrieben wurde. Der Schwiegervater gab an, was zuerst gemäht werden sollte: natürlich der größte und steilste Buckel! Statt dass man erst einmal ein paar kleinere Matten gemacht hätte, bis Alois mit der Handhabung vertraut war!

Immer wieder drückte er zu viel, wodurch der Messerbalken vorn in die Höhe ging und prompt blieb wieder ein Wisch Gras stehen. Dieweil die Mannsbilder mit dem Balkenmäher beschäftigt waren, verteilte ich das Gras, sprang den Buckel auf und ab, um rechtzeitig fertig zu sein, sodass ich mit heimgehen konnte zur Brotzeit. Die Schwiegermutter hatte gekocht. Wie wir eine Weile am Tisch saßen, fing der Alte an zu streiten, weil ab und zu ein Wisch Gras stehen geblieben war. Schließlich hatte er einen richtigen Wutanfall, wie es immer war, wenn es nicht ging, wie er wollte.

Ich hörte mir das eine Weile an, dann sagte ich zu Alois: »Also verkauf den Mäher wieder, wenn's dei'm Vater nit recht ist!« Da sprang der Schwiegervater auf, nahm den Küchenhocker und hob ihn gegen mich. Ich hatte die kleine Lieselotte auf dem linken Arm. Blitzschnell fasste ich mit meiner Rechten den Alten am Haarschopf und drückte ihn wieder auf seinen Stuhl. Ich hatte Kraft in meinen Armen wie jedes starke Mannsbild. Der Alte brüllte auf und wollte wieder auf mich los. Da brüllte ich zurück: »Wenn Ihr nochmal so gegen mich kommt, weiß ich nicht, was passiert. Einer von uns beiden ist dann tot!«

Alle am Tisch hielten den Atem an. Der Alte auch. Diesmal hatte ich ihm den Schneid abgekauft, und es gab endlich einmal ein paar Tage Ruhe.

Wie wir dann in der Ernte waren, war die Schwiegermutter bei einem Verwandten im Nachbardorf und half dort im Haushalt aus. Ich war froh. Es war wie eine Erholung, und ich konnte auch wieder einmal etwas Gutes kochen, Hefeküchlein mit Apfel- oder Zwetschgenkompott und eine Suppe voraus oder Apfelküchlein mit Vanillesoße und ein bisschen Schlagrahm, dazu eine Gemüsesuppe, oder auch Pfannkuchen oder Eierhaber, jedenfalls nicht immer nur Suppe mit einem Korb Erdäpfel. Die Schwiegermutter gab so viel aus dem Haus, aber in der eigenen Küche knauserte sie. Der Schwiegervater schimpfte zwar dauernd über mich, aber wenn ich gekocht hatte, langte er zu bei Tisch wie sonst nie.

Zu der Zeit kam die Schwägerin zur Haustüre herein. Sie trug zwei große Taschen und schleppte daran so schwer, dass ich ihr entgegenging und ihr half, die Taschen zu tragen. Sie war auf der Alb verheiratet. Dass sie so unangekündigt kam, verwunderte mich. Ich mochte meine Schwägerin nicht so gerne.

»Ja, was schleppst denn so viel Sachen so schwer daher!«, sagte ich, als ich ihr die eine Tasche abnahm.

»Ich hab den Speck vom Schlachten auf die Seit 'tan«, antwortete sie.

Ich verstand kein Wort.

»Und wem bringst ihn?«, fragte ich.

»Der Gotte in Rottweil. Jetzt kann der Metzger nicht mehr wursten. Die Katrin, mein Schwägerin, hat mich weggejagt.« Ich erschrak. Jetzt verstand ich, was los war. Offenbar hatte man bei der Schwägerin daheim ein Schwein geschlachtet. Als ihre Schwägerin sie weggejagt hatte, hatte sie einfach den Speck mitgenommen. Und ohne Speck zu wursten war unmöglich. Eine Woche darauf kam auch noch der Schwager nach Hause. Er war Mechanikermeister, arbeitete immer noch bei Stuttgart und kam selten öfters als alle vier Wochen einmal heim. Die Schwägerin blieb, und der Schwager blieb auch, ohne dass ich je den Grund erfahren hätte. Nun hatte ich es mit fünf Gegnern zu tun, und alles war viel schlimmer. Außerdem sollte ich bald mein zweites Kind bekommen. Der Platz im Hause war so schon zu eng.

Nun war im Dorf direkt an der Hauptstraße ein älteres Bauernhaus zu verkaufen. Ich überredete Alois dazu, dass wir es zumindest einmal ansahen. Wir gingen zu den Mietern, die dort wohnten, und begutachteten das Haus vom Keller bis zum Dach. Mir gefiel es sehr gut, große Küche und große Stallungen, Hühnerstall und Schweinestall schön ausgestattet, auch Schlafzimmer, Stube und die übrigen Räume waren gut. Wir hätten nur einzuziehen brauchen! Hinter dem Haus war noch ein großer Platz mit mindestens zehn Ar Garten und eine große Scheune.

Ich drängte Alois, das Haus zu kaufen. Ich hätte den Handel am liebsten sofort gemacht.

Wie ich aus dem Fenster sah, entdeckte ich den Schwiegervater draußen vor dem Haus. Jetzt wird es heiter, dachte ich für mich.

Wir gingen, und der Alte kam hinter uns drein. Daheim waren wir kaum in der Stube, da schrie er die Treppe herunter. »Komm rauf!«

Alois lief wie ein Schulbub zu seinem Vater.

»Ich sag dir, du kaufst das Haus nit!«, hörte ich den Alten bald brüllen.

»Wenn die das Haus will, soll sie daheim im Oberland Geld holen. Du machst kein Schulden!«, schimpfte er. »Wenn ein Mann bist, schlägst ihr die Schnauze voll!«

Der Alte holte drei große, blaue Maßkrüge voll Most aus dem Keller, und Alois kam erst spät in der Nacht und sturzbetrunken. So hatte ich es befürchtet.

In meiner Not lief ich zum Pfarrer. Er war schon ein alter Mann, aber ich vertraute ihm, dass er es gut mit mir meinte. Ich erzählte ihm, dass der Schwiegervater sich mit meinem Mann betrank und ihn anstiftete, mir Schläge zu geben, und erzählte von den Schikanen.

»Gehen Sie fort«, sagte der Herr Pfarrer zu mir. Einen anderen Rat wusste er auch nicht. Es gab ein abgelegenes, kleines Tal mit einem Hof, dorthin wäre schon einmal eine Familie geflüchtet, dort solle ich hin, schlug er vor. Der Alois, mein Mann, würde dann bestimmt zu mir halten und kommen.

Ich dachte daheim darüber nach. Aber ich traute mich nicht. Ich hatte Angst, die Schwiegereltern könnten dorthin kommen und mich und mein Kind umbringen. Stattdessen versuchte ich, mit Alois zu reden.

»Was ist? Kaufen mir das Haus? Oder gehst lieber mit mir ins Tal?«

»Nein, ich kauf das Haus nit!«, schrie er mich an. »Du hast doch kein Geld, oder? Gehst ins Oberland und holst eins? Ich bekomm vom Vater das Haus. Und ins Tal 'nunter geh ich auch nit!«

Schwägerin und Schwager gingen gegen mich, mit Alois konnte ich auch nicht mehr rechnen. Es war die Hölle. Ich bekam die schlimmsten Arbeiten und konnte mich nicht wehren.

Bei der Weizenernte musste ich neben dem Balkenmäher herspringen und jede Mahd Weizen mit dem Rechenstiel nach rechts schmeißen, danach die vielen Garben antragen, binden und laden. Es gab drei Wagen voll. Am Abend kamen alle drei Wagen Weizen auf die Dreschmaschine. Ich bekam die Aufgabe, die schweren Garben zur Dreschmaschine hochzuwerfen, der Alte und mein Schwager nahmen die ausgedroschenen Strohbuscheln ab und luden sie wieder auf den Wagen. Die Schwiegermutter sortierte die Seile. Das gesackte Korn stellte der Alte einfach zur Seite. Am nächsten Morgen durften Alois und ich das Stroh abladen, danach das Korn Sack für Sack auf dem Rücken auf die Bühne tragen – und ich schleppte nicht weniger als mein Mann, und alles kurz vor der Entbindung. Nachmittags wurde wieder Getreide gemäht, etwa vierzig Ar, und wieder nach der gleichen Methode.

Eine fremde Frau, eine Urlauberin, die einen Spaziergang machte, schaute mir kopfschüttelnd zu, wie ich so arbeiten musste. Als das Feld gemäht war, gingen die Männer heim. Ich hatte noch meine Garben fertig zu binden. Da sprach mich die Frau an, dass sie mir schon eine ganze Stunde zusähe, ob ich denn nicht wüsste, wie sehr ich meinem Kind schade, wenn ich so arbeiten würde. Ich solle doch meinem Mann sagen, dass das nicht gehe.

Es ging mir so schlecht, dass ich dieser wildfremden Frau mein ganzes Herz ausschüttete und alles erzählte, wie ich hier schikaniert wurde, dass meine Mutter mich weggeschickt hatte, damit sie sich nicht schämen musste, und alles andere.

»Wenn mein Kind kommt, dann hab ich wieder acht Tage Ruhe«, sagte ich zum Schluss. Danach sehnte ich mich, und die hatte ich auch so bitter nötig. Aber es kam anders.

15

Ernte und Öhmd waren unterm Dach. In Rottweil war Heiligkreuzmarkt. Am Montagmorgen kam der Viehwagen, Alois wollte ein schönes Rind mitnehmen zum Verkauf. Der Schwiegervater wollte ebenfalls mit.

»Geht auch wieder heim«, sagte ich zu meinem Mann. Ich hatte schon Wehen und rechnete jede Stunde mit der Niederkunft.

Der Schwager war auf der Arbeit, die Schwägerin auch. Sie hatte eine Stelle in einem Gasthaus in Tailfingen. Die Schwiegermutter war ebenfalls aus dem Haus. Sie war wieder für eine Zeit bei Verwandten, wo sie bei der Ernte half.

Ich buk einen Hefezopf und einen Marmorkuchen, damit die Männer etwas zu essen hatten, wenn sie heimkamen, dann machte ich ein paar Arbeiten ums Haus herum. Gegen Mittag wurden die Wehen stärker. Ich ging ins benachbarte Gasthaus und telefonierte nach der Hebamme. Sie war in Dottenhausen daheim. Sie versprach, in einer Stunde hier zu sein.

Sie kam und gab mir zuerst eine Spritze, damit die Wehen schneller einsetzen sollten. Sie kamen auch, und sie waren so stark, dass ich nur mühsam mein Stöhnen unterdrücken konnte. Aber die Hebamme sagte zu mir: »Schreien Sie ruhig. Das hilft.«

Um halb fünf am Nachmittag kam das Kind. Es war wieder ein Mädchen. Es wog siebeneinhalb Pfund. Die Hebamme badete das Kind und versorgte mich. Dann ging sie. Sie wollte am nächsten Morgen gegen neun Uhr wiederkommen.

Ich lag da mit meinem Kind, und es wurde später und später. Längst wäre es Zeit gewesen, in den Stall zu gehen. Das Vieh schrie, die Säue quiekten. Das Gebrüll wurde immer lauter. Alois und der Schwiegervater kamen und kamen nicht. Eine Base von Alois schaute zur Haustür herein.

»Wo sind ihr denn?«, rief sie. »Ist keiner da?«

»Hier!«, brüllte ich, so laut es ging, um das Vieh zu übertönen. Die Base schaute zu meiner Kammertür herein.

»Herrje, du hast's Kind. Ich hab den Küh' ein'geben.«

»Alois und sein Vater sind heut morgen auf den Markt. Aber niemand kommt heim«, jammerte ich.

Die Base beruhigte mich. Auf dem Heimweg telefonierte sie der Schwiegermutter, dann überlegte sie sich, einmal in den Rosengarten zu schauen. Und siehe, da saßen sie alle beide, der Alois und mein Schwiegervater. Die Base sagte dem Alois, dass ich das Kind hätte. Dann ging sie heim.

Spät in der Nacht kam die Alte in die Kammer. Sie hatte eine Sauwut und schrie herum, weil ich nicht würde aufstehen können zum Melken. Am anderen Morgen ging das Geschrei weiter, im ganzen Haus herum. Keiner wollte das Vieh füttern und melken und misten. Das Vieh schrie schon wieder, kein Wunder, es war am Abend nicht gemolken worden, und es wurde höchste Zeit. Außerdem musste ausgemistet werden, die Schweine brauchten ihr Futter und Gras musste man holen.

Um neun kam wie versprochen die Hebamme. Als sie weg war, lugte die Alte zur Kammertür herein.

»Was kochst heut?«, schrie sie. »Mir gehn in d'Erdäpfel, eh's schneit!«

Ich stand auf und feuerte den Herd an. Dann machte ich Nudelteig, bereitete eine Suppe und machte Kartoffelsalat und gebratene breite Nudeln zum Mittagessen. Fleisch war keines mehr da, auch kein Speck und keine Wurst mehr, alles restlos fort. Das war die Alte gewesen. Wenn ich draußen auf dem Acker war und jemand kam ins Haus, den sie leiden konnte, der ihr ihre Lügengeschichten abkaufte, dann gab sie Dosenwurst oder Rauchfleisch oder einen ganzen Laib Brot, bis nichts mehr da war. Für uns blieben dann Kartoffeln und Mehlsuppe.

Ich hatte schon vor Wochen verlangt, dass wir schlachten müssten, weil ich sah, dass alles schnell zur Neige ging und dass bald nichts mehr zum Kochen da sein würde. Aber die Alte schrie sofort: »Jetzt hat man kein Zeit!« Und Alois tat, wie seine Mutter angab.

Die Schwiegermutter hatte eine alte Frau zum Kartoffelnlesen geholt. Es war eine Flüchtlingsfrau, und sie brachte ihre beiden Enkelinnen mit. Diese Leute kamen natürlich mit zum Mittagessen. Wie die Flüchtlingsfrau mich kreidebleich am Herd stehen sah, rief sie: »Ja, um Gottes willen! Aber doch nicht am ersten Tag! Die Theres hätte doch bälder heimgehen und kochen können!«

Da sagte meine Schwiegermutter scheinheilig: »Ich hätt schon 'kocht, aber ich wusst ja nit, dass die am ersten Tag aufsteht und kocht.«

Ich hätt ihr am liebsten eine geschmiert, aber ich fühlte mich zu schwach und so elend, ich ging gleich wieder ins Bett. Ich wollte nur noch liegen. Auf das Mittagessen verzichtete ich.

Kaum war die Gesellschaft wieder draußen auf dem Kartoffelacker, wurde es meiner Schwiegermutter schlecht. Sie konnte keine Kartoffeln mehr auflesen, sondern musste sich den ganzen Nachmittag in den Wald legen.

Als es mir wieder besser ging, stand ich auf und machte die Küche, dann legte ich mich wieder für eine Weile hin. Ich musste ja auch das Kleine stillen und Lotti versorgen. Die Hebamme kam am Nachmittag noch einmal. Nachdem sie weg war, ging ich in den Stall, zog den Mist herunter und molk die Kühe. Ich wollte nicht, dass es deswegen wieder Zank geben würde. Das hätte ich noch weniger ausgehalten als die Arbeit. Die Alte, der es ja so furchtbar schlecht war, kam heim, und das, obwohl es noch zu früh war. Sie sah mich im Stall und schrie: »Hol mir ein Vesper!«

Dabei hätte sie am ehesten wissen müssen, dass alles fort war. Ich bekam eine Wut und sagte: »Da müsst Ihr in den Laden und eins kaufen!«

Sie ging auf mich los und wollte mich verohrfeigen. Gott sei Dank kam zufällig der Nachbar vorbei und hörte das Lärmen. Er schimpfte meine Schwiegermutter aus, sie solle sich schämen, und sie ging wütend ins Haus.

Von da an ging ich wieder jeden Tag in den Stall und versorgte die Viecher, die Hausarbeit machte ich auch. Mit dem Wochenbett war es schnell vorbei gewesen. Nach acht Tagen hieß es auch, mit in die Kartoffeln zu gehen und helfen, Obst aufzulesen.

In den Tagen nach der Geburt bekam ich Besuch. Nachbarn und Bekannte brachten Sachen fürs Kind, oder ich bekam eine Flasche Wein. Ein Stuttgarter Bierverkäufer, der hin und wieder zu Besuch kam, erfuhr, dass ich im Wochenbett lag, und brachte mir eine Kiste Nährbier. Wie ich am Abend in den Keller ging und mir eine Flasche davon holen wollte, war die Kiste leer!

Ich muss gestehen, dass es mich mehr überrascht hätte, wenn sie noch so dagestanden wäre, wie ich sie hingestellt hatte. Trotzdem war ich enttäuscht, dass gleich alles fort war.

»Das wär ja das erst' Mal gewesen«, murmelte ich vor mich hin. Da schrie es hinter mir: »Komm rauf! Mein Weib braucht ebbes!«

Es war der Alte, der mir hinterhergestiegen war. Die Flasche Wein war übrigens auch fort.

Mir kam in den Sinn, was mein Vater zu mir gesagt hatte, dass ich hier mit vierzig Jahren an Schwindsucht sterben würde. Aber er hatte mir auch versprochen, für mich zu beten.

Zu dieser Zeit wurde in mir auch die Prophezeiung der Zigeunerin wieder wach, und ich sah, dass der erste Teil eingetroffen war. Aber ich sagte mir, dass es Zufall sein werde! Dass auch der zweite Teil eintreffen würde, wagte ich nicht zu glauben. Trotzdem hoffte ich insgeheim darauf, und das gab mir doch Kraft!

Zehn Tage nach der Geburt wurde mein Mädchen getauft. Sie bekam den Namen Waltraud Theresia. Ich wollte die Alte nicht ganz auf die Seite schieben, aber einen Denkzettel sollte sie doch bekommen. Wie die Theres in der Kirche bei der Taufzeremonie hörte, dass ihr Name nur hinten angehängt wurde, bekam sie eine Wut, aber in der Kirche konnte sie nicht anfangen loszuschimpfen. Das holte sie dann daheim bei der Tauffeier beim Kaffeetrinken nach, aber die Gäste lachten nur, was ihre Wut nicht geringer machte. Meine Nachbarin, das Vevele, hatte mir beim Kuchenbacken geholfen. Alois und ich hatten mittlerweile einen elektrischen Backofen gekauft. Das war praktisch und sparte viel Zeit. Man konnte einen Backvorgang einstellen, dann zur Arbeit gehen, und das Gerät schaltete sich von alleine aus. Bei der Anschaffung hatten die Schwiegerleute schon tagelang geschimpft. Wenn sie rochen, dass ich einen Kuchen buk oder am Sonntagmorgen neben der Arbeit oder vor dem Kirchgang noch schnell ein paar Amerikaner oder Schneckennudeln, dann schimpften sie ebenfalls und schrien im Haus herum: »Keine Ahnung vom Sparen, alles wird 'nausg'worfen!« Aber wenn die Sachen dann auf den Tisch kamen, beim Essen, da sparten sie selber am wenigsten und sahen zu, dass sie reichlich davon bekamen.

Jetzt, mit den beiden Kindern, versorgte ich morgens immer zuerst meine Mädchen, bevor ich aufs Feld ging.

Der Schwiegervater war mit dem Samenhäckle draußen gewesen, um den Weizen zu hacken. Am Mittag schickte er den Alois und mich.

»Macht, dass ihr auf den Neujauchert kommt! Da hackt ihr den Weizen!« Es war der übliche Ton. »Ihr seh'n schon, wo! Ich hab dort mein Hut und den Kittel liegenla'n, und die Hack' auch!«

Also gingen wir auf den Neujauchert. Wir fanden das bezeichnete Feld, Jacke, Hut und Hacke lagen am Rand. Jeder nahm eine Saatbreite. So ging's den Acker hinauf.

Aber die Sache kam mir komisch vor. »Alois«, sagte ich, »das ist nit unser Acker. Das ist dem Vogelmann seiner!« Dem Bauern Vogelmann gehörte der Nachbaracker.

Aber Alois meinte: »Er hat g'sagt, auf dem Acker, wo er hat sein Sach liegenla'n!«

Gut, wir hackten weiter, Stunde um Stunde.

Dann, plötzlich, hörte ich einen Schrei, so laut, dass mir vor Schreck die Hacke aus der Hand fiel. Überall auf den umliegenden Äckern waren Leute beim Düngen oder Säen oder Hacken. Alle sahen auf, was da los sei. Es war der Alte gewesen, der so gebrüllt hatte. Und jetzt kam er angelaufen und schrie wie ein Tier, weil wir eben doch den falschen Acker hackten. Und natürlich schimpfte er vor allem mit mir! Dabei hätte der Alois den Acker seines Vaters doch kennen müssen.

Es war zu viel für mich, ich heulte wie ein Kind.

»Wenn er so weitermacht, geh ich fort. Ich halt das nit aus«, klagte ich, aber Alois sagte wie immer nichts zu allem, dabei hätte er sich doch wehren können oder mich verteidigen. Aber er hörte sich das Geschimpfe von seinem Vater an, ohne mit der Wimper zu zucken.

Ich dachte an die alten Weiber früher bei uns zu Hause im Dorf. Wenn sie solche Geschichten erzählt hatten, dass jemand versehentlich den falschen Acker bestellt hatte, wie ich da hatte lachen können. Manchmal hatte ich solch einen Lachkrampf bekommen, dass die Leute, denen das passiert war, sich richtig darüber ärgerten. Aber ich hatte dann nur noch mehr darüber lachen müssen.

»Wart nur«, hatte deswegen einmal jemand zu mir gesagt, »bis du mal noch so viel heulst, wie jetzt lachst! Dann geht's dir mal noch schlecht!«

Weshalb soll es mir schlecht gehen, hatte ich damals gedacht. Ich war jung und hatte eine solche Freude am Leben und auch an der Arbeit! Ich wurde nie wütend oder schimpfte wie andere, wenn ein Haufen Arbeit da war. Es war auch nicht die viele Arbeit, die mir jetzt zu schaffen machte. Es war das Geschimpfe, diese ewige Streiterei, dass man mich nicht in Ruhe ließ mit meiner Arbeit, von einem Lob gar nicht zu reden! Der Teufel in der Hölle konnte nicht schlechter sein als die Leute, unter die ich geraten war, dachte ich mir.

Meine Periode war zwei Monate ausgeblieben. Ich ging davon aus, dass ich wieder schwanger war. Da bekam ich an einem Nachmittag starke Bauchschmerzen. Die Krämpfe wurden immer heftiger. Auf dem Klosett ging ein großer Klumpen aus dem Unterleib hinaus, und ich hatte furchtbare Blutungen. Ich rief vom Gasthaus einen Arzt an. Er verlangte, dass ich sofort zu ihm käme. Ich setzte mich auf den Schlepper und fuhr die drei Kilometer nach Schömberg. Mir war hundeelend.

Der Arzt bestätigte, was ich vermutet hatte. Es war eine Fehlgeburt gewesen. Er sagte, er müsse mich ausschaben. Narkotisieren, sagte er, könne er mich nicht, da die Gefahr eines Kreislaufzusammenbruchs bestünde. Anschließend verordnete er mir Bettruhe und schickte mich heim. Ich sagte: »Jaja, schon recht«, hockte mich wieder auf den Schlepper und fuhr zurück nach Zimmern.

Die Alten waren oben. Ich nahm an, dass sie schliefen, denn der Schwiegervater hatte über Mittag zwei große Maßkrüge Most leergesoffen. Ich legte mich eine Weile auf die Couch. Dann zwang ich mich, wieder aufzustehen, sonst ginge der Teufel wieder los. Außerdem brauchten die nicht zu wissen, dass ich eine Fehlgeburt gehabt hatte.

Ich ging in den Hof und richtete den Gummiwagen an den Schlepper, als es oben zu rumoren begann. Der Alte brüllte so laut herum, dass man es über die Straße hörte und die Leute stehen blieben: »Die hat nur jed's Jahr ein dicken Ranzen! Wär g'scheiter, sie tät schaffen!«

Also hatte die Alte schon wieder herausbekommen, dass ich zwei Monate keine Periode gehabt hatte.

Ich weinte wieder die halbe Nacht, und tagsüber auf dem Schlepper sang ich Bittlieder, »Gott sorgt für mich« oder »Harre meine Seele, harre des Herrn, alles mir befehle, hilft Er doch so gern« oder »Weißt du, wie viel Sternlein stehen«. Es tröstete mich und half mir über meine allergrößte Not hinweg.

»Wär g'scheiter, sie tät schaffen!«, hatte der Alte gebrüllt. Was tat ich denn das ganze Jahr?

Im Frühjahr und Herbst, wenn ich die Mistgrube leerte, lud ich am Vormittag – und zwar allein! – zwei Wagen und brachte sie hinaus, und am Nachmittag nochmal drei Wagen. 35 Wagen brauchte es immer, bis die Grube leer war. Was hatte Alois vor der Hochzeit versprochen? Ich bräuchte keinen Mist laden, seine Mutter hätte das auch nie gemusst.

Auf dem Acker oder der Wiese stellte ich beim Schlepper den Kriechgang ein und zog bei laufendem Motor mit dem Misthaken den Mist vom Wagen. Ab und zu sprang ich auf den Trecker und richtete das Lenkrad, damit die Reihen einigermaßen gerade lagen, wenn man den Acker hinaufsah.

Anschließend musste ich den Mist von Hand breiten. Dazu brauchte ich zwei Vormittage und zwei Nachmittage. Das machte ich zwanzig Jahre lang!

Ich bekam mit der Zeit Schmerzen im Rücken und auch Probleme mit den Beinen. Sie waren geschwollen, und ich konnte nicht mehr recht laufen. Auch meine Hände waren oft geschwollen. Aber ich nahm mich zusammen, sodass mir niemand etwas anmerkte. Ein alter Bauer, ein Bekannter der Schwiegerleute, sagte einmal zur Schwiegermutter: »Theres, die Anna hat allein die ganze Miste g'leert! Besser hätt nit 's stärkst Mannsbild die schwer Arbeit fertigbracht.«

»Was? Die fahrt ja bloß den ganz Tag mit dem Bulldog rum!«, antwortete sie darauf.

Auch andere Leute, die ich auf dem Feld traf, gaben mir gute Ratschläge: »Das, was du machst, ist langsamer Selbstmord! Wart nur, bis in d' Wechseljahr' kommst! Die machen dich kaputt!«

Aber das half mir wenig. Was sollte ich machen? Wirklich helfen tat mir keiner. Und wenn ich in meiner Not wieder einmal einen verzweifelten Brief nach Hause geschrieben hatte, schrieb meine Mutter zurück: »Du musst den Alten flattieren. Sie sind eben vor dir da gewesen! Mit den Hunden, bei denen man ist, muss man heulen!«

Solche Sprüche waren für mich nichts als ein saudummes Geschwätz – und eine rechte Demütigung dazu!

Ein Mann aus Tailfingen kam ab und zu sonntags als Gastjäger zu uns. Er war ein netter Mann, und er bot mir und Alois an, dass er uns mit den Kindern einmal nach Mittelbiberach fahren würde zu meinen Eltern. Wir fuhren dann an einem Sonntag über Ebingen nach Gammertingen, dann weiter über Riedlingen und Biberach.

Es waren nur ein paar Stunden, die ich daheim verbrachte. Da machte mir die Mutter Vorhaltungen. Die Senz, die Tochter der Hauserin, sei da gewesen und habe über mich böse Sachen erzählt, dass ich ständig mit meinen Schwiegerleuten herumstreiten würde, dabei seien es rechte Leute. Auch hätte ich ihr anfangs am Sonntag noch immer geholfen, beim Bügeln und Putzen, aber wie ich dann eine Freundin aus dem Dorf gehabt hätte, sei ich immer nur nach Zimmern hinuntergesprungen, anstatt etwas zu helfen.

Solche Geschichten erzählte sie mir, und noch mehr. Bekannte von ihr, die mit der Bäuerin geredet hätten, hätten ihr alles zugetragen, sagte Mutter. Das konnte ich mir denken! Und jede hatte noch womöglich ihren Teil dazu gelogen!

Um vier Uhr fuhren wir wieder zurück. Ich heulte den ganzen Weg über, bis ich daheim wieder aus dem Auto stieg. Diesen Besuch bei der Mutter habe ich nie vergessen. Und ich wollte auch nie mehr hinfahren. Zwei Jahre vergingen, bis ich wieder einmal nach Mittelbiberach zu Besuch ging. Meine Mutter schrieb mir ein paarmal und fragte, warum ich nicht mehr käme!

Am 1. Oktober 1962 starb mein Vater. Er hatte eine schöne Beerdigung. Die Blasmusik spielte an seinem Grab »Näher, mein Gott, zu dir, näher zu dir«. Zwei meiner Brüder spielten mit. Meine Mutter erzählte mir später, Vater habe ihr kurz vor seinem Tod gesagt, wenn sie Sorgen habe, solle sie sie ihm anvertrauen, auch nach seinem Tod. Sie hat es so getan, und nie vergebens. Auch ich vertraue noch heute meine Sorgen meinem Vater an. Kurz nach seinem Tod kam er mir manchmal im Traum und sagte »Oh Mädle!« zu mir, so wie er es auch zu Lebzeiten oft getan hatte.

16

Ich machte mir immer schon am Abend vorher Gedanken darüber, was ich am nächsten Tag kochen würde. Meine Kocherei war für die Schwiegermutter dauernd Anlass zu schimpfen. Im Spätherbst und im Winter gab es nicht mehr so viel Arbeit, da ging sie öfters am Vormittag ins Dorf zum Schwätzen. Aber Punkt zwölf war sie daheim und schaute auf den Herd.

Einmal buk ich gerade goldgelbe ausgezogene Hefeküchle im Fett schwimmend aus. Sie wurden dann auf eine große Platte gelegt und mit Zimt und Zucker bestreut. Da fing die Alte an zu schimpfen: »So das Zeug vertun! Zudem kann ich das nit essen mit meinen zwei Magenoperationen, das fette Zeug!«

»Dann lasst es eben bleiben und esst nur von der Suppe«, erwiderte ich. Zu den Hefeküchlein gab es ein Zwetschgenmus und voraus eine gebrannte Grießsuppe. Die Alte hatte eine Wut und schimpfte das ganze Essen lang nur über die fetten Küchle, aber der Schwiegervater aß wie ein Scheunendrescher.

Nach dem Essen gingen die Schwiegerleute nach oben, wie sie es gern im Winter machten, um ein Mittagsschläfchen zu halten. Ich machte die Küche fertig und räumte dann meine Kammer auf. Da hörte ich leise die Küchentür quietschen. Ich spähte aus meiner Kammer und sah die Schwiegermutter, wie sie sich von den übrig gebliebenen Küchlein eine Hand voll nahm und damit nach oben schlich.

Ähnlich ging es auch bei ihrem Geburtstag, der war am 10. September. In den ersten drei Jahren meiner Ehe buk ich ihr stets einen Gugelhupf, einen Tiroler Kuchen oder Napfkuchen. Morgens um acht gratulierte ich ihr, überreichte ihr den Geburtstagskuchen und jedes Mal hieß es ganz schnippisch: »Hättst mir kein Kuchen backen brauchen. Die Tochter bringt mir eine Torte!«

Aber bis ich zum Mittag vom Feld heimkam, war der Kuchen stets verschwunden. Da hatte sie dann Besuch bekommen und nichts anzubieten gehabt, weil die Schwägerin sowieso erst spät am Abend kam, wenn überhaupt, und dann brachte sie auch keine Torte, sondern einzelne Stückchen. Für den Besuch also war mein Gugelhupf dann doch gut genug gewesen. So ging das drei Jahre, jedes Jahr das Gleiche. Mich ärgerte das. Deshalb kaufte ich ihr im vierten Jahr einen Blumenstock zum Geschenk und ließ das Backen.

Alois und ich gingen nach dem Morgenessen aufs Feld zum Roggensäen. Ich lief den Acker auf und ab hinter der Saatmaschine her und achtete darauf, dass sie nicht verstopfte und dass das Getreide schön gleichmäßig lief. Da fing der Alois an, mit mir zu schimpfen. Es sei eine Schande, dass ich der Mutter keinen Kuchen gebacken hätte. Aber ich sagte es ihm! »Drei Mal hab ich die Dumme gemacht«, schrie ich, »und drei Mal hatt sie mein Kuchen verschmäht, weil ihr deine Schwester eine Torte bringt, aber zum Hergeben war mein Kuchen dann gut g'nug.« Da sagte der Alois nichts mehr.

Von da an kaufte ich der Schwiegermutter jedes Jahr ein Geburtstagsgeschenk, Unterwäsche oder Blumen oder etwas zum Trinken.

Es war im vierten Jahr meiner Ehe, und ich war wieder im fünften Monat schwanger. Ich meldete mich in Schömberg in der Fahrschule an, um den Führerschein Klasse IV zu machen, den man mittlerweile haben musste, um Schlepper fahren zu dürfen. Das war im Januar. Zweimal in der Woche lief ich abends nach Schömberg in die Fahrschule. Dort waren auch Frauen, die den Autoführerschein machten. Den hätte ich auch gerne gemacht, dann hätte man sich am Sonntag auch einmal ein Auto leihen und mit den Kindern irgendwo hinfahren können. Aber Alois wollte nichts davon wissen und hatte alle möglichen Ausreden.

In der Karwoche machte ich dann die Fahrprüfung. Ich glaube, ich war in Zimmern die erste Bäuerin mit Schlepperführerschein, anschließend machten ihn etliche andere auch noch.

Ich war jetzt im achten Monat. Mit meinen geschwollenen Händen und Füßen war es inzwischen schlimmer geworden, und ich ging deswegen zum Arzt.

Er stellte eine schwere Nierenvergiftung fest. Er verschrieb mir Tabletten und verordnete mir salzlose Kost, viel Milch und Käse.

Außerdem bestand er darauf, dass ich das Kind im Rottweiler Krankenhaus bekommen müsse. Eine Geburt daheim werde er unter diesen Umständen nicht mehr mitmachen. Er machte mir klar, dass die Geburt mit meiner Nierenvergiftung lebensgefährlich sei, von hundert Frauen kämen zwei davon!

Ich hielt mich streng an die Anweisungen des Doktors. Als ich die ersten Wehen bekam, meldete ich mich im Krankenhaus, und am 4. Mai kam mein drittes Mädchen zur Welt.

Die Geburt habe ich noch bewusst erlebt, aber anschließend war ich plötzlich weg. Später, als ich wieder aufwachte, lag ich im Entbindungszimmer, und Ärzte und Krankenschwestern standen um mein Bett herum. Ich erfuhr, dass man mich hatte ausschaben müssen, weil die Nachgeburt nicht gekommen sei, und dabei sei ich ohnmächtig geworden. Der Arzt sagte, ich sei nahe am Tode vorbeigegangen.

Nach einer Stunde brachte man mich ins Stationszimmer. Dort lagen vier Wöchnerinnen, die alle eine Kaiserschnittgeburt gehabt hatten. Die Hebamme fragte mich, ob ich etwas essen wollte. Aber ich fühlte mich zu schwach zum Essen. Ich lag nur da und dämmerte vor mich hin. Da spürte ich, wie eine Wehe über mich kam und noch eine. Und dann merkte ich, wie mir das Blut den Rücken hinauflief, und mir wurde schlecht. Ich war so kraftlos, ich konnte mich nicht rühren. »Bitte, läuten Sie!«, sagte ich mit letzter Anstrengung zu meiner Bettnachbarin. Sie kamen und holten mich wieder in den Operationssaal. Dort wurde ich noch einmal ausgeschabt. Als ich wieder ins Stationszimmer gebracht wurde, legte man mir den Kopf tief und die Füße ganz hoch. Die Nachtschwester schaute alle Stunde nach mir.

Ich hatte großes Glück gehabt, dass ich so schnell reagiert hatte und dass meine Nachbarin sofort geläutet hatte, sonst wäre ich verblutet.

Anderntags ging es mir schon besser. Ich bekam das Frühstück ans Bett gebracht, Kaffee und zwei Wecken und Butter und Marmelade.

Nie mehr habe ich ein Kind daheim!, dachte ich für mich.

Es war die reinste Erholung. Ich hätte diesmal nicht aufstehen und Vieh füttern und melken können. Auch die Taufe war im Krankenhaus. Ich taufte eine Edelgard und hängte den Namen meiner Mutter an, also Edelgard Kreszentia. Das Mädchen wog nur fünf Pfund. Der Doktor behielt mich zehn Tage lang hier. Früher ließ er mich nicht gehen.

Daheim weichte ich zuerst meine blutige Wäsche ein. Ich war noch immer totenbleich und abgemagert. Am nächsten Morgen versorgte ich wieder den Stall und die Kinder, so wie immer. Nun hatte ich also zehn Tage Urlaub gehabt. Und sie hatten mir so gut getan!

Ich badete Edelgard jeden Tag. Das hatte ich auch mit Lieselotte und Waltraud so gemacht, und auch mit meinen späteren Kindern machte ich es so, bis sie ein Jahr alt waren. Da konnten alle schon springen und manches auch schon reden. Dann wurde es halt neun oder auch einmal halb zehn, bis ich auf dem Acker war! Ich musste ja sowieso vorkochen, weil um zwölf Uhr alle etwas essen wollten, das konnte ich genauso gut in der Frühe neben den Kindern machen. Aber den Schwiegerleuten passte das nicht. Einmal wurde es tatsächlich halb zehn, bis ich zu den anderen zum Erdäpfelhacken auf den Acker kam. Da ging die Schwiegermutter tatsächlich mit der Hacke auf mich los. Alois war nicht dabei, er war auf dem Bau. Ich nahm die Kinder und den Kinderwagen und ging einfach wieder nach Hause. Auch dort gab es genug zu tun, zum Beispiel hatten die Fenster es einmal wieder nötig, dass man sie putzte.

Wie ich später von den Leuten, die auf den umliegenden Äckern schafften, erfahren habe, schimpfte für diesmal der Alte seine Frau aus wegen ihrer Unbeherrschtheit.

Am Mittag kamen die beiden heim. Nach dem Essen ging der Alte nach oben, und ich spülte Geschirr. Da fauchte mich die Schwiegermutter von hinten an: »Mir hat jemand g'sagt, dass ich dir's Maul verhauen sollt!«

Ich drehte mich um und sagte ganz ruhig: »Das könnt Ihr probieren, aber überlegt's Euch gut. Ihr seid vierzig Jahr älter als ich. Ob Ihr lebend aus der Kuche kommt, das könnt ich Euch nit garantieren.«

Sie starrte mich mit offenem Mund an. Dann machte sie kehrt und lief aus der Küche und ins Dorf hinein und erzählte bei ihrer Verwandtschaft, dass ich ihr hätt ans Leben wollen. Ich war froh, dass sie ging. Denn wenn es tatsächlich zur Schlägerei gekommen wäre, ich hätte mich nicht mehr gekannt, und am Ende hätten sie mich ins Zuchthaus gebracht, und meine Familie hätte sich für mich schämen müssen.

Zudem fürchtete ich die Alte. Sie war einen Kopf größer als ich, und sie hatte eine Kraft! Sie hatte in früheren Jahren einmal im Streit eine Nachbarin angegriffen und auf dem Boden herumgeschlagen, wie man sich erzählte.

Am folgenden Tag ging ich wieder morgens um neun mit den Mädchen und dem Kinderwagen auf den Acker, als wäre nie etwas passiert.

Tags darauf, es war nach dem Essen, wollte ich gerade zum Rübenhacken gehen, als ein Auto von der Baufirma vorfuhr und sie den Alois mit verbundener Schulter brachten. Er hatte einen Arbeitsunfall gehabt, seine Achsel war gebrochen.

Ich war verzweifelt, denn die Heuernte stand vor der Tür. Wie sollte ich das ohne Alois schaffen? Die Alten tobten herum wie die Irren, als sie es erfuhren.

»Ihr zwei passt zusammen!«, schrie er. »Ihr Lumpenpack!«

Jetzt begann eine schlimme Zeit. Die beiden Alten mussten immer nachts aufstehen und aufs Klo gehen, meistens gegen zwei oder drei Uhr. Sie rissen dann die Tür zu unserer Schlafkammer auf und schrien: »Ihr Lumpenziefer! Macht, dass ihr aufsteht! S ist fünfe!« So in dieser Art. Und natürlich war es erst zwei oder drei Uhr. So ging das etliche Nächte hintereinander. Einmal war Alois bei mir im Bett. Er hörte, wie jemand die Türklinke drückte, und war mit einem Satz in seinem Bett drüben. Es war der Alte, der wieder zur Kammer hereinschrie, dass es Zeit zum Aufstehen wäre. Ich knipste schnell die Nachttischlampe an und schrie ihm entgegen: »Kein Anstand ha'n Ihr! Wenn Ihr nochmal um die Zeit hier reinkommt, dann kriegt Ihr ein Eimer Wasser ins G'sicht!«

Von da an hatten wir vierzehn Tage Ruhe. Dann ging es wieder von vorn los.

Das alles zerrte unsagbar an meinen Nerven. Die Kinder wachten nachts auf und begannen zu weinen, weil das Gebrüll der Alten mitten in der Nacht sie erschreckt hatte. Und ich sollte sie beruhigen und trösten, dabei war mir selber zum Heulen! Es war einfach zu viel für mich. Auch sonst ging die Schikane weiter. Wie wir auf der Breiten am Heuen waren und wir Heuschochen machten, schlug es vom Kirchturm vier Uhr. Das war die Zeit, in der das Kleinste seinen Schoppen bekommen sollte. Aber die Schwiegerleute ließen mich nicht heim zu meinem Kind.

Zu der Zeit merkte ich, dass die kleine Edelgard krank war. Ich ließ den Doktor kommen. Der empfahl mir, das Kind sofort ins Krankenhaus zu bringen. Ich besorgte ein Auto und brachte es ins Rottweiler Krankenhaus auf die Kinderstation. Man sagte mir, ich müsse mein Mädchen hier lassen, es sei schlimm. Aber sie machten mir Hoffnung. Alois kaufte ein Mofa, so konnte ich, wie es die Zeit zuließ, nach Rottweil fahren, um nach meiner Edelgard zu sehen. Sie gefiel mir immer weniger. Wenn ich fragte, ob ich mein

Kind bald wieder mitnehmen könne, hieß es immer, man wisse es nicht, man müsse abwarten. In der zehnten Woche, es war mitten in der Ernte, holte mich jemand ins Gasthaus. Es sei ein Anruf vom Krankenhaus für mich. Die kleine Edelgard war gestorben. Ich brach fast zusammen. Am 30. August wurde sie beerdigt. Sie war keine vier Monate alt geworden.

In mir ging es zu wie in der Hölle. Außerdem war ich schon wieder schwanger. Meine Periode war ausgeblieben. Am 26. März bekam ich wieder ein Mädchen. Ich nannte es wieder Edelgard, aber dieses Mal setzte ich den Namen meiner Mutter an die erste Stelle.

Es war noch winterlich, ab und zu schneite es sogar noch, so konnte ich mich etwas schonen. Draußen war nicht so viel zu tun. Nach der Stallarbeit versorgte ich die Kinder und machte den Haushalt. Lieselotte war jetzt vier und Waltraud zweieinhalb. Die Mädchen waren mein Ein und Alles. Ich nähte ihnen Faltenröcke und Dirndlkleider. Manchmal bekam ich auch von besseren Leuten aus Schömberg etwas zum Anziehen für sie, das man dann halt noch umnähen musste, einen Saum hochnehmen oder enger machen. Ich ging mit ihnen Schuhe einkaufen in Schömberg, und sie durften die neuen dann anbehalten, bis wir wieder daheim waren. Und ich frisierte sie schön. Das war mein ganzer Stolz, dass meine Mädchen immer sauber und schön angezogen waren. Und wenn mir Leute sagten, dass ich nette Kinder hätte, eins wie's andere, dann freute ich mich.

Auch zu den Festen, wie Kirchweih oder Allerheiligen, bekamen sie neue Stiefel oder Hausschuhe. Wie wir einmal von so einem Einkauf heimkamen, lief die Waltraud stolz zur Ahne hinauf und zeigte ihr die neuen Schuhe. Statt sich zu freuen, schimpfte sie nur: »Ihr habt ja Geld g'nug! Nix könnt ihr wie Geld ausgeben!«

Aber ich ließ mich davon nicht einschüchtern. Ich war es von daheim gewohnt, dass die Kinder dieses Vorrecht hatten, und es war ja auch meine einzige Freude. Oft bekamen meine Kinder auch Kleider und Spielzeug geschenkt, vor allem von Alois Cousin Walter und von Alois Gotte und ihrem Mann Eugen aus Rottweil. Ich bin diesen Leuten noch heute sehr dankbar. Nicht nur wegen den geschenkten Sachen, sondern weil es mir so wohl tat, dass es auch Menschen gab, die zu mir hielten. Auch Karl, ein anderer Cousin von Alois, gehörte zu denen. Wenn unser Schlepper kaputt war, lieh er uns seinen.

Ich kannte ein Ehepaar aus Oberndorf. Sie hatten ein Lebensmittel- und Feinkostgeschäft. Alois brachte dort die Rehe und Hasen hin, die er auf der Jagd geschossen hatte. Von der Frau bekam ich oft schöne Kleider geschenkt und Hüte und sogar Schuhe, die zu den Kleidern passten. Diese Leute kamen ein paarmal unter dem Jahr zu uns auf Besuch und immer brachte die Frau etwas mit. Meistens musste ich die Kleider und Blusen an der Taille ein wenig einnähen, weil ich so dünn war. Aber auch daran musste meine Schwiegermutter schimpfen: Ich würde alles an die Hoffart hängen.

Dieses Bild von meinen Töchtern wurde bei Edelgards Kommunion aufgenommen: Elfriede, Angela, Edelgard und Waltraud (von links).

Sie hatte sogar Recht! Ich hatte eine große Freude an den Sachen, denn ich zog mich gerne schön an. Und sie wusste nicht, dass ich all diese schönen und modernen Sachen geschenkt bekam! Ich sparte dadurch viel Geld, das mein Mann und ich für die Anschaffung von Maschinen brauchten.

Ich hatte eigentlich nur im Winter richtig Zeit, den Kindern neue Sachen zu nähen. Im Sommer war draußen so viel zu tun, dass immer viel Hausarbeit für den Sonntag liegen blieb, bügeln und flicken. Aber ich nähte auch im Sommer gelegentlich etwas für meine Mädchen.

Ich nahm sie auch immer mit aufs Feld. Die zwei Großen band ich links und rechts auf den Kotflügel vom Schlepper, das Kleine nahm ich links auf den Arm und steuerte mit dem rechten. Während ich dann meiner Arbeit nachging, konnten sie miteinander spielen – und sie waren in meiner Nähe. Es war eine Freude für mich, wie sie miteinander spielten.

An einem Nachmittag brauchte Alois den Schlepper zum Pflügen, weshalb ich die Mädchen zu Fuß mit aufs Feld nahm, das Jüngste im Kinderwagen. Ich hatte tags zuvor auf einem Acker vier Wagen Mist abgeladen, die ich breiten musste. Ich war gut bei der Arbeit, als der Himmel zuzog und vom Neckartal aus ein schweres Wetter aufkam. Es sah böse aus. Auf einem Acker neben dem unseren arbeitete eine Frau. Sie ging, und sie drängte mich, dass ich ebenfalls gehen solle. Aber ich wollte fertig werden, sonst hätte ich am nächsten Tag nochmals den weiten Weg hierher machen müssen. Ich schaffte, so schnell ich nur konnte. Das Wetter kam immer näher, und es donnerte und blitzte. Endlich war ich fertig. Ich setzte die Kinder in den Kinderwagen und schulterte die Mistgabel. Aber es war zu spät. Es kam ein Wolkenbruch, wie ich noch selten einen erlebt hatte. Ich sprang mit dem Kinderwagen und der Gabel auf der Schulter mitten im Gewitter. Die Leute in den Autos, die mich auf der Landstraße überholten, lachten, wie sie mich so springen sahen.

17

Um Kirchweih herum wurde auf den Äckern, von denen man gerade Kartoffeln oder Rüben eingebracht hatte, Winterweizen ausgesät. Dann musste Gülle auf die Saat gebracht werden, und die Mistgruben wurden nochmals geleert. Bei trockenem Wetter wurde im Wald Reisholz geholt. Hatte es dann zugeschneit, wurde es ruhig. Ende November buk ich mit den Mädchen Weihnachtsgebäck, Lebkuchen, Nikoläuse und Springerle. Die Mädchen durften ausstechen. Es gab immer einen Wäschekorb voll Gebäck, und es reichte dann bis Fasnacht.

Aus Resten nähte ich ihnen schöne Schürzchen oder strickte Pullover für sie. Auch auf dem Hof gab es einiges zu reparieren, Getreide- und Kartoffelsäcke mussten geflickt werden. Ende Februar musste ich dann in den Wald und Holz schleppen und es anschließend mit dem Gummiwagen heimbringen.

Ab 1958 gab es in Zimmern auch eine Fasnacht. Ich hielt davon nicht viel. Anderer Leute ihre Schandtaten und Gespött aufsagen beziehungsweise anhören, das wollte ich nicht. Aber im Schwarzwald sind sie alle fasnetverrückt. Wenn man es selber nicht ist, fällt man sofort auf. Wie ich am Fasnachtmontag im Kaufladen war, sagte so ein Fasnetnarr zu mir: »Dich hab ich auch noch nit auf der Fasnet g'sehn. Ja, du bist 's ganz Jahr verruckt, da musst an Fasnet g'scheit bleiben.«

Ich gab ihm keine Antwort. Solche Leute, die so unverschämt herausschwätzen können, meide ich lieber.

Überhaupt hielt ich nichts vom Schwätzen, und ich ging auch nirgendwo hin, bloß um zu tratschen. Ich war mit meinem Hauswesen genug ausgelastet. Was sollte ich da über anderer Leute Angelegenheiten nachdenken? Wenn es irgendwo lustig zuging, Sprüche geklopft wurden und man lachte, da war ich gern dabei, aber ich mochte nicht über andere Leute herziehen und wollte auch nichts davon hören, wenn andere Leute in meinem Beisein so redeten. Ich war das von daheim nicht gewöhnt.

Allerdings war mir seit meiner Heirat das Lachen gehörig vergangen, und lustige Gesellschaft traf ich nicht mehr. Obwohl ich von der Fasnet nicht viel hielt, ging ich mit den Mädchen auf den Umzug. Ich spendierte ihnen Wurst und einen Wecken, danach gingen wir heim. Und bald ging es auf Ostern zu, und ich merkte, dass ich wieder schwanger war. Der Schwiegervater pachtete wieder etliche bucklige Wiesen zusammen, und ich musste wieder arbeiten von fünf in der Früh bis elf oder manchmal zwölf in der Nacht, die drei Kinder versorgen, misten, Vieh füttern, zehn Stück Schweine versorgen und die sechs Kühe melken.

Wenn Alois abends vom Bau kam, hätte er gerne seinen Feierabend gehabt, aber meistens brauchte ich noch einen Wagen Gras. Um acht brachte ich die Kinder ins Bett, dann gingen wir Gras holen fürs Vieh, oft kamen wir erst gegen halb elf wieder heim.

Wie wir dann eines Abends in der Stube saßen und uns besprachen, weil ich eine Wiese gerne gedüngt hätte – wir hätten dann einen zweiten Grasschnitt machen können, und die Kühe würden mehr Milch geben als vom Heu –, da fing die Schwiegermutter an: »Oh, Alois, du bist so mager g'worden. Die macht dich kaputt! Die ist recht scharf!«
»Ein guter Bock wird selten fett!«, giftete ich zurück. Nachher tat es mir leid, denn ich hatte natürlich nicht den Alois beleidigen wollen, sondern die Alte.

Mit der Trinkerei vom Schwiegervater wurde es immer schlimmer. Mittags trank er Most, und er trank gerne zu viel, manchmal sogar viel zu viel. An einem Mittag hatte er einmal zwei, drei Krüge in sich hineingeleert, er hing mehr auf dem Küchenstuhl, als dass er saß. Ein Verwandter von ihm kam zu Besuch und sah ihn so. »Johann, wie geht's dir?«, fragte der Verwandte. Da riss sich der Alte hoch.
»Schaffen Tag und Nacht!«, lallte er brüllend, dann sank er wieder zusammen. Dabei hatte er an dem Tag noch nichts angeregt.
Viel schlimmer war es, wenn er nur angetrunken war und dann im halbbetrunkenen Zustand mit uns auf dem Acker war. Zum einen war er unmäßig tyrannisch und musste seinen Kopf noch mehr als sonst haben, zum andern musste man aufpassen, dass nichts Schlimmes passierte. Wir waren beim Heuen, und der Wagen war gut geladen. Alois und ich waren gerade dabei, den Wiesbaum auf den Heuwagen zu binden. Bei den abschüssigen, steilen Bergwiesen war das nötig, damit einem nicht das halbe

Heu vom Wagen fiel. Ich war oben auf dem Wagen und reichte Alois die Seile herunter, als der Alte in seinem Suff »Hüh!« schrie. Der Gaul sprang an, und der Wagen stürzte samt Wiesbaum, Heu und mir auf der abhaldigen Wiese zehn Meter nach unten. Ich heulte los, weil es zunächst aussah, als ob Alois nicht mehr stehen könnte, aber dann ging es Gott sei Dank wieder. Wir richteten den Wagen auf, luden von neuem und brachten ihn diesmal glücklich heim. Daheim abladen durften Alois und ich allein. Da wollte der Alte dann nichts mehr davon wissen. Aber es war mir sogar lieber so, weil die dauernde Kommandiererei auf der Wiese mir schon gelangt hatte.

Um halb neun war ich dann grade fertig mit dem Stall, als mein Schwiegervater wieder ankam und befahl, dass wir jetzt noch das Heu auf der Selterhalde holen würden. Er ordnete an, wie weit Alois die Halde hinauffahren sollte. Während die beiden das Heu auf den Wagen schmissen, rechte ich den Buckel hinunter. Dann stieg ich auf den Wagen, setzte das Heu, das Alois mir hochreichte. Und wieder schrie der Alte »Hüh!«, anstatt dass er das Pferd ein paar Schritte führte. Das Pferd machte wieder einen Mordssatz, und der Wagen stürzte um und rutschte die Halde hinunter. Ich konnte von Glück sagen, dass ich noch lebte. Weiter unten war es eben. Dort stellten Alois und ich den Wagen wieder auf. Ich schmiss alles Heu den Berg hinunter. Dort luden wir es dann auf. Um elf Uhr nachts waren wir endlich daheim, aber da war der Wagen noch lang nicht abgeladen!

Mittlerweile gab es einen Mähdrescher im Dorf. Aber die Schwiegermutter ordnete an, dass mein Schwager, der gerade Urlaub hatte, die Gerste mähen sollte. Wie ich auf den Acker kam, traf mich schier der Schlag! Es wäre besser gewesen, ich hätte selber gemäht. Mein Schwager mochte es gut gemeint haben, aber dann wusste er nicht, wie man es richtig macht. Da konnte ich also, hochschwanger im siebten oder achten Monat, das kreuz und quer liegende Korn vom Boden wegsammeln. Als ich meinem Schwager erklären wollte, wie bei uns im Oberschwäbischen beim Mähen die Frucht nach links ausgezogen wird und dabei schöne Mahden hingelegt werden, schrie der Alte dazwischen: »Faul's Tier! Mach, dass ebb's fertig bringst. Mir han's immer so g'macht! Von dir lass'n mir uns nit kommandieren!«

So konnte ich also die ganze Ernte über, solange der Schwager zum Mähen da war, hinter ihm herschinden, dazu abends noch bis um elf die Garben auf die Dreschmaschine schmeißen. Am andern Morgen durfte ich die vollen Getreidesäcke alleine auf die Bühne schleppen, und die zwei Wagen Stroh durfte ich auch allein abladen. Da half keiner von denen, weder der Alte noch mein Schwager!

Nach der Ernte kam das Öhmden. Wir hatten Besuch von einem Ehepaar aus Duisburg. Sie waren im Krieg als Flüchtlinge in der Nachbarschaft gewesen. Auch zu meiner Hochzeit waren sie gekommen. Sie gingen dann später wieder zurück, aber sie kamen immer wieder gerne auf Besuch nach Zimmern.

Alois arbeitete im Schopf, ich hing Wäsche ab, der Schwager machte am Motormäher herum, er hatte den Motor laufen und versuchte, die Schneidemesser in Gang zu bringen.

»Bring ein' Eimer Wasser hier über den Mähbalken!«, schrie er zu mir. Eigentlich hätte ich genauso gut sagen können: »Hol ihn dir selber!« Aber nein! Ich gehorchte, so wie immer, und brachte ihm seinen Eimer Wasser.

»Leer ihn auf den Balken!«, schrie der Schwager wieder. Ich stellte mich vor den Mäher und schüttete das Wasser über den Mähbalken, während er an der Kupplung herumfummelte. Und was geschah? Der Motormäher machte einen Satz nach vorne und der Mähbalken mit den laufenden Messern rammte mir gegen die Schienbeine. Die Messer schnitten mir in beide Beine, blockierten dann aber Gott sei Dank. Aber meine Beine waren zwischen den Messern eingeklemmt, und ich konnte nicht weg, und der Motor lief noch immer.

Der Mann aus Duisburg hatte alles gesehen. Er lief in den Schopf und schrie nach meinem Mann. Alois kam angerannt und riss seinem Bruder den Mäher aus den Händen und stellte den Motor ab. Jetzt erst kam ich frei. Das Blut lief mir an den Beinen hinab. Ich hatte wahnsinnige Schmerzen und heulte. Die Schwiegermutter hatte Besuch von einer Freundin. Natürlich hatten sie den Aufruhr mitbekommen und waren ans Fenster gelaufen. Das Paar aus Duisburg nahm mich in die Mitte und schleppte mich ins Haus. Da hörte ich, wie die Freundin der Alten lachte: »Die wird wieder seckeldumm 'nan g'standen sein!«

Der Unfall passierte an einem Samstagnachmittag. Herr Frings, der Besucher aus Duisburg, telefonierte herum und versuchte, einen Arzt zu erreichen. Dann wuschen er und seine Frau mir die Beine, und ich zog mich sauber an. Mein Schwager brachte mich mit seinem Auto nach Schömberg. Der Arzt sah sich nur kurz die Verletzungen an, dann sagte er, er könne nichts für mich tun. Die Wunden müssten genäht werden. Außerdem müsse man die Beine röntgen. Der Knochen könnte verletzt sein. Er gab mir eine Überweisung für das Balinger Krankenhaus. Alois' Bruder brachte mich ohne Begeisterung nach Balingen zum Krankhaus. Dort vor der Pforte ließ er mich aussteigen und fuhr davon.

Da stand ich also!

Der Pförtner schimpfte auf meinen Schwager, der mich einfach hatte so stehen lassen. Zwei Kollegen von ihm halfen mir auf die Unfallstation. Dort musste ich eine Stunde warten, bis ein Arzt für mich Zeit hatte. Ich unterhielt mich in der Zeit mit der Schwester, die mich nach meiner Niederkunft fragte, weil ich schon kugelrund war. Aber sechs Wochen würde es bestimmt noch dauern. Alois rechnete dieses Mal fest mit einem Buben.

Ich wurde an beiden Schienbeinen genäht. Die Knochen war heil geblieben. Es war wie ein Wunder.

»Jetzt haben Sie keine so schönen Beine mehr wie vorher«, meinte der Arzt. »Trotzdem haben Sie noch einmal Glück gehabt. Schonen Sie sich schön zu Hause!«

An diesem Abend konnte ich nichts mehr im Stall helfen, aber am nächsten Morgen molk ich wieder. Die ganze

Verwandtschaft der Schwiegerleute lachte hinter meinem Rücken über mich. »Die muss halt immer bei allem dabeisin!« und »Du brauchst dein Nas' nit immer überall drinha'n! Du bist grad selber schuld!«, waren die Sprüche, die ich gesagt bekam.

Nach der Öhmd begann ich mit dem Mistführen. Ich hatte Schmerzen im Kreuz und, was mich beunruhigte, auch im Bauch. Mein Hausarzt war im Urlaub. Ich ging zu seiner Vertretung, einer Ärztin. Ich bat sie, mir etwas gegen die Schmerzen zu verschreiben, denn sie wären so stark, dass ich nicht arbeiten könne.

Da wurde sie aber böse!

»Sie sollen in ihrem Zustand auch nichts arbeiten!«, wies mich die Ärztin zurecht.

Sie erklärte mir, dass mein Kind darunter leiden würde. Ich müsse meinen Schwiegereltern sagen, dass ich nicht mehr arbeiten könne.

Ich versuchte, ihr zu erkären, wie schwierig das wäre.

»Ihr Mann soll es ihnen sagen«, entschied sie. »Das wäre ja noch schöner, wenn man da nicht abhelfen kann!«

Die Ärztin hatte gut reden. Ich bedankte mich und ging wieder nach Hause. Ich erzählte meinem Mann, was die Ärztin gesagt hatte, nämlich dass ich nichts arbeiten dürfe und dass er mit seinen Eltern reden müsse. Nun, die Sache ging aus wie das Hornberger Schießen. Ich wurde keinen Deut weniger drangsaliert als vorher.

Jetzt gingen wir in die Kartoffeln. In der Zeit musste ich zweimal nachts ins Krankenhaus gebracht werden. Die

Wehen waren so schmerzhaft, wie ich es noch nie zuvor erlebt hatte. Die Krankenschwester sagte, dass das von der schweren Arbeit käme und dass sie meiner Schwiegermutter gerne die Leviten lesen würde.

Beide Male wurde ich wieder heimgeschickt. Es sei noch zu früh. Vierzehn Tage müsste ich noch rechnen, hieß es.

Einige der Zimmerer Landwirte hatten von irgendwoher einen Kartoffelroder entlehnt, den hätten wir auch haben können. Aber die Schwiegermutter bestimmte, dass es gemacht würde, wie sie es wollten, und nicht, wie ich es wollte, und mein Mann nickte dazu.

Alois und sein Bruder sollten jeder zwei Reihen nehmen und mit Mistharken die Kartoffeln herausziehen. Sie selbst würde sie mit einer Frau aus der Nachbarschaft schütteln, also vom Pflanzenstock lösen, und ich sollte sie aufheben und verlesen, die kleinen extra und die großen in Säcke. Sie hatte mir also die schwerste Arbeit zugedacht. Dabei konnte ich mich mit meinem riesigen, runden Bauch kaum bücken. Ich kam den anderen einfach nicht hinterher, da konnte ich machen, was ich wollte. Zu allem drehte sich die Alte auch noch um, schrie mich an und nannte mich ein faules Tier. Da nahm ich eine große Kartoffel und warf sie nach ihr. Ich hätte sie am liebsten auf ihr großes Schandmaul getroffen, aber leider war ich im Werfen noch nie gut. Allerdings brach durch diese Aktion das Fruchtwasser. Ich machte Feierabend, und Alois brachte mich mit dem Schlepper heim. Ich musste mich noch waschen und frisch anziehen. Den Koffer mit Nachthemden und Kindswäsche hatte ich schon vor Wochen gerichtet.

Ein Vetter brachte uns nach Rottweil. Um fünf Uhr am Nachmittag bekam ich mein Kind. Alois blieb bei mir im Entbindungszimmer. Aber wie die Hebamme das Kind hochhob und verkündete, dass es wieder ein Mädchen sei, konnte er sich nicht mehr halten vor lauter Enttäuschung und fing an zu toben. »Fünf Menscher! Und andere kriegen gleich ein Bub!«, schrie er. Er hatte so fest mit einem Buben gerechnet. Die Hebamme drohte, ihn hinauszuwerfen, wenn er sich nicht beruhige. Alois hatte so eine Wut, dass er es ablehnte, sich von seinem Vetter wieder heimbringen zu lassen. Er lief die ganzen 15 Kilometer vom Rottweiler Krankenhaus bis nach Zimmern zu Fuß.

Da die Nachgeburt nicht kam, musste ich mich wieder ausschaben lassen. Aber ich erholte mich gut und hatte doch wieder acht oder neun Tage Urlaub. Bis ich mit dem Kind heimkam, waren die Erdäpfel so gut wie eingebracht. Wir tauften eine Elfriede Ulrike. Das Kind wog achteinhalb Pfund, und ich ging aufs Feld zum Rübenputzen und zum Säen. Die Mädchen spielten daheim in der Stube und passten auf ihr jüngstes Schwesterchen auf. Ich war froh, dass es dem Winter zuging. Ich hatte dann einfach mehr Zeit für die Kinder. Ich erfuhr von einer Nachbarin, dass Alois mich im Krankenhaus hatte besuchen wollen. Er hatte sich rasiert und angezogen und wollte zu mir und dem Kind. Offenbar tat ihm seine Reaktion bei der Geburt leid, was auch zu Alois gepasst hätte, denn er war im Grunde ein gutmütiger Kerl. Aber seine Mutter habe ihm befohlen, hier zu bleiben und auf dem Feld zu helfen. Allerdings war er dann einen Tag später doch gekommen und hatte mich und das Kleine besucht.

Es war nun in unserer Wohnung recht eng geworden mit den vier Kindern. Wenn die Schwiegerleute meinem Mann das Haus überschrieben hätten, hätte man anfangen können mit Umbauen; aber so bekamen wir keine Kredite, weil wir das Haus als Sicherheit für die Bank nicht hatten. Es tat sich nichts. Dabei hätten wir eine größere Wohnung dringend gebraucht. Ich erfuhr, dass in der Nachbarschaft ein Haus zum Verkauf stünde, ein kleines Bauernhaus. Ich redete mir fast den Mund weg, um Alois dazu zu bringen, es zu kaufen. Schließlich ging er hin und sprach mit dem Besitzer über den Preis.

Kaum hatten die Alten davon erfahren, wurde Alois jeden Abend nach oben zitiert. Dort wurde auf ihn eingesprochen, dass er sein Haus ja bekäme und dass er um Gottes willen keine Schulden machen solle. Eines Tages war das Häuschen weg, verkauft. Und ich war wieder enttäuscht.

Eine Zeit lang saßen der Schwiegervater und der Schultes gern zusammen, meistens im »Paradies« am runden Tisch.

Einmal musste ich dem Schultes ein Schriftstück aufs Rathaus bringen. Ich wollte gleich wieder gehen, ich war sogar schon aus der Tür draußen, als er rief: »He! Komm rein! Ich muss dir was sagen!«

Ich war gespannt, was mir der Schultes erzählen wollte. »Ich hab mit dei'm Schwiegervater g'redet, dass er euch 's

Haus überschreibt, damit ihr umbauen könnt. Aber weißt, was er g'sagt hat?«

»Was wird er schon g'sagt ha'n«, antwortete ich.

»Dass er euch 's Haus nit gibt! Ihr sind selber schuld. Ihr ha'n schon so viel kaputtg'macht. Wenn der Alois 's Haus hat, werdet ihr noch alles kaputtmachen!«

Da platzte mir aber der Kragen.

»Zu dir bin ich noch nie kommen und hab dich um Rat g'fragt!«, sagte ich böse. »Und um dein Hilf bettelt hab ich auch nie. Was mein Mann und ich bis heut kauft ha'n, das ha'n mir alles noch. Aber es gab mal einen hier, der hat sein Felder, die er von sei'm Vater g'erbt hat, verkauft, und zwar an dich!«

Diese Anspielung passte dem Schultes aber nicht. Er schrie und wollte mich hinauswerfen.

»Du hast mich mit deinen Lügen rausg'fordert, und jetzt bekommst du sie. Das Eine will ich dir sagen: Die Oberschwaben sind nit auf den Kopf g'fallen. Und mit Lug und Trug lass ich mich nit von euch fertig machen.«

Drunten vor dem Rathaus lief ein Vetter von Alois hin und her und sah zu, dass er alles mitbekam. Wie ich durch die Tür trat, sprang ein anderer Vetter, der die Szene abgehorcht hatte, zurück.

Der Schultes lief dann am Mittag gleich ins »Paradies« und erzählte, wie ich ihm Schande angetan hätte und beschwerte sich beim Alten, weil der ihm erzählt hatte, wie dumm die vom Oberland doch wäre, und nun hätte er sie so kennen gelernt.

Dritter Teil

18

Ich war inzwischen so weit, dass ich keinem im Dorf mehr traute. Ein Nachbar drängte mich, dass ich ihm von den Hutzeln, die meine Schwiegermutter gedörrt hatte, ein oder zwei Pfund verkaufen sollte. Die Schwiegermutter hatte sie im Backhaus gedörrt, und nun standen dort zwei große Körbe voll.

Der Nachbar drängte mich sehr, ich könnte doch die paar Mark sicher brauchen. Als ich ablehnte, tat er enttäuscht. Das hätte er nicht gedacht, dass ich so bin.

Aber erstens waren es nicht meine Hutzeln, ich hätte sie stehlen müssen. Und so etwas mache ich nicht! Ich sagte dem Nachbar, wenn er welche kaufen wolle, müsse er meine Schwiegermutter darum fragen.

Zum anderen überlegte ich, dass es vielleicht eine abgesprochene Sache sein könnte, um mich hinterher als Dieb verschreien zu können.

Ich war wieder schwanger, und ich wurde wieder schikaniert von morgens bis abends, gerade so, als ob es Absicht wäre. Am Morgen, nachdem das Ross gefüttert und getränkt worden war, befahl mir der Alte, es anzuschirren. Ich hob den Kummet hoch, in dem Augenblick machte der Gaul einen so heftigen Satz in den Kummet, dass ich schier umfiel. Am Nachmittag merkte ich dann, dass etwas nicht in Ordnung war. Ich bekam Blutungen und Leibschmerzen. Die Schmerzen wurden immer stärker. Ich fürchtete, dass es wieder eine Fehlgeburt sein würde. Leider behielt ich recht. Auf dem Klosett ging mir ein großer, blutiger Klumpen aus dem Unterleib hinaus.

In der Nachbarschaft waren Ferienleute, die hatten ein Auto. Die Frau brachte mich nach Schömberg zu meinem Hausarzt. Ich fühlte mich schon halb tot, als wir dort endlich ankamen. Ich wurde ausgeschabt. Der Arzt traute sich nicht, mich zu narkotisieren, weil mein Kreislauf so schwach war. Ich wäre vielleicht nicht mehr aufgewacht aus der Narkose.

Als alles vorbei war, brachte mich die Frau wieder heim. Mir war so elend. Wie ich mich im Spiegel anschaute, sah ich totenbleich aus. Ich legte mich für den Rest des Nachmittags ins Bett, aber allzu lange war das nicht. Am Abend musste ich aufstehen, melken und misten und zwölf Stück Vieh versorgen und die Schweine. Die Schwiegermutter war mit meinem Schwager in Duisburg bei dem Ehepaar Frings auf Urlaub. Der Schwiegervater, falls er überhaupt da war und nicht im Wirtshaus, würde es nicht machen, das wusste ich. Und dass Alois heimkäme, war nicht wahrscheinlich. In letzter Zeit ging er am Feierabend lieber mit seinem Kollegen in den Rosengarten, als dass er heimkam und mir half.

An einem Abend war aus irgendeinem Grund eine Unruhe im Stall, der Bulle und die Kühe rissen die Futterkrippe von der Wand. Wenn ich nicht schnell weggesprungen wäre, wäre ich am Ende noch unter eine Kuh gekommen. Mein Mann war nicht daheim, aber ich wusste ja, wo ich ihn finden würde.

Er saß mit einigen anderen am runden Tisch. Ich sagte zu ihm: »Alois, du gehst sofort mit. Das Vieh hat die Kripp' von der Wand g'rissen!«

Da sagte einer der Männer: »Dann tu sie wieder 'nan!« Alle lachten.

Da fuhr ich dem Kerl aber übers Maul!

»Mit dir hab ich nit g'sprochen, also kannst dein Maul halten! Ihr hockt hier wie so orientalische Paschas, und ich muss mich totschinden!«

Einige lachten wieder, aber Alois ging nun mit. Wir brauchten noch Stunden, bis die Krippe wieder montiert und alles Vieh wieder angebunden war.

Der Schwiegervater ging auch gern in die Wirtschaft, am Anfang vom Monat ging er alle Abend. Wenn es dann einmal im Jahr passierte, dass er mitten in der Nacht die Haustür verschlossen vorfand, dann brüllte er anschließend so laut im Haus herum, dass man es überall in der Nachbarschaft hörte: »Saumensch! Lumpenmensch!«

Meistens dauerte es eine ganze Stunde, bis er wieder damit aufhörte. Die Kinder wachten davon auf und weinten vor lauter Angst.

Ich hatte selber auch Angst.

Im Spätherbst 1965 sollte an einem Samstagabend das neue Schulhaus eingeweiht und ein festlicher Abend veranstaltet werden. Ich wollte sehen, dass ich einigermaßen früh fertig sein würde, denn ich freute mich sehr darauf.

Ich hatte im Kuhstall so weit alles erledigt. Ich wollte nur noch den elektrischen Kartoffeldämpfer füllen, damit ich am nächsten Morgen Kartoffeln für die Schweine hatte. Wie ich in den Keller kam, waren alle sechs Mastschweine aus dem Schweinestall ausgebrochen und in den Kartoffelkeller hinübergelaufen. Ich hatte dort vier Kisten gutes Lagerobst aufgestapelt gehabt. Alles lag mitsamt den Kisten verstreut auf dem Boden, und die drei Zentner schweren Schweine hausten mittendrin. Ich trieb die Schweine in ihren Stall zurück. Wie sie in den Kartoffelkeller gekommen waren, habe ich nie herausbekommen.

Dann konnte ich alles alleine aufräumen. Alois war beim Einkehren. Ich heulte, weil alles so furchtbar aussah, und ich schimpfte laut über die Schwiegereltern, weil sie uns das Haus nicht gaben, sodass man hätte einen Schweinestall bauen können. Mein Schwager hörte mein Geschimpfe. Er kam zu mir in den Keller herunter und schlug mir mit der Faust ins Gesicht. Ich hatte acht Tage lang eine Schwellung.

Auch an eine andere Begebenheit aus jener Zeit erinnere ich mich noch gut. Wir hatten einen Bescheid bekommen vom Amt, dass man uns Kindergeld nachzahlen würde, und zwar fast 300 Mark. Ich erzählte es meinem Mann und sagte ihm auch, dass ich mir mit einem Teil dieses Geldes gerne einen neuen Wintermantel kaufen wollte. In den nächsten Tagen war bei uns in Zimmern eine Mantelschau angesagt. Ich war nun schon fast acht Jahre verheiratet, und ich fand, dass ich nun endlich einen neuen Mantel haben sollte. Ich probierte einen schönen, schwarzgrauen Mohairmantel mit einem echten Pelzkragen. Meine Mutter war schwer krank, und sie würde nicht mehr lange leben. Deshalb wollte ich einen dunklen Mantel haben.

Meine Schwiegermutter, wie sie merkte, um was es ging, kam nun in die Stube und brachte einen alten, dunkelgrünen Wintermantel an, den sie einmal von einer Freundin bekommen hatte. Sie tat und machte und litt es nicht anders: Ich musste diesen Mantel anprobieren. Ihre Freundin war nicht gerade schlank gewesen, und ich hätte in den Mantel gut zweimal hineingepasst. Aber sie bestand darauf, dass ich diesen Mantel nehmen und das Geld sparen sollte. Als ich mich weigerte, wurde sie wütend und ging. Anderntags besuchte sie ihre Verwandtschaft und schimpfte über mich, wie ich hoffärtig sei und das Geld hinauswürfe.

Meine Mutter starb tatsächlich im Laufe des Winters, und ich war froh an meinem schönen, modernen Mantel. Als ich zur Beerdigung kam, hieß es, ich käme daher wie eine Großbäuerin. Einerseits erfüllte mich das mit einem Stolz. Auf der anderen Seite aber fand ich es nicht recht, dass man sich nicht etwas Schönes leisten durfte, ohne dass die Leute neidisch wurden oder einen deswegen verleumdeten. Schließlich hatte ich auch die letzten acht Jahre Tag für Tag geschuftet wie ein Pferd, doch dazu sagte niemand etwas.

Im Frühjahr war ich bereits wieder im sechsten Monat. Ich ärgerte mich, dass ich wieder im Sommer hochschwanger sein würde, wo man fast keine Zeit hatte, das Kind auf die Welt zu bringen.

Alois war den ganzen Tag auf dem Bau, die Hofarbeit blieb an mir hängen. Ich holte Kunstdünger auf der Raiffeisengenossenschaft. Anschließend hieß es säen, und zwar von Hand aus der Wanne oder dem Eimer, ganze Tage lang allein draußen auf dem Feld. An einem Morgen musste ich nochmals mit dem Wagen zur Raiffeisen, um Kalkammonsalpeter, Kalisalz und Volldünger zu holen. Der Rechner warf mir mit dem Sackkarren die Säcke auf die Rampe, jeder 75 Kilo schwer. Ich warf einen um den anderen in meinen Wagen hinüber. Ich war stark, aber das war auch für mich eine sehr schwere Arbeit, und im sechsten Monat schwanger war ich dazu!

Da kam einer mit seinem Einachsschlepper daher und fing an rumzuschreien. Ich solle machen, er wolle auch laden!

»Du wartst, bis ich fertig bin«, schrie ich zurück. Ich fand das Verhalten von dem Mann eine Unverschämtheit.

Am Pfingstsamstagnachmittag um fünf bekam ich dann im Rottweiler Krankenhaus das Kind. Es war wieder ein Mädchen, mein sechstes, und sie wurde Angela getauft! Wieder musste die Nachgeburt geholt werden. Genau wie damals bei meinem dritten Kind bekam ich auf der Station eine starke Blutung, an der ich fast gestorben wäre. Ich kam wieder ins Entbindungszimmer und wurde nochmals ausgeschabt. Erst spät am Abend wurde ich wieder auf die Station gebracht. Der Arzt sagte, die Ursache für diese Nachblutungen wäre die schwere Arbeit. Er könne nicht fassen, wie man eine hochschwangere Frau so schwer arbeiten ließe.

Nach neun Tagen brachte mich ein Taxi wieder heim. Die Schwiegermutter lief mir keifend entgegen und beschwerte sich laut über meine Kinder. Als Erstes weichte ich meine blutigen Nachthemden und meine Unterwäsche ein. Da hörte ich, wie sie draußen mit meinen Mädchen so grausam herumschrie, dass es mir ganz anders wurde ums Herz. Ich konnte mir denken, wie es die letzten Tage gewesen war.

In diesem Jahr war die Heuernte so früh wie selten. Alois und ich gingen früh um vier zum Mähen. Er mähte mit dem Schlepper die Wiesen, ich mähte mit der Sense die Raine und Bachufer aus. Wenn wir um sechs oder halb sieben daheim waren, ging ich in den Stall. Nach dem Stall versorgte ich die Kinder, während Alois wieder raus auf die Wiesen ging. Die Alte wollte mich wieder kommandieren: »Mach, dass d' auf die Matt' kommst! Ich richt die Kinder!« Aber ich ließ mich nicht darauf ein. Meine Kinder richtete ich selber. Dann wurde es halb neun oder halb zehn, bis ich wieder draußen war, das war mir egal. Außerdem nahm ich die Kinder alle mit, auch das kleinste. Dort schlief es im Schatten, die größeren Mädchen hatten ein Auge auf ihr Schwesterchen, und den Schoppen hatte ich dabei.

Die Schwiegermutter wurde krank. Sie lag im Bett und jammerte, weil sie starke Leibschmerzen hatte.

Wenn ich mit der Stallarbeit fertig war, musste ich mich als Nächstes um sie kümmern, ihr den Kaffee ans Bett bringen, sie waschen von Kopf bis Fuß, die Kammer sauber machen und den Nachttopf leeren.

Sie hatte ein Kommando, besser als der beste Feldwebel. Einmal kam ich verspätet zu ihr in die Kammer, und eine Flüchtlingsfrau aus der Nachbarschaft, die sich um sie kümmerte, kam gleich hinter mir. Die Schwiegermutter war wütend, weil ich zu spät dran war und warf mit ihren Socken nach mir, aber sie traf nicht mich, sondern ihre Freundin.

»Theres, dass lass ich mir nit g'fallen. Das kannst mit deiner Schwiegertochter machen, aber nit mit mir«, schrie die Frau wütend. Dann sagte sie noch: »Dein Schwiegertochter ist viel z'gut für euch. Du hast sie nit verdient. 's wär besser, du hättest dein Sohn besser erzogen.«

Ich merkte, wie die Schwiegermutter verlegen wurde. Aber sie sagte nichts dazu. Obwohl es ihr wirklich nicht gut ging und sie Schmerzen hatte und eigentlich hätte im Bett bleiben sollen, konnte sie es nicht lassen, das Haus auszusuchen, wenn ich auf dem Feld war.

Sie hatte Lungenkrebs, und mit der Zeit ging es ihr immer schlechter. Der Hausarzt sah zweimal in der Woche nach ihr. Sie bekam Infusionen. Der Arzt band einen Besenstiel ans Bett und befestigte daran die Infusionsflasche mit dem Schlauch. Ich sah damals so etwas zum ersten Mal. Er stach der Schwiegermutter mit einer Nadel in die Ader.

Er erklärte mir, was ich machen musste, wenn die Flasche geleert war, was in ungefähr zwei Stunden so weit sein würde. Ich gab von nun an nach den Anweisungen vom Doktor die Infusionen.

Wenn der Arzt das Haus verließ, hatte er stets im linken Arm einen Laib Brot und im rechten Arm ein Stück Rauchfleisch. Mich ärgerte diese Schmiererei. Ich konnte gebacken haben, so viel wie ich wollte, spätestens am Freitagmorgen war kein Brot mehr da, weil die Schwiegermutter auch den letzten Laib mitgegeben hatte. Ich musste meinen Kinder einen Grießbrei oder einen Pudding zum Frühstück machen oder manchmal sogar nur geröstete Kartoffeln. Bei uns in Zimmern wurde am Freitag im Backhaus gebacken, Schwarzbrot, Zwiebelkuchen und was die Bauersfrauen alles brachten. Am Nachmittag konnte man dann das gebackene Brot abholen. Ich buk immer acht bis zehn Laibe. Wir waren auch zehn Personen am Tisch.

Wenn man wenigstens sorgfältig umgegangen wäre mit dem, was man hatte! Aber durch die Angeberei kamen wir um Hab und Gut und mussten knapp leben. Alois und ich schlachteten den Schwiegerleuten ein Schwein von zweieinhalb Zentnern, nach vier Wochen war großzügig alles aus dem Haus gegeben und sie hatten nichts mehr. Und dann ging wieder der Streit los, weil wir sie knapp halten würden und weil wir ihnen nichts gönnten! Wenn aber etwas da war, dann kamen zig Bekannte und Verwandte von überall her, dann war man großzügig, dann wurde gefeiert und die Weinkiste geleert.

Wenn jemand gehen wollte, hieß es: »Bleib doch noch da!« Denn dann konnte man so schön über uns herziehen und hatte eine Zuhörerschaft, die sich gut bezahlen ließ. Das Rauchfleisch wurde gleich kiloweise mitgegeben. Wenn nach dem Metzgen auf der Bühne 200 Bratwürste an der Stange hingen, waren sie weg, ehe ich auch nur eine auf den Tisch gebracht hatte. Solange die Schwiegermutter lebte, bekam ich keine Bratwurst auf den Tisch! Einmal befahl sie mir, dem Besuch Bratwurst mitzugeben, es war aber nichts mehr da, und ich sagte, dass wir nur noch Schwarz- und Leberwurst hätten.

»Sell kannst selber fressen!«, schimpfte sie da. Mit Schwarzwurst konnte man nicht renommieren! Aber ich war froh darum, dass wenigstens das im Haus blieb und wir zur Brotzeit wenigstens das auf dem Tisch hatten.

Als Ernte und Öhmd vorbei waren und wir die Kartoffeln schon meistenteils im Keller hatten, bekam im September die Schwiegermutter ein Schlägle. Sie konnte nun nicht mehr sprechen. Bald danach starb sie. Der Schwiegervater erzählte überall herum, ich hätte sein Weib unter den Boden gebracht. Meine Schwägerin war zu der Zeit zu Besuch bei uns, und ich war selbst dabei, wie sie zu ihrer sterbenden Mutter sagte: »Mutter, s ist besser, wenn stirbst, dann geht's dir auch besser, weil mir ha'n kein Zeit, ich kann nit kommen und dich pflegen.«

Ich dachte, ich höre nicht gut! Meine Schwägerin hatte keine Kinder und niemanden, den sie hätte versorgen müssen. Der Schwiegermutter kamen die Tränen. Ich konnte meine Schwägerin nicht begreifen. Wie konnte sie so etwas zu ihrer eigenen Mutter sagen?

Im Frühjahr baute der Schwager. Alois holte ihm mit dem Schlepper Steine und Zement und half ihm wochenlang auf der Baustelle. Beim Zementabladen stürzte er dann und brach sich das Bein. Ich hatte wieder allein die Arbeit auf dem Hof. Den Heiner kümmerte das nicht, und er sah auch nicht ein, mir einmal zu helfen, jetzt wo mein Mann im Krankenhaus lag. Er sagte, der Alois sei selber schuld, er wäre halt seckeldumm hingestanden. Auch als ich und die Mädchen ihm halfen den Keller auszuschöpfen, weil Wasser eingelaufen war, bekam niemand Dank. Im Gegenteil, die Mädchen wurden dazu noch wüst behandelt. Alois war sehr bestürzt über seinen Bruder. Ich machte ihm heftige Vorhaltungen. »Hättest mir daheim g'holfen! Gut sein ist brüderlich, zu gut ist liederlich. Du siehst ja, wie dein Bruder ist.« Er gab mir zwar recht, aber vergaß es schnell wieder. Gutmütig, wie er war, war er bald doch wieder bei seinem Bruder auf der Baustelle.

19

Nachmittags nach der Schule halfen mir Waltraud und Edelgard, die beiden größeren Mädchen, Kartoffeln zu legen und Kunstdünger zu streuen. Auch im Stall halfen sie mir, zum Beispiel putzten sie das Vieh, während ich die Frucht von der Bühne herunterschleppte und durch die Schrotmühle laufen ließ. Sie machten ihre Arbeit sehr gut. Es passierte einige Male, dass Leute in unseren Stall kamen und fragten: »Wer putzt denn bei euch das Vieh so sauber glänzend? Etwa der Alois?« Und dann lachten die Leute, denn es war bekannt, dass Alois nicht gerne Stallarbeit machte.

Die Heuernte machte ich mit dem Schlepper. Die Mädchen mussten mit dem Rechen an der Straße oder am Bach das Heu in die Wiese rechen. Man konnte mit dem Kreiselheuer oder der Heuma nicht so nah auffahren. Es war leider so, dass meine Kinder alle schwer arbeiten mussten. Ich konnte es nicht ändern, ich brauchte die Mädchen, zum Beispiel beim Heuen. Ich fuhr draußen mit den Maschinen auf und ab. Alois brachte mit dem Ladewagen die Fuhren ein, und die Mädchen mussten sämtliche sechs oder sieben Wägen voll Heu in der Scheune in den Reißer schmeißen. Abends ging ich dann unters Dach auf den Heustock und setzte und presste, damit möglichst viel

Platz hatte. Wir hatten auswärts Wiesen und auch eine Feldscheune gepachtet. Manchmal konnten wir dieses Heu im Frühjahr verkaufen. Das war willkommenes Geld.

Das Haus vom Schwager war gerade fertig, da starb meine Schwägerin Elfriede an Brustkrebs. Der Schwiegervater war entsetzt. Das Schicksal hatte ihn hart geschlagen. Ich hatte kurz davor mein siebtes Mädchen bekommen. Vielleicht lag es daran, dass der Schwiegervater umso größere Wut hatte auf mich.

Diesmal hatte ich mit der Geburt besonderes Glück. Obwohl die Hebamme und die Krankenschwester die einzigen Geburtshelfer waren, ging alles wunderbar. Auch die Nachgeburt kam, und ich hatte hinterher keine weiteren Blutungen. Es kam mir wirklich wie ein Wunder vor. Mein Vater hatte für mich gebetet, sonst wäre nicht alles so gut gegangen. Auch war ich diesmal im Winter hochschwanger gewesen, und im Winter musste ich nicht so schwer arbeiten wie im Hochsommer. Ich taufte das Mädchen auf den Namen Ute. Schon nach sechs Tagen durfte ich wieder heim.

Am Weißen Sonntag hatte Lieselotte Kommunion. Wir renovierten unsere Stube schön. Alois strich die Holzdecke. Mein Bruder Hugo kam und machte mir neue Fenstersimse aus Marmor. Dazu ließen wir beim Glaser neue Fenster machen und auch der Fußboden wurde neu gelegt.

Die Küche tapezierte ich selber mit meinen Mädchen neu. Das machten wir jedes Jahr.

Das Baugeschäft lief schlecht, und Alois wurde entlassen. Ich ging zum Arbeitsamt nach Balingen und meldete ihn arbeitslos. Der Beamte sagte, dass mein Mann kein Anrecht auf Arbeitslosengeld hätte. Weil wir 10 Hektar Landwirtschaft betreiben würden, gäbe es nichts. Dann erzählte er mir noch, dass ein Mann aus Zimmern zu ihm gekommen sei. Er sagte mir sogar den Namen, es war einer von Alois' Kumpanen vom runden Tisch. Mein Mann würde lieber einkehren als arbeiten, habe dieser »Freund« ihm erzählt, teilte mir der Beamte mit. Niedergeschlagen fuhr ich wieder nach Hause. Ich ärgerte mich über den Verleumder, der im Übrigen um keinen Deut weniger oft in die Wirtschaft ging als mein Mann. Alois nahm die Sache gelassen. Aber mich wurmte es gewaltig. Ich dachte die ganze Zeit, Tag und Nacht, daran.

Das Schlimmste war, dass wir nun nicht mehr in der Krankenkasse waren. Wir fragten nach Arbeit für Alois, wo es nur möglich schien, aber man brauchte nirgendwo jemanden. So fragte ich bei uns im Dorf in der Näherei nach Arbeit und wurde als Besetzerin eingestellt. Nun waren wir wieder krankenversichert. Morgens um fünf stand ich auf und machte die Stallarbeit. Um halb sieben weckte ich die Kinder, machte für die beiden großen Mädchen Kaba und richtete ihr Schulvesper, dann kamen die kleinen dran. Ich badete das jüngste Kind, dann machte ich die Betten und das Nötigste im Haus. Um neun fing ich in der Fabrik an.

Ich war halt die »Neue«, und ich merkte schon, wie die anderen Mädchen und Frauen schauten, ob ich nähen konnte. Aber ich machte meine Arbeit gut. Ich erfuhr, dass sich einige der Verwandten meiner Schwiegermutter bei den Kolleginnen über mich erkundigten. Als diese sagten, dass ich sehr gut nähen könne, waren sie erstaunt. Meine Schwiegermutter hatte ihnen immer erzählt, ich könne nichts und tauge nichts. Um zwölf ging ich heim. Alois hatte dann schon gekocht. Das war eine Arbeit, die er gerne machte. Die großen Mädchen kamen aus der Schule, und am Nachmittag ging ich mit den Kindern aufs Feld. Abends brachte ich sie früh ins Bett, damit ich ungestört machen konnte, was im Haushalt liegen geblieben war, waschen, putzen, aufräumen. Es wurde oft elf oder zwölf nachts, bis ich ins Bett kam. Gott sei Dank hatten wir uns damals nach dem vierten Kind eine Waschmaschine zugelegt!

Im Frühjahr ging Alois morgens raus und richtete die Äcker her zum Säen. Es gab keinen Kindergarten, und so waren die Kinder allein daheim. Das war sehr schwierig. Zeitweise musste ich auch am Nachmittag in die Näherei. Eines Abends kam ich heim, und Ute heulte und hatte Fieber. Sie gefiel mir gar nicht. Ich ließ den Arzt kommen. Er schickte Ute sofort ins Krankenhaus, sie hatte vierzig Grad Fieber! Ich schaute in der Nachbarschaft nach einem Auto, wusch das Kind, richtete ein Köfferchen und brachte sie nach Rottweil. Der Kinderarzt deutete mir an, dass es schlecht stünde. Am nächsten Morgen erhielt ich einen Anruf, ich solle sofort ins Krankenhaus kommen, es gehe dem Kind nicht gut. Wieder musste ich schauen, dass mich ein Nachbar nach Rottweil brachte. Ich erschrak zu Tode, als ich mein Kind sah. Es hatte überall im Gesicht und am Körper braune Flecken. Die Krankenschwester sagte mir, dass meine kleine Ute Hirnhautentzündung im dritten Grad hätte. Wenn sie überleben würde, würde sie für immer geistig behindert bleiben. Um zwölf Uhr war mein Kind gestorben. Ich war so verzweifelt.

»Das ist die Strafe!«, schrie der Schwiegervater als Erstes. Ich sagte nichts dazu. Am ersten Februar war die Beerdigung. Mir tat es weh bis in die Seele hinein. Die Ute war so ein braves Kind gewesen. Sie hatte schon laufen können und immer so schön mit der Puppenstube gespielt. »Vielleicht denkt der Herrgott, dass es besser ist, er holt das Kind zu sich in den Himmel, als dass es seiner Lebtag an einer schweren Behinderung leiden muss«, versuchte ich mich zu trösten. Auch zwei Frauen aus dem Dorf, die ebenfalls vor kurzem ihre Kinder verloren hatten, spendeten mir Trost. Trotzdem heulte ich noch Tage und Wochen, wenn ich allein war. Schlimm traf es mich, als ich erfuhr, dass jemand im Dorf herumerzählt hatte, ich hätte mein Kind im Dreck ersticken lassen.

Als es auf Weihnachten zuging, bot mir der Schultes von der Gemeinde ein Christkindle für Minderbemittelte an. Ich lehnte es ab. Ich wollte mir nicht von der Gemeinde nachsagen lassen, dass man uns ein Geschenk hätte machen müssen. Ich kannte die Verwandtschaft von meinem Mann: »Die muss sich von der G'meind verhalten la'n!«, hätte es geheißen. Ich sah lieber zu, dass wir ohne fremde

Hilfe zurechtkamen. Wenn wir ein Extra für das Christkindle gebraucht hätten, hätte ich ein Kalb verkaufen können. Hilf dir selbst, dann hilft dir Gott, dachte ich für mich.

Trotzdem wunderte es mich, dass der Schultes mir so etwas anbot, weil er mir sonst nicht sonderlich grün war und ich ihn auch nicht mochte.

Ich war mit dem Tierarzt immer gut ausgekommen, und auch er mochte mich gut leiden. Er kam einmal in der Woche zum Farrenstall und machte dort seine Untersuchungen. Einmal, wie mich die anderen wieder wegen meinem Oberländer Dialekt ausspotten wollten, sagte er zu denen: »Die kann was!«, und zu mir sagte er: »Mädchen, mach weiter so, dann hast du jeden Monat dein Milchgeld.«

Er verlangte, dass man der Kuh den Schwanz auf dem Rücken festhielt, während er seine Untersuchung machte, sonst wurde er böse. Auch wenn man das Kalben bei den Kühen im Deckbuch nicht ordentlich eingetragen hatte, fluchte er wie ein Heide. Einmal hatte ich das Geld daheim vergessen. Ich fragte ihn, ob ich es das nächste Mal bringen dürfe und was die Untersuchung koste. Er nannte mir die Summe. Ich weiß nicht mehr, wie viel es war, aber ich sagte zu ihm: »Das ist viel Geld!«

Da schaute er mich an: »Du sagst, es ist viel Geld, aber ich muss bei den Kühen da hinten reinlangen.«

Wenn die Kühe gedeckt werden sollten, musste man sie zur Voruntersuchung bringen, und wenn sie gekalbt hatten, musste man spätestens sechs Wochen danach wieder zum Farrenstall zur Nachuntersuchung. Ich wartete dort zusammen mit anderen Frauen, dass wir an die Reihe kämen. Jede hatte eine Kuh dabei. Ich war zu dem Zeitpunkt im achten Monat schwanger. Da kam der Schultes, sah mich an und sagte: »So, willst dich auch auf Trächtigkeit untersuchen la'n?«

Die anderen lachten natürlich alle. Ich lief rot an. Ein andermal wollte mich der Pfarrer Hetzel, unser alter Dorfpfarrer, der immer ein offenes Ohr für mich hatte, für vier Wochen in Erholung schicken auf Kosten der Gemeindekasse. Aber nach Wochen musste mir der Herr Pfarrer absagen. Der Schultes hatte es hintertrieben.

Im Februar fand Alois dann eine Stelle in einer Firma in Schömberg. Da sagten mir Leute ins Gesicht, dass mein Mann sich ja gut halten solle, damit man ihn nicht wieder entließe! Mir taten solche Bemerkungen sehr weh. Die Leute sollten sich gefälligst um ihre Angelegenheiten kümmern.

An Ostern wäre nun unsere Waltraud mit der Erstkommunion an der Reihe gewesen. Eines Tages, wie sie von der Schule heimkam, sagte sie: »Der Pfarrer will mich nicht nehmen!« Unser alter Pfarrer Hetzel war mittlerweile im Ruhestand, und Zimmern hatte keinen eigenen Pfarrer mehr, sondern wurde nun von dem aus Neukirch mitversehen.

Gleich nach dem Mittagessen sprang ich auf den Traktor und fuhr nach Neukirch zum Pfarrhaus. Ich sagte, ich wolle mich über den Kommunionunterricht erkundigen.

Da wurde der Pfarrer wütend. »Esel kann ich keine brauchen!«, schrie er mich an.

Ich war erschrocken, aber nahm mich zusammen und sagte zu ihm: »Herr Pfarrer, wir sind katholisch getraut, und ich verlang, dass Sie mein Mädle zur Erstkommunion nehmen!«

»Ihr Mann geht nit in d'Kirch!«, schrie er wieder. Aber dann besann er sich. Er sagte, ich solle am Sonntag nach dem Gottesdienst zu ihm in die Sakristei kommen.

Am Sonntag war er nicht alleine. Zwei Kirchengemeinderäte waren bei ihm. Er fing wieder damit an, dass mein Mann nicht in die Kirche ging. Ich entgegnete, dass mein Mann als Sonntagsjäger immer früh ins Revier ginge und deshalb nicht in die Kirche käme. »Er ist von seinem Vater und von seiner Mutter so erzogen worden! Ich kann da nichts dafür!«

Er brüllte wieder herum, meinte dann aber, dass ich am Mittwoch nochmals zu ihm in die Sakristei kommen solle!

Am Mittwochabend nahm ich meinen Mut zusammen und ging nochmals hin. Ich wartete vor der Sakristei auf ihn. Kaum dass er mich sah, begann er wieder zu schimpfen. Aber jetzt wurde ich auch wütend. »Das, was Sie machen, hat unser Herr Pfarrer Hetzel in 35 Jahren nit g'macht!« Und dann drohte ich ihm: »Wenn Sie mein Tochter nit nehmen, fahre ich nach Rottenburg ins Bischofsordinariat und erzähl dort, was Sie für ein Pfarrer sind!«

Da ließ er mich einfach stehen und ging in die Sakristei.

Zwei Tage darauf kam ich mit dem Schlepper nach Rottweil. Ich hatte etwas im Krankenhaus zu tun und brachte außerdem der Gotte von Alois einen Sack Weizen als Hühnerfutter. Ihr Mann fragte mich, wie es mit den Kindern gehe. Ich sagte wie immer: »Ach, schon recht!« Aber er wollte es genauer wissen und nahm mich mit ins Wohnzimmer, fragte und erkundigte sich und so erzählte ich ihm auch von meinem Erlebnis mit dem Pfarrer.

Er sagte zu mir, dass ich mir das nicht gefallen lassen müsse. Ich solle in die Stadt hinunter zum Spital. Dort wohne der Herr Pfarrer Doktor Ochs. Ich möchte bitte einen schönen Gruß von ihm bestellen und dem Herrn Pfarrer die Geschichte erzählen. Ich machte es so, und siehe da, Waltraud durfte ab sofort am Kommunionunterricht teilnehmen.

Mit dem Lehrer von Zimmern hatte ich ähnliche Schwierigkeiten. Er meldete alle meine drei schulpflichtigen Mädchen für die Sonderschule in Balingen an, ohne mir davon auch nur ein Wort zu sagen. Ich erfuhr es, als ich einen Brief von der Rektorin der Sonderschule bekam, in dem sie mich aufforderte, bei ihr vorzusprechen. Die Rektorin ermahnte mich dringend, etwas dagegen zu unternehmen. Sie war der Meinung, dass man meine Mädchen nicht abschieben dürfe, sondern sie fördern müsse. Ich heulte und schüttete ihr mein Herz aus. Die Rektorin sorgte dafür, dass meine Kinder nach Schömberg in die Grund- und Hauptschule kamen. Nur Waltraud blieb in Balingen. Sie wollte nicht mehr zurück in ihre alte Klasse. Sie machte in Balingen den Hauptschulabschluss, dann lernte sie in einem evangelischen Pfarrhaushalt Hauswirtschafterin. Später, als sie bereits am Bodensee unten verheiratet war, machte sie die Prüfung zur Meisterin. Aber sie hatte in die Sonderschule gemusst, weil der Lehrer sie für dumm hielt!

Ein Kind von Verwandten des Lehrers, das geistig behindert war, hatte auf der Schule bleiben dürfen. Es war reine Schikane gewesen, weil er sich von Leuten im Dorf hatte gegen meine Kinder aufhetzen lassen. Er würdigte sie auch dauernd vor ihren Klassenkameraden herunter. Zum Beispiel rief er sie im Unterricht mit dem Spitznamen von Alois auf. Wie ich das erfuhr, schrieb ich ihm einen geharnischten Brief. Ich drohte ihm, beim Schulamt vorzubringen, was er treibt.

20

Mit vierzig Jahren wurde ich noch einmal schwanger. Meine älteste Tochter war mittlerweile 13 und ging in die achte Klasse, Waltraud war zwölf, Edelgard elf, Elfriede neun und Angela sieben. Die Heuernte fing an und ich hoffte, dass wir sie vielleicht noch einbrächten, ehe das Kind käme.

Aber wie Alois und ich in Schömberg die Letzte von unseren Wiese abmähten, merkte ich, dass die Wehen kamen. Ich fuhr noch, was ich konnte, und ließ den Zettler laufen. Schließlich musste ich mich vor lauter Schmerzen auf die Wiese legen. Ich musste es aushalten, bis Alois fertig war. Er musste ja ab jetzt mit den Kindern alleine heuen, es ging nicht, dass wir die Wiese jetzt halb fertig ließen und er dann nochmals herkommen müsste.

Daheim molk ich noch die Kühe, dann wusch ich mich von Kopf bis Fuß. Alois fragte inzwischen nach einem Auto. Es war auch noch Samstagabend! Um halb zehn kam ich ins Entbindungszimmer.

Die Hebamme schickte ihre Tochter, die gerade frisch ihr Examen auf der Hebammenschule in München gemacht hatte, zum Entbinden. Der Arzt erzählte die ganze Zeit, so dick, wie mein Bauch wäre, müssten es Zwillinge sein, aber er könne nur einen Kopf spüren. Ich presste, so stark ich konnte, aber das Kind wollte und wollte nicht kommen.

»Wenn Sie nicht besser drücken, kommt das Kind nicht lebend auf die Welt«, sagte die junge Hebamme zu mir.

»Das ist mein achtes Kind und nicht mein erstes. Ich kann nicht mehr als drücken!«, antwortete ich wütend.

Ich verlangte einen Kaiserschnitt, aber der Arzt, der hier war, konnte nicht operieren, und einen Chirurgen erreichten sie nirgends, obwohl sie es mehrmals versuchten. Inzwischen kam noch eine Nachtschwester dazu und drückte mir abwechselnd das Kinn oder meinen Bauch. Um zwei Uhr kam endlich das Kind. Es war ein starker Bub von zehn Pfund. Ich hatte wieder das Glück, dass die Nachgeburt gleich kam. Ich war völlig erschöpft.

Irgendwann in meiner Erschöpfung fiel mir auf, dass ich den Bub gar nicht hatte schreien hören. Die Mädchen hatten alle nach der Geburt sofort geschrien.

Ich erfuhr, dass man mein Kind hatte in den Brutkasten legen müssen. Ob es überleben würde, war noch nicht klar. Ich veranlasste, dass mein Sohn so bald wie möglich getauft wurde. Ich taufte ihn Kuno Johann. Alois wollte einen Josef Johann oder einen Heinrich Johann. Josef und Heinrich waren seine Brüder. Johann hieß mein Schwiegervater. Ich weigerte mich. Den »Johann« akzeptierte ich, aber nur an zweiter Stelle. Nach allem, was ich in dieser Familie erlebt hatte, wollte ich einen fremden Namen für mein Kind. Ich hätte es zwar sehr gerne nach meinem Vater getauft, aber dann wäre der Zwist noch größer geworden.

Wie ich mein Kind zum ersten Mal sah, lag es blau in seinem Kissen. Ich lebte ständig in der Furcht, dass es sterben würde. Auch als ich nach acht Tagen heimkam, fürchtete ich dauernd, dass ein Telefonanruf käme und ich meinen Sohn tot heimholen müsste. Sooft es die Arbeit zuließ, besuchte ich ihn und rief in meiner Sorge an. Nach sechs Wochen war er über dem Berg, und ich durfte ihn mit nach Hause nehmen. Ich war so glücklich.

Die Kinder hatten während meiner Abwesenheit fleißig heuen geholfen. Die Erste, die ich traf, war Waltraud. Sie sah bald aus wie ein Negerkind, ganz schwarz vom Staub, der beim Heuhäckseln entstand. Überhaupt waren meine Kinder furchtbar dreckig, denn acht Tage lang hatte keiner sie mehr gebadet. Wir hatten kein Bad im Haus. Weil der Schwiegervater uns das Haus nicht überschrieb, bekamen wir keine Kredite zum Umbau. Wir badeten immer in einem Zuber, den wir in die Küche holten. Natürlich hatten die Kinder das nicht von alleine bewerkstelligt und sich die Zeit über lediglich am Spültisch gewaschen. Gekocht hatte ihnen auch niemand etwas die acht Tage über. Aber ich war so froh, dass ich sie alle gesund wiederhatte. Zuerst weichte ich die Schmutzwäsche ein, die ich vom Krankenhaus mitgebracht hatte, dann zog ich mich um und ging mit den Mädchen auf die Breitenwiese, nur zwei Minuten vom Haus weg. Wir rechten das Heu den Berg herunter. Bis abends um zehn hatten wir fünf Wagen Heu eingefahren und vier davon abgeladen.

Dann gab es eine ganze Woche Regenwetter.

Das sind meine beiden Jüngsten: Angela und Kuno.

Am Sonntag badete ich alle fünf nacheinander. Im Haus sah es nicht gut aus, aber was hätte ich verlangen sollen von meinem Mann, allein mit fünf Kindern im Haus und das Heu musste eingebracht werden. Der Schultes hätte uns eine Familienhelferin herschicken können, aber auf diese Idee war er nicht gekommen.

Alois hatte Frühschicht gehabt. Er hatte die ganzen acht Tage den Mist vom Stall einfach vornehin an die Grube und an den Wegrand geschmissen, zu mehr hatte die Zeit nicht gereicht. Ich machte mich nun daran aufzuräumen. Es ist eine schwere Arbeit, den Mist einer ganzen Woche wegzugabeln, und ich hatte gerade die Geburt hinter mir. Es war warm, und der Schweiß stand am ganzen Leib. Da kam der Schultes schreiend und schimpfend den Bergweg hochgerannt. Die Sonne glänzte auf seiner Glatze.

»Aber das geht so nit!«, schrie er. »Das sag ich dir! An der Leut han Urlauber!«

Ich erklärte ihm, wie es gewesen war und dass ich ja nun gerade den Mist wegräumen würde, aber er wollte nichts einsehen und schimpfte immer weiter und drohte. Der Hintergrund der Sache war der, dass einer Verwandten von ihm ein Nachbarhaus gehörte und sie dort Urlauber aus Heilbronn und Berlin und weiß Gott noch woher hatte. Diese Verwandte hatte sich bei ihm beschwert. Zum Beispiel verbot sie ihren Urlaubern auch, bei uns Milch zu kaufen. Aber sie kamen trotzdem, deshalb erfuhr ich das auch.

An einem der nächsten Morgen lagen Tüten mit Abfall, mit alten Schuhen, Tempotaschentüchern, Plastikfetzen und allem Möglichen auf unserem Mist. Ich musste gleich wieder heulen, weil man uns so zusetzte. Alois hatte Nachtschicht gehabt und war gerade ins Bett gegangen. Ich holte ihn, und er warf mit der Mistgabel den Abfall vors Scheunentor der Nachbarin.

Am anderen Morgen war wieder das gleiche Bild. Der ganze Dreck von gestern und noch einiges dazu lag auf unserm Mist. Wieder weckte ich Alois, und dieses Mal setzte er den Abfall den Leuten vor die Haustüre. Ich war entschlossen, die Sache zu klären. Um acht Uhr ging ich hinüber und sprach mit den Feriengästen und erbat mir, dass das nicht wieder vorkäme!

Die Leute entschuldigten sich vielmals und sagten, ihre Vermieterin, also die Verwandte vom Schultes, habe gesagt, dass sie den Abfall dahin schmeißen sollten. Ich glaubte es den Leuten aufs Wort. Warum hätten sie lügen sollen?

Die Mädchen halfen mir viel, nicht nur draußen auf dem Feld. Wenn ich im Stall war, fütterten sie die Schweine oder sie räumten die Stube auf oder fegten. Sie brachten mir auch oft am Abend die Milch in die Molkerei. Ich war zufrieden mit meinen Mädchen. Trotzdem brachten sie Sorgen.

An einem Abend kam Alois völlig außer sich von der Arbeit heim. In Schömberg ginge das Gerede herum, unsere Waltraud, die damals 13 Jahre alt war, sei schwanger, und zwar von einem Rentner aus Schömberg. Alois schlug Waltraud windelweich und sperrte sie in den Keller.

Ich kannte den Mann. Seine Frau schrie in der nächsten Zeit die Geschichte im ganzen Städtchen herum. Von Waltraud erfuhr ich nur, dass sie auf dem Weg von Balingen heim in Schömberg auf den Anschlussbus gewartet habe. Der Mann habe sie zu sich ins Haus gebeten und sie sei mitgegangen, weil es so bitterkalt gewesen war. Was und ob überhaupt etwas passiert war, konnte ich nicht von ihr erfahren. Unser Hausarzt untersuchte sie. Ich stand daneben und sah, wie sie bleich wurde. Es war sicher furchtbar für sie. Die Untersuchung ergab, dass überhaupt nichts passiert sein konnte. Der Arzt empfahl uns, aufs Amtsgericht zu gehen, damit die Verleumdung aufhöre, denn alles war nur Lüge gewesen. Die Frau, die die Geschichte überall erzählt hatte, war nämlich mit ihrem Mann total zerstritten.

Ein anderes Ereignis war auf seine Weise noch viel schlimmer. Die Tochter unserer Nachbarin war frisch verheiratet. Als ich eines Abends vom Feld heimkam, schnurrte mich die junge Frau an. Sie habe in einer Schatulle auf dem Tisch siebzig Mark gehabt, und jetzt sei das Geld weg. Es wäre niemand hier herum gesehen worden außer meinen beiden jüngsten Mädchen. Die müssten das Geld genommen haben. Richtig war, dass Elfriede und Angela den Nachmittag über allein daheim gewesen waren, aber ob die Nachbarin sie ins Haus gelassen hatte oder was überhaupt passiert war, weiß ich bis heute nicht. Meine Mädchen sagten, sie hätten nichts genommen. Jedenfalls ging ich ins Haus und holte die siebzig Mark und gab sie der Frau. Sie verbreitete den Vorfall in ganz Zimmern, dass meine Mädchen ihr Geld gestohlen hätten. Wie ich nach ein paar Tagen mit meinen Mädchen einer anderen Bäuerin und deren Kindern begegnete, schrien diese: »Ihr Geldstehler!«

Ich fühlte mich, als hätte man mich gerade verohrfeigt. Als ich mit den Kindern daheim war, heulte ich los.

»So, da ha'n ihr den Dreck!«, schrie ich sie an. Ich war völlig außer mir. Ich ließ sie herunterlaufen wie schon lange nicht mehr. Am liebsten hätte ich sie alle im Viereck herumgeschlagen.

Dann passierte es auch noch, dass Alois einen Scheck unterschrieb und eines der Mädchen damit auf die Bank schickte, es solle ihm 200 Mark bringen. Und meine Tochter, nicht dumm, sah, dass Alois den Betrag nicht ausgefüllt hatte, und hob 250 Mark ab. Ich merkte mit dem nächsten Auszug, dass etwas nicht stimmte. Ich ging auf die Bank, um den Vorfall zu klären. Es stellte sich schnell heraus, wie es gewesen sein musste. Bald ging die Schandtat im Dorf herum. Ich kann keinem Menschen sagen, wie sehr ich mich gedemütigt fühlte. Alle im Dorf waren rechte Leute, nur die Willis nicht. Wie ich mit meinen Mädchen in einen Laden ging, um frische Erdbeeren zu kaufen, rief die Verkäuferin: »Oh je, oh je, jetzt kommen Willis!« Dann verschwand sie. Eine Kollegin bediente mich und musterte mich dabei von oben bis unten. An einem anderen Tag kam morgens um acht ein Polizist. Er müsse bei uns kontrollieren. Wir hätten ein Schwein erfrieren lassen. Wir hatten gerade erst ein Schwein zum Metzger gebracht und hinter dem Haus stand noch das Sauwägele, mit dem wir es transportiert hatten. Das hatte jemand zum Anlass genommen, um uns zu verleumden.

Unser Ruf im Ort war schlechter denn je. Ich bestellte in einer Flaschnerei in Schömberg ein neues Ofenrohr. Der Meister nahm den Auftrag an und sagte, er werde jemanden schicken zum Abmessen. Da schrie einer aus Zimmern aus der Werkstatt heraus: »Das müsst mir einfallen, dass ich in die verstunkene Bude 'neingehn würd!«

Der Geschäftsmann schaute mich an, wie ich gedemütigt dastand. Mein Ofenrohr habe ich nie bekommen.

Der Schwiegervater war im Krankenhaus und bekam einen Herzschrittmacher. Sechs Wochen lag er insgesamt auf der Station. An einem Sonntag schnappte ich den Sportwagen und den Kuno und ging nach Schömberg und von dort auf den Bus nach Rottweil. Ich hatte dem Schwiegervater eine Flasche Wein als Geschenk dabei.

Im Krankenhaus beschwerten sich die drei Mitpatienten im Krankenzimmer, der Alte habe ihnen Bier und Wein aus dem Schrank genommen und es getrunken. Ich schämte mich zu Tode. Es war leider so, dass mein Schwiegervater jeden Tag trank und es ohne Alkohol wahrscheinlich gar nicht mehr aushielt. Eine halbe Stunde nach mir kam mein Schwager mit seiner Freundin, er hatte noch eine andere Verwandte dabei. Der Schwiegervater veranstaltete gleich einen Mordskrach mit seinem Sohn und behauptete, Heiner würde ihm Geld vorenthalten. Heiner holte immer die Rente für seinen Vater und gab ihm das Geld so nach und nach. Dann fing auch noch die Verwandte an, wie ich dem Schwiegervater Wein mitbringen könne, wo er doch nichts trinken dürfe. Tee hätte ich ihm mitbringen sollen.

Ich hatte den Alten, so lange ich ihn kannte, noch niemals Tee trinken sehen.

Schließlich kam er wieder heim, und er war so ekelhaft zu mir wie eh und je. Er tat mir zuleide, was er nur konnte, und er trank, solange etwas in ihn hineinpasste. Jeden Morgen musste ihm Alois fünf Mark geben für Bier und Zigaretten. Er trank oft am Tag einen ganzen Kasten Bier leer. Alles, was er an Geld in die Hand bekam, vertrank er, zusätzlich zu dem, was er von Freunden und Bekannten bekam.

Wir hatten uns vor einiger Zeit einen Fernseher geleistet, und ich schaute am Sonntagnachmittag mit den Kindern das Kinderprogramm an, als der Alte hereinkam.

»Das G'lump schlag ich runter!«, schrie er und wollte den Fernseher von der Kommode werfen. »Flick mein Hosen!«

»Hier han Ihr nix runterz'schlagen!«, schrie ich ebenfalls. »Und zweitens flick ich am Sonntag kein Hosen!«

»Mein Weib hat immer am Sonntag Hosen g'flickt!«, brüllte er zurück.

»Wenn man die ganz Woch zum Batschen geht, dann muss man wohl am Sonntag Hosen flicken«, sagte ich ihm darauf. »Zieht die Hosen an, die Ihr ha'n, oder meint Ihr, Ihr werdet nochmal achtzig Jahr alt? Wenn Ihr g'storben seid, schmeiß ich Eure Hosen in den Lumpensack, dass Ihr's bloß wisset!«

Einmal, als ich ihn in der Küche im Zuber badete, meinte er zu mir: »Ich möcht noch zwanzig Jahr leben und sehn, wie's dir noch geht!«

Da fand ich aber eine gute Antwort für ihn.

»Mir kann's gehn, wie's will«, gab ich zurück, »so schlecht wie bei Euch kann's mir nimmer gehn.«

Noch ehe er etwas darauf antworten konnte, sagte ich noch zu ihm: »Ich weiß, dass Ihr mich gern nochmal zwanzig Jahr bugsieren und traktieren wollt, aber einmal holt Euch der Teufel auch!«

Da blieb er ganz still.

Vierzehn Tage später, wie ich vom Feld heimkam, fand ich ihn tot in unserer Stube.

21

Wir wussten, dass kein Testament gemacht und auch nichts geschrieben worden war, keine Grabpflege geregelt, kein Haus vermacht. Als wir geheiratet hatten, hatte Alois zwei Hektar überschrieben bekommen. Vorher hatte er immer Geld daheim abgegeben für den Haushalt, und nach der Heirat zum Teil auch noch, für Grundsteuern und Strom. Was hereingekommen war, hatten wir in den Hof gesteckt, in Maschinen und Geräte, auch Felder und Wiesen dazugekauft von Leuten, die weggezogen waren, oder Sachen für den Haushalt, wie eine Waschmaschine oder einen Fernseher. Ein Goggo hatten wir mittlerweile auch. Da Alois seit einiger Zeit in einer Metallfabrik in Rottweil Schicht arbeitete, ging es nicht ohne Auto. Er arbeitete als Hilfsarbeiter, verdiente also nicht so viel. Er hatte keinen Beruf gelernt. Seine Eltern hatten nicht einmal drauf gesehen, dass er lesen und schreiben konnte.

Wir hatten hinter dem Haus zehn Ar Garten. Ich hoffte und träumte heimlich davon, dass wir dort einen neuen Stall und eine große Scheune bauen und dann das Wohnhaus neu gestalten könnten. Natürlich hatte ich dabei unsere schönen, großen oberschwäbischen Höfe im Sinn. Aber Heiner sträubte sich, den Besitz auseinander zu nehmen. Trotzdem erkundigte ich mich auf dem Landratsamt, wie es wäre mit dem Hausumbau. So etwa 15 000 Mark hatten wir zur Seite gelegt. Der Beamte riet mir, das Haus der Schwiegereltern so stehen zu lassen, wie es war, und statt einen Umbau vorzunehmen, gleich ein neues Haus zu bauen. Er erklärte mir, dass ich bei meiner familiären Situation für einen Neubau Lakragelder bekäme, für den Umbau jedoch nicht.

Der Mann meinte es gut.

Alois, mein Mann, sagte: »Ja, ja, mir bauen.«

Mehr passierte nicht.

Dann kam die Ortskanalisierung. Sie kostete 7000 Mark. Dann brach die Viehstallmauer zusammen. Die Mädchen und ich halfen dem Maurer, wo es ging, aber es kostete halt trotzdem Geld. Dann, gleich zu Beginn der Heuernte, als wir mit dem Ladewagen rückwärts in die Scheune fuhren, brach der Boden durch. Er musste neu ausbetoniert werden, die Heuernte wurde solange verschoben. Als Nächstes, noch während der Heuernte, brach die Zapfwelle an unserem Schlepper. Er war über zehn Jahre alt gewesen und immer stark beansprucht worden, da musste man mit so etwas schon einmal rechnen.

Alois ging zu einem Landmaschinenhändler und machte einen Vertrag für einen neuen, schweren und modernen Schlepper. Als einer aus seiner lieben Verwandtschaft den Schlepper auf unserem Hof sah, ging er gleich zu dem betreffenden Händler und erzählte ihm, dass er von Willis seiner Lebtag das Geld nicht sehen würde. Der Händler bekam Angst und wollte den Schlepper nun doch nicht mehr auf Kredit verkaufen. Ich versuchte, das Geld bei der

Sparkasse in Schömberg aufzunehmen, es handelte sich um 12 500 Mark. Die Sparkasse verlangte zwei Bürgen. Aber woher sollte ich zwei Bürgen bekommen? Der Schwiegervater war tot. Ich fragte den Schwager. Der lehnte ab. Er meinte, wenn er bürgen würde und wir brächten den Schlepper nicht bezahlt, dann würde man ihm sein Haus verkaufen. Ich sagte ihm daraufhin, dass ich ihn zum letzten Mal um etwas gebeten hätte.

Ich ging wieder zur Sparkasse und erklärte die Situation, aber sie lehnten ab: ohne Bürgen kein Kredit!

Aber ich brauchte den Schlepper! Ich musste aufs Feld! Da fiel mir die Südwestbank ein. Wir hatten früher über die Südwestbank unsere Ackergeräte finanziert. Ich hatte die alten Quittungen alle aufgehoben. Gleich schrieb ich der Bank einen schönen Brief und brachte ihn nach Schömberg auf die Post – und zwar mit dem neuen, noch nicht bezahlten Schlepper! Schon anderntags kamen zwei Herren. Sie wollten den Kuhstall und die letzte Abrechnung vom Arbeitgeber von meinem Mann sehen, und ich bekam das Geld für den Schlepper. Nach zwei Jahren hatten wir unsere Schulden wieder weg.

Im Dorf wurde wieder ein Bauernhaus feil. Ich drängte Alois, es zu kaufen. Abends ging er ins Wirthaus. Am runden Tisch verhandelte man grade dieses Haus. Alois bekundete sein Interesse. Da sagte einer: »Wirst doch kein Haus kaufen, wo hinten das Wasser 'neinläuft!« Und schon war die Sache erledigt. Es wurde nichts aus dem Hauskauf.

Zu dieser Zeit lernte ich auch wieder einen unserer Nachbarn richtig kennen. Der Mann hatte früher zu den Festen seiner Kinder, wie zur Kommunion oder zur Schulentlassung, immer mein ganzes Porzellan, also Kaffeeservice und Speiseservice, und dazu mein Essbesteck ausgeliehen, die ich als Aussteuer mitgebracht hatte. Ich hatte es ihm gegeben, obwohl ich ihm nie recht getraut hatte. Und nun, an einem Abend brachte ich den Mist auf die Grube, es hatte den ganzen Tag geschneit, und der Sohn des Mannes kam mit seinem Auto nicht unseren Berg hoch. Der Mann ärgerte sich darüber, wie er das sah, oder vielleicht ärgerte er sich darüber, dass ich es auch sah, ich weiß es nicht. Jedenfalls sagte er ganz unvermittelt zu mir: »Wenn du nur mal nach Sibirien gehn würdst mit deiner Sippschaft. Dort g'hört ihr hin. Ihr ha'n ja nix!«

Ich war platt. Ich schimpfte zurück, weil ich mir nichts mehr gefallen lassen wollte, aber was nützte es schon! Dabei war ich es so leid, dass jeder hier im Dorf, dem grad eine Laus über die Leber gelaufen war, seinen Unmut an mir ausließ!

Eine Nachbarin von uns, ein altes Weib, beschimpfte aus irgendeinem Anlass meine Kinder und nannte sie »Oberländer Drecksauen«. Wie gesagt, ich wollte mir nichts mehr gefallen lassen und stellte die Frau unten im Dorf. Ich sagte ihr, dass sie sich vor dem Teufel schämen solle und dass die Leute hier im Dorf auch nicht so sauber wären! Trotzdem heulte ich wieder und zitterte. Ich vertrug solche Aufregungen einfach nicht mehr.

Wir hatten aber auch andere Nachbarn. Einen, den ich immer gut im Andenken halten werde, ist der Andres. An einem Abend hatte ich eine Kuh, die am Kalben war. Sie sprang beim Füttern hin und her und legte sich auf den Boden. Alois war wieder einmal beim Einkehren. Ich ging zum Andres: »Andres, kommst und hilfst mir zieh'n? Die Kuh bringt das Kälble nit allein her.« Selbstverständlich ging der Andres mit und half.

Er konnte Sprüche klopfen wie kein anderer im Dorf. Ich mochte so etwas. Er war ein großer Spaßvogel, obwohl seine Scherze manchmal ein bisschen dick aufgetragen waren, wenn er zum Beispiel Geschichten zusammendichtete über Leute, bis man merkte, dass er alles nur erfunden hatte, oder wenn er meinen Mädchen Angst einjagte, wenn sie von der Schule heimkamen und sie dann heulend zur Haustür hereinliefen. Da lachte er dann immer drüber, grad wie eine Hexe.

Als ich mit vierzig nochmal schwanger geworden war, da sagte er an einem Sonntag nach der Kirche oben vor unserem Haus zu mir: »Gell, bist wieder so!«

Ich fragte ihn, was er meine.

Er lachte. »Hast wieder weiße Ohrläppchen!«

»Wenn du nur keine hast, dann geht's noch!«, antwortete ich. »Hast kein andre Sorgen, als auf mich z'spionieren?«

Er lachte nur noch ärger.

»Ich weiß, dass bei dir wieder ebbs los ist. Ich hab in der Kirch zu dir 'nüberg'schaut und g'sehn, dass d' weiße Ohrläppchen hast.«

Da musste ich auch lachen.

»Wenn nur in d' Kirch gangen bist, um auf meine Ohrläppchen z'gucken, hättst daheim bleiben können!«

Er hatte eine kräftige, tiefe Stimme. Wenn jemand gestorben war, ging er immer zum Rosenkranzbeten. Da hörte man ihn immer auf der Männerseite wie ein Vorbeter. »Wenn du einmal stirbst«, sagte ich deshalb einmal zu ihm, »dann kommst neben den Petrus zu sitzen, weil beim Rosenkranz der Erst' und der Lautest' bist!« Da freute er sich und brachte den Mund fast nicht mehr zu vor Lachen.

Bei der nächsten Heuernte hatten wir mal zwei Tage schönes Wetter, dann regnete es wieder. Wir hatten noch fünf, sechs Wagen draußen. Ich hatte alle Schochen mit der Heuma schön hergerichtet. Alois war mit einem der Mädchen draußen und räumte die Wiesen. Ich war in der Scheune und warf das Heu in den Reißer.

Da kam eine Nachbarin in die Scheune gelaufen. Sie war ganz aufgeregt. »He!«, schrie sie. »Bei euch brennt's!«

Ich sprang vor's Haus.

Aus den Ziegeln qualmte der Rauch.

Alois hatte es von der Wiese aus gesehen und eilte heim. Wir ließen unser Vieh aus dem Stall springen. Das Feuer hatte sich ausgebreitet und griff schon auf das Wohnhaus über. Wir hatten nur oben und unter dem Giebel gemauerte Wände. Die Schömberger Feuerwehr war da, und die vom Dorf auch. Sie taten, was sie nur konnten. Aber das obere Schlafzimmer brannte auch schon. Der Qualm war so stark, dass man kaum noch ins Haus konnte. Trotzdem rettete die Feuerwehr noch einiges von unserem Hausrat, Matratzen und Wäsche warfen sie noch schnell zum oberen Fenster hinaus, und in letzter Minute rettete Alois noch sein Jagdgewehr und die Munition. Das Haus war verloren.

Wir bekamen eine Wohnung mitten im Dorf, drei Zimmer und Küche. Das Vieh und die Schweine mussten wir verkaufen, da uns niemand einen Stall überließ. Ich fuhr mit den Mädchen mit dem Schlepper und einem Anhänger zu unserem Haus, und wir räumten aus, was noch halbwegs zu gebrauchen war und was in unserer neuen Wohnung Platz hatte, ein Büfett und sonst noch ein paar Sachen. Mein wunderschöner Schlafzimmerschrank, auf den ich immer so stolz gewesen war, war verbrannt, und mit ihm alle Wäsche, die wir darin gehabt hatten, darunter mein neuer Mantel und die Anzüge meines Mannes. Auch das Kinderzimmer war völlig ausgebrannt.

Ein Bauer, der mit seinem Schlepper vorbeigefahren kam, hielt an.

»Hör auf!«, rief er mir zu. »Lass alles drinnen! Ich hab grad unten im Dorf g'hört, wie sie drüber g'sprochen haben, dass alles raushollst. Sie wollen dich anzeigen deswegen bei der Versicherung.«

Ich war wieder so geschlagen! Nach ein paar Tagen kamen tatsächlich zwei Herren von der Hausratversicherung und prüften nach, was wir noch hatten.

Vom Roten Kreuz bekamen wir ein Sofa gespendet und Hausratsgegenstände. Eine Frau aus dem Dorf, die seinerzeit gelegentlich zum Taglohn zur Hauserin ihrer Tochter auf den Hof gekommen war, brachte uns Handtücher und Bettwäsche. Das werde ich ihr nie vergessen. Wir waren arm wie nie zuvor. Alles, was wir zum Leben brauchten, mussten wir kaufen. Alle unsere Vorräte waren verbrannt, der Speck auf der Bühne war durch den starken Rauch ungenießbar geworden. Wenigstens hatten wir in der Mühle noch Getreide gutgeschrieben und konnten ab und zu einen Sack Mehl holen.

Angela, Elfriede und ich trugen jeden Morgen die Tageszeitung aus. Zu dritt waren wir in einer Dreiviertelstunde fertig. Das brachte immerhin 100 Mark im Monat, aber es war zu wenig bei Alois' Verdienst. Mit dem Milchgeld war es vorbei. Lieselotte arbeitete zu der Zeit in Oberndorf in der Krankenhausküche. Wenigstens sie verdiente schon. Waltraud war bei der evangelischen Pfarrersfamilie als Haushaltslehrling, und Edelgard ging auf eine Haushaltungsschule und brauchte noch Unterstützung von uns.

Was übrig geblieben war vom Haus meiner Schwiegereltern, wurde abgerissen. Der Schwager überschrieb uns nun beim Notar das Grundstück, das er vorher nicht hatte teilen wollen, sodass wir bauen konnten. Im Herbst wurde noch der Kellerboden betoniert, dann winterte es zu.

Ich war todunglücklich. Ich wusste, dass wir einen Haufen Schulden bekommen würden. Alois' Zahltag, das Zeitungsgeld und das Kindergeld, damit würden wir nicht weit kommen. Und Alois wollte keineswegs bescheiden bauen. Er wollte nicht mehr die Enge und die Strapazen in einer zu kleinen Wohnung mitmachen. Er verlangte zwei große Stockwerke, das obere für uns fürs Alter mit fünf Zimmern. Ich schaute nach Arbeit in einer Fabrik, aber im Dorf gab es nichts.

Im Frühjahr kam die Baufirma und stellte unser schönes, großes, zweistöckiges Haus hin. Ich hatte vom Architekten im Kellergeschoss eine Wirtschaftsküche verlangt, zum Schlachten und Eindünsten und so, und er hatte sie wunderbar geplant. Überhaupt hat unser Architekt sehr gute Arbeit geleistet, ich muss ihn heute noch loben. Die Innenwände machten ein paar pensionierte Maurer privat für uns. Wir Weibsbilder schleppten Steine und Mörtel, bis auf die Bühne hinauf. Überhaupt halfen wir den Handwerkern, wo es nur ging. Das sparte auch alles Geld! Und die Handwerker lobten uns auch. Dazu bewirtschafteten wir unsere Felder und Wiesen. Das Heu und das Getreide verkauften wir, bis auf dreißig Zentner Weizen, die wir uns wieder gutschreiben ließen. Im Sommer kam der Platten- und Bodenleger, aber es wurde Herbst, bis wir eine Firma für den Innenputz bekamen. Die Wohn- und Schlafzimmer richteten wir mit Parkettböden aus.

Ich ging mit den Bauplänen nach Balingen aufs Landwirtschaftsamt. Ich fragte, ob es für uns einen Zuschuss für einen Viehstall und einen Schweinestall und eine große Scheune gäbe. Wir hatten immer noch nichts, wo wir unsere Maschinen unterstellen konnten. Alles stand draußen, bei Wind und Wetter.

Der Herr vom Landwirtschaftsamt musste mich enttäuschen. Da wir zweistöckig gebaut hatten, bekamen wir keine Zuschüsse. Hätten wir nur eineinhalbstöckig gebaut, hätten wir für Stallungen und Scheune einen Kredit zu einem verbilligten Zinssatz bekommen. Mich traf der Schlag.

Dann versprach er mir aber einen Zuschuss für die Heizung und gab mir ein paar wichtige Hinweise. Zum einen stünde mir ein Zuschuss für die Wirtschaftsküche und zum andern ein zinsloses Darlehen von 5000 Mark aus der Familienhilfe zu. Ich müsse das mit dem Bürgermeisteramt abmachen. Ich bedankte mich und ging daheim gleich auf das Rathaus und verlangte, was mir zustand. Der Schultes war ungehalten. Was ich überhaupt auf dem Landwirtschaftsamt zu suchen gehabt hätte.

Ich sagte ihm, dass ich neben dem Haus gerne Stallungen und eine Scheune hätte. Wir könnten unser Heu und Getreide wieder selber verfüttern, wieder Rinder halten und Milch erwirtschaften.

Er war nicht begeistert.

»Du weißt doch, dass ihr viel Felder nur 'pachtet ha'n und dass zwischen Alois und seinem Bruder noch nix auseinander g'macht worden ist«, regte er sich auf. Dann nahm er die Anträge, hieß mich warten und ging ins Nebenzimmer. Dort musste er sich überlegen. Nach zehn Minuten kam er wieder, kratzte sich am Ohr und meinte: »Ja, da kannst was kriegen.«

Er hielt mir eine Mahnpredigt. Das Haus sei ein Unding! Eine Belastung für die Gemeinde! Ob ich wisse, dass die Gemeinde Bürge sei für die Lakragelder. Ein kleines Bauernhäusle hätte es doch auch getan. Und es hätte auch dies oder jenes ältere Haus gegeben, das man hätte kaufen können! Und jetzt auch noch Stall und Scheune bauen wollen, wo doch sowieso alles verkauft werden würde, weil es unmöglich sei, dass wir das Haus bezahlt brächten.

»Was musst du dein Hof umtreiben? Dann gehst halt schaffen!«, schloss er.

So siehst du aus, dachte ich für mich. Ich weiß, was ich will und was ich kann.

Die Anträge liefen, und in kurzer Zeit kam auch das Geld. Von der Landwirtschaftlichen Brandversicherung hatten wir zunächst einmal einen Vorschuss bekommen. Später zahlten sie dann 50 000 Mark und sagten, damit sei die Sache erledigt. Aber wir gingen zu einem Rechtsanwalt und forderten den Rest der Versicherungssumme. Es kam zu einem Vergleich, und wir bekamen nochmals 50 000 Mark, mussten aber auf 30 000 Mark verzichten. Von der Mobiliarversicherung bekamen wir auch bald das Geld und konnten uns neu einrichten.

Kuno ging inzwischen nach Rottweil auf die Schule. Ich arbeitete in einer Gaststätte in der Küche, aber es gefiel mir nicht. Lieselotte und Waltraud waren im Rottenmünster in der Krankenhausküche, dort, wo ich vor Jahren auch einmal hatte arbeiten wollen. Ich sagte zu mir: »Du probierst es einfach noch einmal und bewirbst dich!«

Ich bewarb mich für das Nähzimmer oder für die Küche. Auf die Station wollte ich nicht so gern. Ich hatte mich damals schon vor den geistig Behinderten gefürchtet, und irgendwie hatte ich immer noch ein bisschen Angst. Allerdings bekam ich eine Absage.

In der Gaststätte gefiel es mir aber immer weniger. Also versuchte ich es nochmals im Rottenmünster. Ich ging hin und sagte, dass ich auch auf der Station arbeiten würde, putzen oder was sonst so anfiele. Ich wurde der Schwester Oberin vorgestellt, und ein paar Tage später hatte ich eine Zusage.

Lieselotte heiratete und zog mit ihrem Mann bei uns in den ersten Stock, wir anderen waren im Erdgeschoss. Wir fuhren nun jeden Tag zu dritt ins Rottenmünster zum Arbeiten, und oft nahmen wir auch noch Kuno bis nach Hausen hinaus mit.

1975, im Jahr der Frau, hatte ich doch noch meinen Pkw-Führerschein gemacht. Alois hatte sich nämlich in seiner Firma an einem Geburtstagsschnäpschen beteiligt und reichlich getrunken. Auf dem Heimweg wurde er dann von der Polizei erwischt. Er musste blasen, und der Führerschein war weg. Wegen seiner Schichtarbeit konnte er aber nicht den Bus nehmen, um zur Firma zu kommen. Er war auf das Auto angewiesen. Ich ging deshalb sogar zum Landrat nach Balingen und bat ihn, etwas für meinen Mann zu tun.

»Ihr Mann reißt sich besser am Riemen«, bekam ich zur Antwort. »Sie können ihn ja zur Arbeit bringen.«

Also war ich praktisch gezwungen, den Führerschein zu machen. Die theoretische Prüfung hatte ich sofort. Aber beim Fahren gab es viele Tränen. Damals merkte ich zum ersten Mal, dass meine Nerven nicht mehr so wie früher waren. Ich wollte meine zwei Fahrstunden immer gleich morgens nach dem Stall machen, damit ich mittags das Essen auf dem Tisch hatte und am Nachmittag aufs Feld konnte. Wir wohnten ja damals noch im Haus der Schwiegereltern. Ich war auch guten Mutes, schließlich fuhr ich schon lange genug mit dem Schlepper.

Aber es war furchtbar. Der Fahrlehrer schimpfte und schrie und schikanierte mich, ließ seine Launen an mir aus, so dass ich nicht mehr wusste, wo rechts und links ist. Ich war neben ihm so nervös, dass ich dreimal die praktische Prüfung machen musste. Aber, Gott sei Dank, schließlich hatte ich bestanden.

Wenn Alois Frühschicht hatte, musste ich morgens um vier Kaffee machen, denn spätestens um fünf mussten wir los, im Winter eine Viertelstunde früher. Alois musste um halb sechs anfangen, und es waren immerhin 15 Kilometer. Am Nachmittag kam er dann mit dem Bus heim. Wenn er Mittagsschicht hatte, war es umgekehrt. Dann fuhr er mit dem Bus zur Arbeit, und ich holte ihn abends um elf ab.

22

Ich wollte, dass jedes von meinen Mädchen seinen Zahltag hat. Nur so konnten wir unseren Schuldenberg abbauen und die Mädchen ihre Aussteuer zusammenbekommen. Edelgard wäre gerne Friseuse geworden, aber es gab in der näheren Umgebung keine Lehrstelle. Sie ging dann nach Schömberg in die Albumfabrik.

Mir gefiel es im Rottenmünster sehr gut. Ich war als Putzfrau eingestellt worden und arbeitete auf einer Frauenstation mit 35 Patientinnen. Ich half aber auch, die Frauen zu baden oder Mittagessen zu holen. Am Nachmittag ging ich mit einer Gruppe von zehn oder zwölf Patientinnen im Park spazieren. Ich kam sehr gut mit allem zurecht. Ich konnte es kaum fassen, dass ich mit fünfzig Jahren noch so eine gute Stelle gefunden hatte.

Gelegentlich half ich in einer anderen Station aus oder auch mal in der Krankenhausbäckerei oder ich putzte die Kirche, die zum Krankenhaus gehörte. Die Schwestern waren sehr gut zu mir. Im Sommer bekamen wir mal ein Eis am Nachmittag, oder es gab einen Wurstwecken für alle oder Kuchen.

Jeden Monat bekam ich mein Gehalt, und es besserte sich von Jahr zu Jahr auf. Es war anders wie damals auf den Bauernhöfen, wo man sechzehn Stunden am Tag schuftete und der Bauer einem dann zehn Mark vom Lohn abzog und sagte: »Das tut's auch!« Hier zu arbeiten, war für mich die reinste Erholung.

Manchmal fragte mich die Stationsschwester, ob ich sie und einige Patientinnen mit dem Auto in die Stadt bringen könnte zum Kleider einkaufen. Wir gingen in ein Modehaus. Ich half den Frauen, Sachen anzuprobieren, und ich sollte mein Urteil abgeben. Es war wunderbar. Ich fühlte mich wieder als Mensch. Ich empfand, dass ich jemand war und etwas konnte und dass ich geachtet wurde.

Urlaub zu bekommen, war auch nicht schwer. Man musste nur sagen, wann man ihn haben wollte und es mit den Kolleginnen und der Stationsschwester absprechen.

Wenn ich heute daran denke, wie viele Jahre ich bei den Bauern gewesen war und nie einen Tag Urlaub gehabt hatte, grade einmal am Sonntagnachmittag drei oder vier Stunden frei!

Ich nahm meinen Urlaub immer Mitte Juni und Ende August. Dann mussten wir heuen, ernten und öhmden. Die anderen Arbeiten verrichteten wir samstags oder nach Feierabend.

Wenn wir im Sommer aus dem Rottenmünster heimkamen, aßen wir erst etwas. Eines der Mädchen blieb daheim und versorgte den Haushalt. Wir anderen gingen aufs Feld zum Kartoffelnhacken oder auf das Gemüseland.

Im Herbst kauften wir eine fünf Zentner schwere Sau, ließen sie schlachten und im Frühjahr kauften wir noch eine mit zweieinhalb Zentnern. Wir waren so das ganze Jahr über eingedeckt mit Fleisch und Wurst und konnten viel Geld sparen, das wir wiederum in die Kredite stecken konnten.

Elfriede ging noch immer auf die Hauswirtschaftsschule. Im Sommer und im Herbst arbeitete sie in einem Eiscafé und verdiente sich so ihr Geld für Kleidung und Schule selber.

An meinem Lohn hing das Auto, das Stromgeld, der Haushalt und die Versicherungen. Alois' Zahltag ging ganz auf die Schulden. Weil ich nun auch Lohnsteuer zahlte, konnten wir auch hier wieder einiges herausholen, wegen dem Haus. Wir kamen gut herunter von unseren Schulden. Später bauten wir dann einen Schweinestall und hielten uns ein oder zwei Schweine. Wir konnten nun unsere Kartoffeln selber verfüttern und natürlich auch die Küchenabfälle.

Waltraud heiratete. Sie wohnt mit ihrem Mann in Eigeltingen im Hegau, das liegt zwischen Stockach und Engen. Elfriede machte die einjährige Pflegeschule im Rottenmünster und später, als sie heiratete, noch eine Ausbildung als Krankenschwester.

Alois bekam es an den Bandscheiben. Er kam von einer Kuranstalt in die nächste, aber es half nichts. Er wurde in Rente geschickt. Auf zwei Hektar schwer zu bewirtschaftenden Wiesen haben wir Wald angepflanzt, wir können dort heute schon Brennholz hauen.

Ich musste ein paarmal ins Krankenhaus, weil ich Herzrhythmusstörungen hatte. Der Herzschlag wurde bei

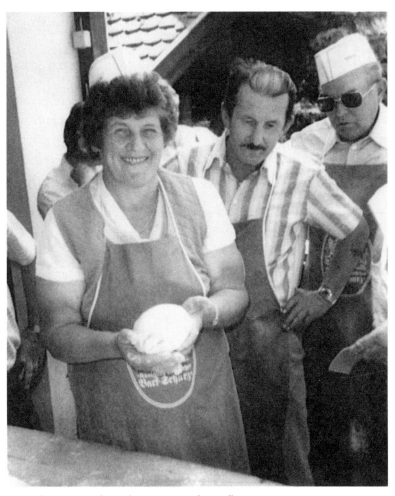

Im Jahr 1984 während eines Betriebsausflugs.

Bei der Verleihung der Verdienstmedaille des Landes Baden-Württemberg im Jahr 2004; rechts Ministerpräsident Erwin Teufel.

mir immer schneller. Ich bekam jeden Tag eine kleine Herztablette und Beruhigungsmedizin. Man könne nichts dagegen tun, hieß es. Ich muss immer noch regelmäßig Medikamente nehmen. Das Schlimme sind meine Nerven. Sie sind total am Ende. Bei jeder Aufregung steigt mein Blutdruck.

Angela, die jüngste meiner Töchter, hat Köchin gelernt, aber gleich mit 19 Jahren geheiratet. Sie wohnt bei Balingen. Elfriede wohnt mit ihrem Mann ebenfalls in Balingen. Sie haben dort ein Haus gekauft. Edelgard ist mit einem Bundeswehrfeldwebel von der Luftwaffe in Meßkirch verheiratet. Er ist in Portugal stationiert. Sie wohnen auch dort, und sie kommt zweimal im Jahr auf Urlaub.

Kuno schließlich hat eine Schlosserlehre gemacht und verdient gut. Als Hobbylandwirt treibt er unsere Felder und Wiesen um. Das war immer einer meiner Wünsche gewesen, dass ich im Alter jemanden habe, der unseren Hof bewirtschaftet, auf dem ich mich dreißig Jahre lang habe so abschinden müssen.

Ich helfe ihm auch noch gerne, aber mehr mit Rat als mit Tat, denn leider kann ich nicht mehr so, wie ich gerne wollte. Wenn ich mich anstrengen muss, habe ich solche Schmerzen in der Herzgegend, dass ich tage-, oft wochenlang denke, ich sterbe, überhaupt bei Nacht.

Wenn ich, wie es oft ist, die halbe Nacht nicht schlafen kann, dann bete ich für meinen Vater und für meine Mutter und auch für meine tote Schwester und meine toten Brüder. Die Resl starb mit 35 Jahren an Brustkrebs, und auch mein Bruder Done ist mit einundvierzig Jahren gestorben. Vor ein paar Jahren fand man meinen Bruder Sepp, der wie mein Großvater schwer zuckerkrank war, tot in seiner Wohnung.

Alois und ich haben eine gute Rente. Nur ärgere ich mich, dass ich nicht mehr so arbeiten kann, wie ich möchte, denn mit über siebzig Jahren fühle ich mich noch nicht so alt.

Und die schlechten Erinnerungen ärgern mich, all die Dinge, die ich hinunterschlucken musste, als ich noch jünger war, und die ich jetzt mit mir herumtragen muss. In den Wechseljahren sind sie einfach gekommen, und sie gehen nicht mehr weg. Ich hätte nie gedacht, dass die schlechten Zeiten, die man hat durchmachen müssen in seinem Leben, einmal so sehr wieder ins Gedächtnis kommen.

Ich gehe sehr gerne nach Rottweil zum Einkaufen, weil ich dabei ab und zu jemanden aus meinem Bekanntenkreis treffe. Aus der Zeit in Rottenmünster habe ich noch ein paar Frauen. Wir teilen uns unsere Sorgen mit oder telefonieren mal miteinander und machen einen Termin aus, und ab und zu unternehmen wir auch gemeinsam etwas und fahren zum Beispiel in den Schwarzwald oder sonst irgendwohin.

Ich freue mich, dass meine Töchter alle gute Männer mit gutem Charakter und gutem Einkommen haben. Kürzlich erst ist mir eine kleine Begebenheit wieder ins Gedächtnis gekommen, wie ich einmal, als ich alle meine Mädchen beisammen hatte, das jüngste lag noch im Kinderwagen, ihnen versprach: »Ihr arbeitet mir einmal nit bei den Bauren!«

Das hat der Herrgott mir zukommen lassen, dass sie kein so beschissenes Leben haben, wie ich es hatte. Wenn ich es noch einmal anders machen könnte, niemals mehr würde ich mich als Bauernmagd so herumschikanieren lassen oder die unbezahlte Magd machen, nur weil ich bloß eine Aussteuer mitbringe, statt Geld und Feld.

Und ich weiß genau, dass ich nicht alleine bin mit meinem Schicksal, dass es viele Frauen gab, die die Dummen gemacht haben, die schaffen mussten, bis sie halbtot waren, die womöglich noch Schläge einstecken mussten, wenn ihre Männer betrunken heimkamen, die acht oder zwölf Kinder kriegten und sie nebenher versorgten, die versuchten, sie zu rechten Menschen zu erziehen, und kein Wort des Lobes, der Anerkennung oder des Dankes erhielten.

Ich finde es richtig, dass mehr Frauen in die Politik gehen und sich dafür einsetzen, dass sich Frauen nicht mehr so schlimm ausnutzen lassen müssen. Es gibt wahrscheinlich auch heute noch viele Frauen, die sich so ausnutzen lassen, wie ich es mit mir habe machen lassen. Darum ist es richtig, dass die Frauen lernen, sich zu wehren und sich nichts gefallen zu lassen. Ich wünsche mir, dass sie sich besser wehren, als ich es damals in jungen Jahren gekonnt habe.

Frauen-Biografien

In Ihrer Buchhandlung

Walter Häberle

Hilde, Sonntagskind

Ein Leben im 20. Jahrhundert

Die eindrückliche Biografie schildert das 20. Jahrhundert aus der Sicht einer einfachen schwäbischen Frau, die trotz aller Widrigkeiten niemals am Leben verzweifelte – eben ein Sonntagskind.
*304 Seiten, fester Einband.
ISBN 978-3-87407-545-1*

Ruth Stützle

Die Botin

Das etwas andere Leben der »Beuremer Elsa«

Die Biographie einer wunderlichen Grenzgängerin: ein einzigartiges Stück Alltagsgeschichte des 20. Jahrhunderts und für die Bewohner der Zollernalb und des Steinlachtals die etwas andere Heimatgeschichte.
*176 Seiten, 41 Abbildungen.
ISBN 978-3-87407-811-5*

Silberburg-Verlag

www.silberburg.de